国家社科基金一般项目（项目编号：14BZS078）资助
苏州大学人文社科优秀学术专著资助出版

20世纪中国上古民族文化形成发展的理论建构研究

周书灿 ◎ 著

科学出版社
北　京

内 容 简 介

这是一部从多学科视角对 20 世纪中国上古民族文化形成发展理论进行全面系统的学术史梳理与深入细致探讨的专著。本书以时间和专题为序，在宏阔的国际学术史视野下，借鉴历史学、考古学、人类学、民族学、语言学等学科的理论方法和研究成果，清晰勾勒出中国民族文化外来说与本土起源说在长达一个世纪的激烈的论辩过程中，从两相对垒、低水平重复到兼收并蓄、相互融通，向着科学理性和较高水准向前推进的学术发展趋势。此外，本书还对李济中国民族文化本土起源说的补正，凌纯声中国民族文化传播假说和环太平洋理论的建构及中国三代民族文化因革关系等新旧问题进行了全方位、多角度的深度剖析与周密论述。全书史料翔实，视野开阔，论据充分，论证缜密，观点新颖，自成一系，是一部具有重要开拓性与前瞻性的学术力作。

本书可供历史学、考古学、人类学等专业的师生阅读和参考。

图书在版编目（CIP）数据

20世纪中国上古民族文化形成发展的理论建构研究 / 周书灿著. —北京：科学出版社，2019.11
ISBN 978-7-03-062815-2

Ⅰ. ①2… Ⅱ. ①周… Ⅲ. ①民族文化－文化史－研究－中国－上古
Ⅳ. ①K28

中国版本图书馆 CIP 数据核字（2019）第 239901 号

责任编辑：任晓刚 / 责任校对：韩 杨
责任印制：徐晓晨 / 封面设计：润一文化

科 学 出 版 社 出版
北京东黄城根北街 16 号
邮政编码：100717
http://www.sciencep.com

北京中石油彩色印刷有限责任公司 印刷
科学出版社发行 各地新华书店经销

*

2019 年 11 月第 一 版　开本：720×1000 B5
2019 年 11 月第一次印刷　印张：15 3/4
字数：300 000
定价：92.00 元
（如有印装质量问题，我社负责调换）

目　录

导言 ·· 1
　一、选题意义 ·· 2
　二、几个基本概念的界定 ·· 6
　三、基本思路、研究方法 ··· 10
　四、基本框架 ·· 11

第一章　20世纪以前中国民族文化起源的中西之争 ······················· 14
　一、明末清初中国民族文化起源的中西"道统"之争 ···································· 14
　二、17世纪中叶至19世纪末中国民族文化外来说及其论辩 ························ 39

第二章　20世纪上半期中国民族文化外来说的流传与来自学术界的批判 ·· 55
　一、拉克伯里中国民族文化西来说在中国的传播及影响 ······························· 55
　二、仰韶文化西来说的形成及论争 ·· 72

第三章　20世纪上半期中国民族文化本土起源说的理论重构 ········ 89
　一、顾颉刚对中国上古民族一系说之打破及对戎夏一源说的阐发 ·················· 89
　二、东西二分："夷夏东西说"与龙山、仰韶东西二元对立学说 ······················ 96

三、蒙文通的"太古民族文化三系说"与徐旭生的"中国古代部族三集团说" ··· 106

第四章 李济对中国上古民族文化本土起源说的补正 ············ 117

一、以全人类为背景的"正当历史观"及中国民族文化形成发展空间背景的新观念 ······························· 118
二、中国民族文化本土起源的考古学、人类学论定 ············ 122
三、对中国民族文化形成发展过程中外来因素的探寻及复杂背景的分析 ··· 131
四、李济上古民族文化形成发展理论的学术史价值 ············ 137

第五章 凌纯声中国民族文化起源与传播假说再思考 ············ 140

一、人类学视野下中国民族文化多元起源论的阐发 ············ 140
二、边疆、华夏民族的界定与旨趣独到的华夏民族三集团划分 ··· 144
三、中国古代南方土著文化与东南亚文化之间渊源关系的推定 ··· 148
四、中国古代文化与环太平洋区域土著文化之间传播关系的比较 ··· 153
五、凌氏环太平洋文化理论与方法若干问题的质疑、商榷与批判 ··· 156

第六章 中国三代民族文化因革关系的论争——以周代初期制度建设与文化变迁为中心的考察 ························· 162

一、商周文化制度因革关系问题的论争 ························· 163
二、文化概念的界定及其与制度的逻辑关联 ···················· 169
三、周代初期的制度建设 ··· 172
四、殷周之际的文化变迁 ··· 176

第七章 中国文明起源黄河流域中心说到多元一体说的理论演变 ··· 179

一、中国史前文化发展连续说的确立与混合文化说、龙山仰韶东西二元对立说的终结 ································· 180
二、中国文明起源黄河流域中心说的提出及完善 ·············· 186

三、多元论的"条块"说、"满天星斗"说的流行及来自黄河流域中心说者的回击与反驳 ············ 193

四、黄河流域中心说与"满天星斗"说争论的症结及以中原地区为中心的多元一体说的高层次理论突破 ············ 197

第八章　20世纪下半期中国民族文化外来说的基本走向与学术论争 ············ 202

一、海涅·戈尔登的西来文化三次波动假说 ············ 204

二、列·谢·瓦西里耶夫的中国文明起源外因论和梯阶传播假说 ············ 208

三、蒲立本的语言比较及其对印欧、汉族同源说论证转向汉藏、印欧文化之间联系的考察 ············ 216

结语 ············ 227

参考文献 ············ 233

导　言

　　中外学术界对中国上古民族文化形成发展和中国文明起源、形成等重大理论性问题的关注和讨论，由来已久。20世纪初期，在历史学、考古学、民族学、人类学、语言学、地理学等学科的积极推动下，在中西文化交汇碰撞的新的学术背景下，20世纪以前中国上古民族文化本土一系起源说及来源地点、主要观点、论据等各不相同的中国民族文化外来说均遭遇到空前的怀疑与激烈的挑战。此后，中国上古民族文化的形成发展和中国文明的起源形成问题，作为20世纪中国学术史上一个跨学科、前瞻性的国际学术命题，被正式提出并长期受到中外学术界的格外关注和高度重视。20世纪以来，中外学者自觉借鉴不同学科的理论与方法，沿着不同的学术路径，持续将中国上古民族文化形成发展的理论建构工作多角度、全方位地向前推进。从20世纪的学术史发展历程不难看出，在长期激烈的质疑商榷、批判争鸣过程中，诸多假说、论点在材料、证据、方法运用等方面的缺陷和不足，以及论证过程中呈现出的学理疑问与逻辑疑难不断地暴露出来。随着考古学、人类学、民族学、语言学等学科的蓬勃发展与先秦史研究的不断深入，加之新材料之日臻丰富、新理论的建立、新方法的运用，诸多失去理论基础与证据支持的旧说陆续遭到彻底否定，但是一些旧说中的若干科学合理因素和理论价值继续得到彰显。从20世纪末期到21世纪初期，以中原地区为中心的中国文明起源多元一体说与国际学术视野下的中外文化互动论，从根本上疏通与调和了中国上古民族文化本土起源一元说与多元说、中国上古民族文化本土起源说与外来说之间的矛盾，呈现出对新旧各说扬弃融通、综合吸收的学术旨趣。20世纪以来国际学术界对中国上古民族文化形成发展的理论建构，在长期的学术论争过程中，自觉克服旧说中的固执、狭隘倾向，从旧说的附和发挥到各种新说的深入论证，总体上呈现出从低水平重复徘徊向着较高层次理论突破的发展态势。为方便学界同仁了解本选题的价值意义、基本思路、研究方法、基本框架等总体情况，笔者认为有必要在正文之前，对若干相关问题，略作简要说明。

一、选题意义

人类起源、农业起源、文明起源问题历来被视为人类早期社会与历史的三个重大世界性学术问题。在世界各大文明中，唯有中华文明从起源发展到今天，文化传统一脉相承，未被割断。这一独一无二的现象，必然持续引发学术界对中国上古民族文化起源、发展问题的深度理论思考。2018年，《中国地区现代人起源问题研究进展》一文发布了与本书直接相关的中国现代人的起源问题：

> 中国乃至东亚地区现代人起源问题，在国际学术界"近期出自非洲说"和"多地区进化说"两派学说激烈争论的背景下一直存在着"本土连续演化"与"非洲移民替代"两种假说的碰撞，两种观点的主要提出与支持者分别来自古人类学和分子生物学界。随着新材料发现、新分析进展和更多领域介入此项研究，相关认识得到深化，有关假说得以发展和修正，不同人群间发生过基因交流、现代人都经历过复杂的融合与演化过程渐成学术界共识。中国地区新发现的人类化石所揭示的古人类体质特点及其演化，旧石器时代考古研究成果和古DNA信息的提取与破译，正使该地区现代人群起源与形成过程逐渐清晰起来，但不同假说的交锋仍在持续，分子生物学主流观点认定中国地区最早现代人来自西方，古人类学和考古学则在强化对"连续进行附带杂交"观点的论述。[①]

与此同时，高星等人还对目前不同学科领域研究中存在的一些问题进行了

---

① 高星等：《中国地区现代人起源问题研究进展》，《中国科学：地球科学》2018年第1期。

分析：

> （遗传学）研究在一定程度上存在假设前提的不确定性和未检验性，得出的推论具有被质疑的空间；很多结论并非来自对古人类遗传信息的提取与分析，而是从现生人群的遗传变异做溯源推导，因而对现代人类起源来说，只能提出推论，而不是提供直接证据，不可把推论完全当成结论乃至事实。……古人类学根据化石证据建立起人类演化的宏观框架，总体上是可信的，但该领域对一定时段、一定出土环境的标本来说，存在年代测定的不精确性，会在局部进化排序乃至认知方面存在混乱或错误；由于人类化石的稀有性，研究者很难建立起完整的证据链，对具体标本的演化阶段或进化种群的代表性会因个体或时代差异而被质疑以点带面，以偏概全。……（考古遗存和文化证据）无法直接反映人群的生物属性、演化阶段、演化的细微过程等。[①]

高星等人对中国现代人起源问题研究现状和存在问题的概括与分析，显然立足于国际学术的最前沿，是对近阶段中国现代人起源问题研究现状所作的科学性、前瞻性梳理和总结。正如作者所言：

> 开展相关领域的交流合作，尤其是传统的古人类学、考古学与新兴的分子生物学之间的交叉与协作，明确彼此的关注点、需求和专长，凝练共同的学术问题和目标，整合现有的资源与成果并向着共同的学术方向一道前行，应是推动相关研究走向深入并破译现代人起源这一重大命题的关键所在。[②]

综观高星等人对中国现代人起源问题研究的进展、存在问题及未来发展方向的论述，不难获知，中国地区现代人起源问题，迄今仍是学术界远未解决的国际性学术难题之一。而与该问题直接相关且体系更为庞大、问题更为复杂的中国上古民族文化形成发展问题，则毫无疑问是一项巨大而复杂的系统性学术工程。

---

① 高星等：《中国地区现代人起源问题研究进展》，《中国科学：地球科学》2018年第1期。
② 高星等：《中国地区现代人起源问题研究进展》，《中国科学：地球科学》2018年第1期。

20世纪是中国学术变化最深刻、最剧烈的时期，也是较20世纪之前，学术进步迅猛、成就丰硕的一个重要阶段。以中国上古民族文化的形成发展的理论建构为例，随着新材料的发现、新观念的建立、新方法的运用和新的文化氛围的形成，中国人的来源和中华民族的形成，中国文化、中国文明的起源和发展等问题，日益广泛受到国际学术界的高度重视。从中国学者彻底打破主导中国学术界1000多年的中国上古民族文化本土一系说，到中国上古民族文化东西二元对立说，再到中国上古民族文化三系说、三集团说，一直到中国学者对中国民族文化本土起源说的补正，以中原地区为中心的中国文明起源多元一体说才最终建立，迄今为止，中国民族文化起源于本土，同时受到外来文化影响，逐渐成为中国学术界的普遍共识。

与此相反，20世纪以前欧美学者提出的绝大多种中国民族文化外来假说，在日益丰富的历史文献、考古学、民族学、人类学、语言学等多重证据面前，很快失去了坚实的理论基础。只剩下经由日本传入中国的拉克伯里（Terrien de Lacouperie）的中国民族文化源于巴比伦说、安特生（J.G.Andersson）的仰韶文化西来说、毕士博（Carl Whiting Bishop）的中国民族文化外来多元论等一度于20世纪上半期对中国民族文化形成、发展的理论建构产生过较为深刻的影响。在新旧、中外学术的激烈的学术交锋过程中，拉克伯里的中国民族文化源于巴比伦说、安特生的仰韶文化西来说和毕士博的中国民族文化外来多元论不仅受到中国学者的强烈抵制与激烈批判，而且也不断引起国际汉学家的质疑与新的思考。20世纪下半期，从海涅·戈尔登（R.Heine Geldern）利用文化传播理论，积极构建西方文化传入中国的三次波动假说，到列·谢·瓦西里耶夫大力宣扬的中国文明起源外因论和梯阶传播假说，再到蒲立本（E.G.Pulleyblank）在语言比较基础上推定汉藏、印欧同源说，以及在此基础上对汉藏、印欧间文化联系进行新的考察外，欧美学者积极倡导的中国民族文化外来说，从总体上日渐呈现出从单方面强调中国民族文化、中国文明起源过程中外来因素影响传播向着中外民族文化双向交流与连续、动态互动转变的态势。

在新的学术背景下，中国学者以中原地区为中心的中国文明起源多元一体说的理论构建，国际学术界对中外文化交流的互动的新考察与中外文化互动论的建立，则颇为清晰地表明，历经长达数世纪的中国民族文化形成发展的中国民族文化本土一系起源说和外来说之间的激烈论争由两相对垒，各持一端，逐渐走上了兼收并蓄，相互融通的新的学术发展道路。

从现代学术史的视角来看，20 世纪以来国际学术界对中国上古民族文化形成发展理论的建构，总体呈现出从低水平重复徘徊向科学理性推进的发展态势。不同乃至根本对立的种种观点，相互交锋，激烈碰撞，西方学者的偏执与中国学者的狭隘，不断受到严厉的批判。克服狭隘的民族主义偏见，"以全人类为背景"的"正当的历史观"①逐渐成为国际学术界科学解决中国民族文化形成发展及中国文明起源、形成等重大理论性问题时所遵循的准则。20 世纪，国际学术界为中国民族形成发展理论建构所做的大量破坏与建设性工作，为新时期中国民族文化形成发展理论建构奠定了较为坚实的理论基础，建立起了更高的学术水准和起点。因此，从学术史的视角来看，对 20 世纪中国上古民族文化形成发展理论进行一次系统的梳理与总结，对于新时期中国上古民族文化形成发展问题的推进及相关专题的拓展与深化有着重要的学术价值。

2014 年 2 月 24 日，习近平总书记在中共中央政治局第十三次集体学习时指出："要讲清楚中华优秀传统文化的历史渊源、发展脉络、基本走向，讲清楚中华文化的独特创造、价值理念、鲜明特色，增强文化自信和价值观自信。"②2016 年 7 月 1 日，习近平总书记在庆祝中国共产党成立 95 周年大会上的讲话中，首次对文化自信的基本内涵进行了科学阐释："在 5000 多年文明发展中孕育的中华优秀传统文化，在党和人民伟大斗争中孕育的革命文化和社会主义先进文化，积淀着中华民族最深层的精神追求，代表着中华民族独特的精神标识。"③积极探索中国上古民族文化的形成发展和中国文明起源、形成的道路、特点，对于讲清楚中华优秀传统文化的历史渊源、发展脉络、基本走向及中华文化的独特创造、价值理念、鲜明特色，深刻领悟、准确把握中华民族

---

① 李济先生较早指出："正当的历史观是以全体人类为一个单位，其中各个民族只能算这全体的一个片面。由此说去，一个民族的历史只是人类历史的一个片面；它的演进уже逃不出人类全体演进的范围。因此，要看清楚一个民族的历史，绝对抛不开全体人类的这段大背景。"参见李济：《李济文集》卷一《古史研究一般》，上海：上海人民出版社，2006 年，第 330 页。
② 中共中央宣传部：《习近平总书记系列重要讲话读本》，北京：学习出版社、人民出版社，2016 年，第 202—203 页。
③ 习近平：《在庆祝中国共产党成立 95 周年大会上的讲话》，《人民日报》2016 年 7 月 2 日，第 2 版。

最深层的精神追求、独特的精神标识，具有重要的理论价值和现实意义，因而显得颇为迫切和必要。

二、几个基本概念的界定

1. 民族

从严格意义上讲，我们今天普遍使用的"民族""民族主义"等概念，是在近代工业化和民族主义运动中才出现的。中国古代典籍中虽然有"民""族"甚或有"民族"①等各种称谓，但在近代工业化和民族运动背景下出现的民族概念，则是20世纪初开始在中国使用和逐渐流行的。

在中国现代学术话语中，民族则往往有广义与狭义之分。以上所论在近代工业化和民族运动背景下产生和使用的民族概念，无疑即现代语境下所说的狭义的民族。就中国的历史与现状而言，广义的民族既可泛指在历史上形成的，处于不同历史阶段的各种民族共同体，诸如原始民族、古代民族、近代民族、现代民族，又可指多民族国家所有民族的总称，如中华民族。本书中所说的中国上古民族，显然采用的是在现代学术语境下民族的泛称概念。广义语义下的中国古代民族的起源时间，学术界迄今尚无一致意见。按照马克思主义经典作家的解释，在中国上古时期的相当长时间内，许多人类共同体还处于氏族部落阶段，他们的社会尚处于"野蛮向文明的过渡、部落制度向国家的过渡、地方局限性向民族的过渡"②的时期。学术界普遍认为，以夏、商、周三族为主体，融合其他人群形成的构成中国上古民族的主干的华

---

① 此前马戎先生举证《南齐书》卷五十四《顾欢传》有"诸华士女，民族弗革，而露首偏踞，滥用夷礼"的记载，判定"一些典籍里出现'民族'这样的词汇……所指的也是'诸华'的民众氏族"。参见马戎：《中国民族史和中华共同文化》前言，北京：社会科学文献出版社，2012年，第1页。中华书局1972年出版，王仲荦点校、宋云彬编辑整理的《南齐书》卷五十四《顾欢传》的校勘记对"民族弗革"的校勘说："'民'南监本及《南史》、《元龟》八十三作'氏'。"据此，李大龙先生指出："'民族'则可能是'氏族'传抄之误所致"。参见李大龙：《从夏人、汉人到中华民族——对中华大地上主体族群凝聚融合轨迹的考察》，《中国史研究》2017年第1期。此后，马戎先生又说："不论此处的'民族'二字是否'氏族'传抄之误，我们很难以此认定中国古代即有一个指向清晰、内涵稳定、持续应用的民族概念，更难以与今天我们所应用的'民族'（无论是'中华民族'还是56个'民族'）的内涵相联系，它们属于源头不同的知识体系。"参见马戎：《西方冲击下中国的话语转变、认同调整与国家重构》，《社会科学战线》2018年第1期。

② 中共中央马克思恩格斯列宁斯大林著作编译局：《马克思恩格斯选集》第一卷，北京：人民出版社，2012年，第184页。

夏族，无论语言、地域、经济，还是表现于共同文化上的共同心理素质，到周代已经呈现相当稳定的状态。由此而论，上古时期正是中国古代民族起源、形成和早期发展的重要阶段。

2. 文化

早在19世纪70年代，英国人类学家泰勒（Edward Burnett Tylor）曾给文化下过一个经典性的定义："文化，就其在民族志中的广义而言，是个复合的整体，它包含知识、信仰、艺术、道德、法律、习俗和个人作为社会成员所必需的其他能力及习惯。"[1]泰勒的这一文化定义，"至今仍为人类学界所普遍接受"[2]。然而有的学者指出，泰勒虽然将文化视为一个复杂的总体，但他的"总体"中并没有包括文化的全部含义，所以他的定义也就不够准确[3]。目前，我国文化人类学家通常将文化区分为物质文化和精神文化，其研究对象既包括古代人类遗留下来的文化，也包括现代各民族中保留的古代文化的残留。在现代语境下，学术界对文化理解仍千差万别。诸如，文化人类学视角下的文化可以泛指人类所创造的物质和精神财富的总和，考古学上的文化则通常专指历史时期的遗迹、遗物的综合体。有的学者则强调："考古学文化是从民族学借来的，与民族学上文化的含义是相类似的。不同的是民族学研究的是现存的氏族部落文化，考古学研究的是过去氏族部落时代文化的遗存。"[4]本书中大多使用的是文化概念的泛称，有的专题使用的则是考古学上的文化概念的专称，如仰韶文化、龙山文化及殷商文化等。这一点，正说明本书高度重视民族学与考古学的有机结合，力求将历史学、民族学、考古学、语言学等材料互为利用，开展综合研究。

文化和民族之间有着颇为密切的关系。《左传·襄公十四年》载："诸戎饮食衣服不与华同，贽币不通，言语不达。"在古人看来，华夏与戎夷蛮狄之间的差异主要体现在制度和习俗等方面。20世纪初期，狭义的民族概念在中国开始出现和流行以后，章太炎就对中华一词做出过如下解释：

---

[1] E.B.Tylor, *The Origins of Culture*, New York: Harper and Brothers Publishers, 1958, p.1.
[2] 黄淑娉、龚佩华：《文化人类学理论方法研究》，广州：广东高等教育出版社，1998年，第25页。
[3] 格勒：《藏族早期历史与文化》，北京：商务印书馆，2006年，第14页。
[4] 石兴邦：《关于中国新石器时期文化体系的问题》，南京博物院编：《南京博物院集刊》第2集，1980年。

中华之名词，不仅非一地域之国名，亦且非一血统之种名，乃为一文化之族名。故《春秋》之义，无论同姓之鲁、卫，异姓之齐、宋，非种之楚、越，中国可以退为夷狄，夷狄可以进为中国，专以礼教为标准，而无有亲疏之别。其后经数千年，混杂数千百人种，而其称中华如故。以此推之，华之所以为华，以文化言，可决知也。①

芮逸夫先生将章氏以上对民族的解说归结为"文化说"②，并对现代学术视野下的民族与文化之间的关系屡屡做出以下论述："（民族）是文化的融合……以文化的相同为主，即生活、习俗、语言、宗教、文物、制度等等相同……民族却是一种传袭的，文化上的现象。……是文化上的共同模式"③。芮逸夫的以上观点，基本代表了绝大多数文化人类学家的普遍共识。

既然如此，民族和文化之间往往存在着密不可分的联系。本书的研究过程中，并未有将中国上古民族和上古文化分裂开来，总体上笼统地将中国上古民族文化作为一个完整的研究对象，相互兼顾，因讨论专题略异，很难做到面面俱到，因而在不同的章节，本书对有关中国上古民族和文化的论述，多混二为一，更加侧重广义的中国上古文化。

3. 文明

文明一词见于中国古代文献可以追溯至《易传·干·文言》载："见龙在天，天下文明。"孔颖达为"天下文明"作疏时讲道："天下文明者，阳气在田，始生万物，故天下有文章而光明也"。由此可知，在中国早期古典文献中，"文明"一词的基本语义即文采光明。西语中的文明（Civilization）的原始语义为城市的居民，后来逐渐引申为一种先进的社会和文化发展状态，以及到达这一状态的过程。诸如在19世纪70年代，摩尔根就曾指出："人类是从发展阶梯的底层开始迈步，通过经验知识的缓慢积累，才从蒙昧社会上升到文明

---

① 章太炎：《中华民国解》，《民报》1907年第15期。
② 芮逸夫：《中华国族解》，《中国民族及其文化论稿》第一册上集《民族之部》甲编《中国民族概述》，台北：台湾大学人类学系，1972年，第2页。
③ 芮逸夫：《中华国族解》，《中国民族及其文化论稿》第一册上集《民族之部》甲编《中国民族概述》，台北：台湾大学人类学系，1972年，第2页。

社会的。"①在我们今天看来，摩尔根以"文字的使用是文明伊始的一个最准确的标志"②，此后恩格斯强调"国家是文明社会的概括"③，显然均抓住了文明社会的若干关键标志，此后逐渐受到学术界的普遍重视。20世纪70年代，中国考古学界、史学界开始逐渐使用由西语引申而来的文明概念。20世纪80年代，夏鼐先生对学术界开始逐渐使用的文明概念进行如下解释："现今史学界一般把'文明'一词用来以指一个社会已由氏族制度解体而进入有了国家组织的阶级社会的阶段。这种社会中，除了政治组织上的国家以外，已有城市作为政治（宫殿和官署）、经济（手工业以外，又有商业）、文化（包括宗教）各方面活动的中心。它们一般都已经发明文字和能够利用文字作记载（秘鲁似为例外，仅有结绳记事），并且都已知道冶炼金属。文明的这些标志中以文字最为重要。"④本书中关于中国文明起源的有关学术史论述，正是采用夏鼐先生以上表述的文明的意义。

显然，文明和文化的概念是有区别的。如夏鼐先生强调文明起源过程中文字的特殊作用，他举证说："欧洲各地的各种史前文化，虽然有的已进入青铜时代，甚至进入铁器时代，但都不称为'文明'。"⑤在我们今天看来，以有无文字作为区分史前社会和文明社会的最重要的标志，显然只是夏鼐先生的一家之言，但不是所有文化都可以称为文明，显然已经成为学术界的普遍共识。文化和文明之间的关系，学术界讨论已久，但迄今分歧仍然很大。一般认为，文化所包含的概念要比文明更为广泛。笔者赞同英国考古学家柴尔德（Vere Gordon Childe）的《社会进化》（*Social Evolution*）和克拉克（G.Clark）的《从野蛮到文明》（*From Savager to Civilization*）等论著中文明是文化的最高形式或高等形式的见解。本书中将"中国文明起源黄河流域中心说到多元一体说的理论演变——学术史视野下的新考察"专门列为一章，正是基于文化和文

---

① （美）路易斯·亨利·摩尔根著，杨东莼、马雍、马巨译：《古代社会》，北京：中央编译出版社，2007年，第3页。
② （美）路易斯·亨利·摩尔根著，杨东莼、马雍、马巨译：《古代社会》，北京：中央编译出版社，2007年，第22页。
③ 恩格斯：《家庭、私有制和国家的起源》，中共中央马克思恩格斯列宁斯大林著作编译局编译：《马克思恩格斯选集》第四卷，北京：人民出版社，2012年，第193页。
④ 夏鼐：《中国文明的起源》，北京：文物出版社，1985年，第81页。
⑤ 夏鼐：《中国文明的起源》，北京：文物出版社，1985年，第81页。

明之间这一关系而考虑的。

三、基本思路、研究方法

1. 基本思路

严格来讲，本书涵盖中国现代学术史和国际汉学两个重要的研究领域，问题发端于战国秦汉时期，迄明末清初由中国民族文化起源的中西道统之争逐步展开，但作为严格意义上的学术史命题应该是自20世纪正式提出并纳入中国历史学、考古学、人类学、民族学、语言学和国际汉学的研究视野，构成一个国际学术视野下、跨学科、长时段的合格的现代学术命题。本书包含李济对中国上古民族文化本土起源说的补正、凌纯声中国民族文化起源与传播假说的再思考、中国三代民族文化因革关系的论争三章，因讨论专题的时段涵盖20世纪的绝大部分时段，所以专门列为三个专题作通论式探讨，其他部分则总体上区分为20世纪上半期、20世纪下半期，分别依时间先后，分为不同专题。然后通过对不同时段主要论点的形成背景、学术论争、旨趣差异及相互之间的学术关联进行全面考察与深入分析，较为清晰地梳理出20世纪以来中国上古民族文化形成发展理论的演变线索和学术走向。

2. 研究方法

本书的研究方法，主要有：

（1）文献研究法。文献研究法是学术界使用最普遍的研究方法，通过搜集、鉴别、整理文献，在对文献进行研究的基础上，对问题进行科学判断。由于本书涉及历史学、考古学、人类学、民族学、语言学等学科的复杂繁难问题，文献的种类多种多样，在广泛搜集各种纷繁复杂的文献的基础上对各类文献进行鉴别、整理和研究是进行一系列专题研究和综合研究的基础。

（2）专题研究法。本书所涉问题繁多复杂，对所有问题进行面面俱到的研究，既不可能，也无必要。因此，本书更加注意自觉运用专题研究的方法，选取20世纪国内外学术界有关中国民族文化形成发展的各种具有代表性和影响力的论点、假说，分列不同的专题，逐一进行勾连贯通的周密论述和深度剖析。

（3）综合研究法。在微观研究的基础上，综合研究更有利于从宏观上对一系列纷繁复杂的问题进行理论性概括，从更高层次探寻20世纪中国上古民族文化形成发展理论建构的学术史价值，准确把握20世纪中国上古民族文化形成发展理论的总体走向及理论得失，从而为新时期中国上古民族文化形成发展理论建构向着更加科学、理性推进和实现更高层次的突破奠定较为坚实的理论基础。

四、基本框架

除去导言和结语，本书的主体部分共有八章。

第一章，追溯20世纪以前中国民族文化起源的中西之争。分别探讨战国秦汉以来中国学者对中国古史体系的编排及中国民族文化本土一系起源的多维认同，明末清初耶稣会士对中国民族文化"自西徂东说"的假定及来自中国学术界的抵制与批判，以及清初耶稣会士对中国学者的反击和此后"西学东源说"流行的背景、原因；接着分析了17世纪中叶至19世纪末欧美学者有关中国民族文化外来说的种种"证据"，中外学术界从不同角度对各种中国民族文化外来说的质疑与批判，以及西方学者对中西文化同源说和中国民族文化本土起源的发挥和辩论中的中国角色。

第二章，重点探讨20世纪上半期中国民族文化外来说的流传与来自学术界的批判。首先，本章重点讨论了拉克伯里中国民族文化源于巴比伦假说在中国的流传，分析了清末民初到20世纪20年代后中国学者对拉克伯里中国民族文化西来说从附和阐发到质疑批判态度的转变及其原因。其次，论述了安特生对仰韶文化的确认及仰韶文化西来说的形成过程，20世纪30年代前国际汉学界对安特生仰韶文化西来说的关注与回应，20世纪30—40年代仰韶文化西来说从受到广泛质疑到被彻底否定的过程中的学术论争，分析了20世纪20年代以来仰韶文化西来说学术论争的性质。

第三章，重点探讨20世纪上半期中国民族文化本土起源说的理论重构。从总体上按照时间顺序，分别论及了顾颉刚对中国上古民族一系说的打破及戎夏一源说的阐发，夷夏东西说的提出及学术旨趣，龙山、仰韶文化东西二元对立学说的形成，蒙文通"太古民族三系说"的学理价值再审视，徐旭生中国民族"三集团说"的旨趣等。大致勾勒出中国上古民族文化起源从二元、三元向着多元演变的发展态势。

第四章，重点探讨李济对中国上古民族文化本土起源说的补正。首先，本章论及"以全人类为背景"的"正当历史观"和中国民族文化形成发展空间背景的新观念的建立。其次，介绍了李济对中国民族文化本土起源的考古学、人类学论定。再次，对中国民族文化形成发展过程中外来因素的探寻及复杂背景的分析。最后，评述了李济上古民族文化形成发展理论的学术史价值。

第五章，重点探讨凌纯声中国民族文化起源与传播假说再思考。首先，本章论及凌纯声在人类学视野下对中国民族文化多元起源论的阐发。其次，介绍了他对边疆、华夏民族的界定与旨趣独到的华夏民族三集团划分学说。再次，谈及了他对中国古代南方土著文化与东南亚文化之间渊源关系的推定。然后，对中国古代文化与环太平洋区域土著文化之间传播关系进行了比较。最后，在新的学术背景下对凌纯声环太平洋文化理论与方法若干问题提出了质疑、商榷与批判。

第六章，以周代初期制度建设与文化变迁为中心，系统考察了20世纪学术界有关中国三代民族文化因革关系的论争。首先，本章梳理了20世纪学术界有关三代民族文化因革关系的学术论争。其次，从文化人类学视角对文化的概念及其与制度的关联重新进行了界定与考察。再次，介绍了周代初期制度建设。最后，谈及殷周之际文化变迁的因革关系。

第七章，重点探讨20世纪下半期中国文明起源黄河流域中心说到多元一体说的理论演变。首先，本章对庙底沟与三里桥遗址的发掘与中国史前文化发展连续说的确立和混合文化说、龙山仰韶东西二元对立说的终结进行了介绍。其次，论述了中国文明起源黄河流域中心说的提出及完善过程。再次，分析了中华文明起源的"条块"说、"满天星斗"说的流行和来自黄河流域中心说者的回击与反驳。最后，对黄河流域中心说与"满天星斗"说争论的症结及多元一体说的高层次理论突破等重要理论问题进行了探讨。

第八章，重点探讨20世纪下半期中国民族文化外来说的基本走向与学术论争。本章分别以海涅·戈尔登的西来文化三次波动假说、列·谢·瓦西里耶夫的中国文明起源外因论和梯阶传播假说、蒲立本的语言比较及其对印欧、汉族同源说论证转向汉藏、印欧文化之间联系的考察为例，探寻了20世纪下半期中国民族文化外来说的"证据"。这对从单方面强调中国民族文化、中国文明起源过程中外来因素影响传播向中外民族文化双向交流与连续、动态互动态势的转变具有十分重要的参考价值。

  总之，本书是一个庞大的系统工程，由于问题的繁难复杂及资料搜集整理的困难，加上笔者学力和学识局限，本书并未做到面面俱到，甚或挂一漏万、千疮百孔。由于某些与本书相关的重要论题，如徐中舒中国上古民族文化东西二分论、顾颉刚戎夏一源说等，已在此前的相关课题作过系统申论；又如毕士博的中国民族文化外来多元论，则在李济对中国上古民族文化本土起源说的补正一章已经论及，故未专门列为专题，详细探讨。又如顾颉刚、傅斯年、费孝通等人对"中华民族是一个"命题的论争，费孝通、陈连开等人对中华民族多元一体格局的理论建构，所论内容则在很大程度上超出了本书所限定"中国上古民族文化形成发展理论建构"的"上古"时间概念，加上书稿篇幅的限制，不得不略而不论。研究中存在的诸多不足和错讹稗谬之处，期盼学界同仁不吝指正。

第一章　20世纪以前中国民族文化起源的中西之争

一、明末清初中国民族文化起源的中西"道统"之争

明末清初，战国以来中国学者编排的从盘古到三皇五帝的古史体系与建构的中国民族文化起源本土一系说，首遇耶稣会士中国民族文化"自西徂东说"的激烈挑战，并由此引发了中国历史上首次中国民族文化起源的中西之争。由于中西方学者均对于对方文化缺乏实质性的接触和义理疏通，耶稣会士积极倡导的中国民族文化"自西徂东说"和康乾以后主导中国学界的"西学中源说"，大多缺乏严格意义的学术价值，激烈的辩论背后，中国民族文化起源的中西"道统"之争，旨趣格外明显。这次辩论开启了近代中西学术"会通"之先河，加速了中国古史观念的更新，引出了一个跨学科的前瞻性研究课题。对明末清初中国民族文化起源的中西"道统"之争的价值，采取全盘否定的态度，显然并不客观。

明末清初是学术界通常理解的西学东渐的第一个关键时期。耶稣会士来到中国，在传播基督教教义和西方科学技术的同时，也逐渐开始以宗教史简单地"嫁接"中国古代历史。与此同时，耶稣会士阐发的中国民族文化"自西徂东说"，遭到中国绝大多数学者的顽强抵制与反对，康乾以后，在政治因素的干预下，"西学中源说"逐渐主导中国学术界。这场中国民族文化起源的中西

"道统"之争，存在颇为深刻的社会与文化背景，争辩的性质也颇为复杂。在新的学术背景下，对这场激烈的"学术"论争的社会与文化背景、性质与影响等一系列问题重新进行科学与理性的审视，对于中国民族文化形成发展的理论建构，有着至关重要的意义。

1. 中国古代古史体系编排与中国民族文化本土一系起源的多维认同

在西方传教士来到中国之前的相当漫长的时期，随着三皇五帝古史体系的不断编排与陆续定型，上古民族文化本土一系起源说已逐渐地深入人心。早在西汉时期，杰出的历史学家司马迁根据古文字资料《五帝德》《帝系》较早编排出以黄帝为"共同始祖"的一套古史系统，见图1-1。

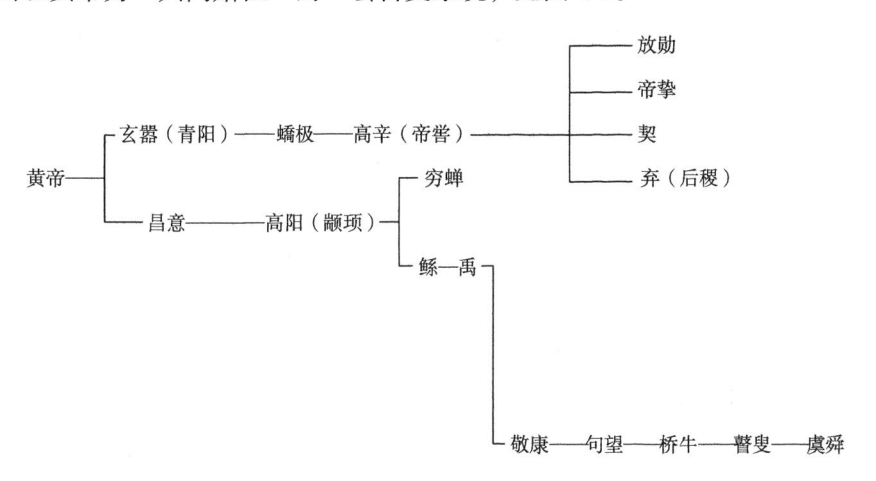

图1-1 以黄帝为共同始祖的古史系统

从图1-1可知，至迟于西汉时期，古代学者已颇为一致地将以后构成华夏族主干的夏商周三族的祖先禹、契、后稷均与传说中黄帝建立起"家谱"式的"渊源"关系。在《史记·五帝本纪》中，司马迁颇为肯定地说：

> 自黄帝至舜、禹，皆同姓而异其国号，以彰明德。故黄帝为有熊，帝颛顼为高阳，帝喾为高辛，帝尧为陶唐，帝舜为有虞。帝禹为夏后而别氏，姓姒氏。契为商，姓子氏。弃为周，姓姬氏。[①]

---

① （汉）司马迁：《史记》卷一《五帝本纪》，北京：中华书局，1959年，第45页。

在我们今天看来，以上司马迁所说的"国"，显然并非事实，按照现代文化人类学的常识，这些所谓的"国"，毫无疑问是指的不同时期居于不同地域的大大小小的氏族、部落。至于以上所谓的"帝"，自然正是泛指这些大大小小氏族、部落的首领。此外，司马迁所讲的"姓""氏"问题，同样迄今仍是学术界争讼不止的学术难题，由于问题本身的复杂，在此略而不论。

事实上，不唯如此，司马迁更将夏、商、周之外的秦、楚、吴、越乃至匈奴等，均与传说中的五帝建立起直接或间接的"渊源"关系。兹分别举证如下：

《史记·秦本纪》曰："秦之先，帝颛顼之苗裔孙曰女修。"

《史记·楚世家》曰："楚之先，出自帝颛顼高阳。"

《史记·吴太伯世家》曰："吴太伯，太伯弟仲雍，皆周太王之子，而王季历之兄也。"

《史记·越王勾践世家》曰："越王勾践，其先禹之苗裔，而夏后帝少康之庶子也。"

《史记·匈奴列传》曰："匈奴，其先祖夏后氏之苗裔也，曰淳维。"

综上可知，司马迁将秦、楚的始祖追溯至五帝中的高阳（颛顼），对照图1-1中司马迁所编排的古史系统，则秦、楚似当与传说中的舜、禹同祖；此外，吴与周同祖，越、匈奴与夏同祖。总之，经过司马迁对战国以来古史体系的重新编排，华夏乃至处于戎狄、蛮荒之地的秦、楚、吴、越、匈奴都成了黄帝后裔。

在我们今天看来，司马迁编排的古史体系，与其说是一部相互关联的上古族群史，倒不如说是一部内涵丰富的上古文化史。应该强调的是，后来皇甫谧在《帝王世纪》中根据《世本》一书杂糅东方太昊、少昊与西方尧、舜、禹的传说，另外编排出"伏羲、神农、黄帝为三皇，少昊、高阳（《史记·正义》作颛顼）、高辛、唐、虞为五帝"，形成与《史记·五帝本纪》迥异的古史系统，但随着三皇传说的逐渐兴起与丰富扩大，这一古史系统由于缺乏足够的可靠性，影响远在《史记·五帝本纪》之下，而逐渐不为人们所认可。自唐代司马贞第一次补写《三皇本纪》，将所谓的"三皇"置于传说中的"五帝"之前，三皇第一次被纳入中国古史的大系统。尽管到北宋时期，"三皇"中的"一皇"仍

"纷纭无定说"①，但是三皇五帝的古史体系已逐渐得到学术界的普遍认同。

在古代学者不断对三皇五帝古史体系进行重新编排的同时，盘古的传说也逐渐开始在民间流传。夏曾佑较早认为："盘古之名，古籍不见，疑非汉族旧有之说。或盘古、盘瓠音近，盘瓠为南蛮之祖，《后汉书·南蛮传》。此为南蛮自说其天地开辟之文，吾人误用以为己有也。"②亦有学者提出疑义，盘古年代远在高辛之前，"安得与盘瓠之说并为一谈？"③然而根据古代文献记载所透露的信息来看，至迟三国时期吴人徐整《三五历纪》已开始记录开天辟地的盘古。到南宋时期，刘恕《通鉴外纪》、罗泌《路史》等文献已将盘古视为中国传说中开天辟地的祖先。明末清初，在西方传教士来华之前，中国学者对从盘古开天辟地到三皇五帝的古史体系的编排已基本完成。

在中国古代学者对从盘古开天辟地到三皇五帝的中国古史体系编排的过程中，中华民族共同体的范围日益扩大，中国民族文化起源本土一系说，逐渐成了中国学术界的普遍"共识"。早在汉代，司马迁就在《史记·六国年表序》中较早提出"禹兴于西羌"之说。继司马迁之后，南朝宋人裴骃《集解》引皇甫谧《帝王世纪》语："孟子称禹生石纽，西夷人也，传曰'禹生西羌'是也。"唐代学者张守节《正义》进一步解释说："禹生于茂州汶川县，本冄駹国，皆西羌。"值得注意的是，皇甫谧《帝王世纪》将西羌的祖先与传说的大禹相联系，似乎获得的"证据"较《史记·六国年表序》更早，而此后常璩《华阳国志》以及更晚的文献中所记载的"禹兴于西羌"的种种传说，显然系《史记·六国年表序》"禹兴于西羌"之说的进一步扩大。迄今为止，有的学者对于以上"禹兴于西羌"的后起传说的发生与衍变背景，已经说得十分明白，晚出文献所记"禹生石纽"，"乃蜀地羌民自述先代的传说"④，司马迁《史记·六国年表序》"禹兴于西羌"之说"应是根据当时羌族内部累世相传的旧说"⑤。在我们今天看来，"禹兴于西羌"的古老传说，在民族史上找到

---

① 杨宽：《中国上古史导论》，童书业、吕思勉编著：《古史辨》第七册上编，上海：上海古籍出版社，1982年，第86页。
② 夏曾佑：《中国古代史》，石家庄：河北教育出版社，2000年，第14页。
③ 吕思勉：《吕思勉读史札记》上册，上海：上海古籍出版社，1982年，第6页。
④ 徐中舒：《论〈蜀王本纪〉成书年代及其作者》，《社会科学研究》1979年创刊号。
⑤ 徐中舒：《中国古代的父系家庭及其亲属称谓》，《四川大学学报》（哲学社会科学版）1980年第1期。

绝对可信的铁证，显然是极困难的，但在这一古老传说背后，折射出的蜀地羌人强烈的中华民族认同感，则似由来已久。不唯如此，在常璩的《华阳国志》卷三《蜀志》开篇，原本在战国时期仍被视为"戎狄之长"①的蜀的历史也被重新改写为："蜀之为国，肇于人皇，与巴同囿。至黄帝，为其子昌意娶蜀山氏之女，生子高阳，是为帝喾。封其支庶于蜀，世为侯伯。"②除了以上所举羌、蜀外，在以后的官修正史中，鲜卑、契丹的起源也都与传说中的三皇五帝建立起了直接的"渊源"关系。诸如《北史·魏纪》明确言及："魏之先出自黄帝轩辕氏。黄帝子昌意，昌意之少子受封北国，有大鲜卑山，因以为号，其后世为君长，统幽都之北，广漠之野。"《周书·文帝纪》称北周皇室宇文氏，"其先出自炎帝神农氏"。《辽史·太祖纪》后论中称："辽之先，出自炎帝。"尤其值得注意的，明代学者罗曰褧更将鞑靼、兀良哈、吐蕃等族的渊源，皆与传说中的五帝系统建立起直接或间接的联系："鞑靼，北胡也。昔三代之獯（按：应为荤）粥、猃狁，汉之匈奴，魏之蠕蠕，唐之突厥，宋之蒙古，种类迭炽，大抵皆夏后氏之苗裔也"③；"兀良哈，古东胡也。高辛氏之裔，汉之鲜卑、唐宋之吐谷浑、契丹皆是也"④；"吐蕃凡百余种，古曰西戎，又曰西羌。其先出自三苗，国近南岳"⑤。综合以上记载，不难发现，在罗氏看来，不仅明代时的鞑靼、兀良哈、吐蕃与传说中的三皇五帝有着直接或间接的"渊源"关系，而且与鞑靼有着"渊源"关系的荤粥、猃狁、匈奴、蠕蠕、突厥、蒙古；与兀良哈有着"渊源"关系的鲜卑、吐谷浑、契丹；与吐蕃有着"渊源"关系的西戎、西羌各族体，均为传说中的三皇五帝的后裔。总之，随着民族融合的加速与中华民族认同意识的加强，战国至秦汉以后，中华民族共同体的范围日益扩大，从而为中国民族文化起源本土一系说奠定了具有

---

① （汉）刘向集录：《战国策》卷三《秦策一》，上海：上海古籍出版社，1998年，第117页。
② （晋）常璩撰，严茜子点校：《华阳国志》卷三，济南：齐鲁书社，2010年，第26页。
③ （明）罗曰褧著，余思黎点校：《咸宾录·北虏志》卷一《鞑靼》，北京：中华书局，1983年，第1页。
④ （明）罗曰褧著，余思黎点校：《咸宾录·北虏志》卷一《兀良哈》，北京：中华书局，1983年，第21页。
⑤ （明）罗曰褧著，余思黎点校：《咸宾录·西夷志》卷五《吐蕃》，北京：中华书局，1983年，第108页。《后汉书·西羌传》载："西羌之本，出自三苗，姜姓之别也。其国近南岳。"韦昭为《国语·周语下》作注时云："姜，四岳之先，炎帝之姓也。"在古代学者编排的三皇五帝古史系统中，炎帝为姜姓之始祖。由此进一步类推，罗曰褧以吐蕃"古曰西戎，又曰西羌，其先出自三苗"，明显暗指吐蕃为传说中的炎帝之裔。

很强"说服力"的理论基础。

在长期的民族融合与文化交流过程中，夷夏之间的界限逐步消泯，中华民族的文化认同逐步加强。在华夏民族形成过程中，文化方面的差异常常成为区分夷、夏之别的重要标志。《史记·楚世家》记载西周夷王时熊渠的话："我蛮夷也，不与中国之号谥。"以上记载表明，西周时期楚人用谥，和周人有着根本性的差异。此外，《左传·文公元年》说："楚国之举，恒在少者"，《左传·昭公十三年》说："芈姓有乱，必季实立。"显然，在王位继承制度方面，楚国的立王制度和周代宗法制下的嫡长子继承制也完全不同。不唯楚国如此，长期"僻在雍州，不与中国诸侯之会盟，夷翟遇之"①的秦，在王位继承和男女之别等方面，也与中原地区之间存在着诸多显著差异。如《公羊传·昭公五年》《谷梁传·僖公三十二年》《史记·商君列传》等文献屡屡言及："秦者，夷也，匿嫡之名""狄，秦也……乱人子女之教，无男女之别""始秦戎狄之教，父子无别，同室而居"。在周代说得最明白还有《左传·襄公十四年》载："诸戎饮食衣服不与华同，贽币不通，言语不达。"然而，华夏与戎夷蛮狄之间在制度和习俗等方面的差异并非一成不变的。历经秦始皇"一法度衡石丈尺，车同轨，书同文字"②及汉武帝"罢黜百家，表章《六经》"③，此前的夷、夏之别，随着秦汉大一统的完成与文化的统一，渐渐荡然无存。汉代论著《论衡》中说："唐虞国界，吴为荒服；越在九夷，蛎衣关（贯）头，今皆夏服，褒衣履舄。巴、蜀、越巂、郁林、日南、辽东、乐浪，周时被发椎髻，今戴皮弁。周时重译，今吟《诗》、《书》。"④"古之戎狄，今为中国；占之裸人，今被朝服；古之露首，今冠章甫；古之跣跗，今履商舄"⑤。到唐代，杜佑更提出"古之人朴质，华夏与夷狄同"⑥和"缅惟古之中华，多类今之夷狄"⑦的独到见解。明清之际，就连具有强烈民族意识和民

---

① （汉）司马迁：《史记》卷五《秦本纪》，北京：中华书局，1959年，第202页。
② （汉）司马迁：《史记》卷六《秦始皇本纪》，北京：中华书局，1959年，第239页。
③ （汉）班固：《汉书》卷六《武帝纪》，北京：中华书局，1962年，第212页。
④ 《诸子集成》第七册《论衡·恢国篇》，北京：中华书局，1954年，第193—194页。
⑤ 《诸子集成》第七册《论衡·宣汉篇》，北京：中华书局，1954年，第191页。
⑥ （唐）杜佑撰，王文锦等点校：《通典》卷四十八《礼典八·后议》，北京：中华书局，1988年，第1355页。
⑦ （唐）杜佑撰，王文锦等点校：《通典》卷一百八十五《边防典·序》，北京：中华书局，1988年，第4979页。

族气节的黄宗羲也摒弃狭隘的民族观念,积极申论:"素中国行乎中国,素夷狄行乎夷狄。古来相传礼教两字,就是当路之准的。蒙古据有中国,许、赵之功,高于弓矢万倍。自许、赵出,蒙古亦中国矣。"①综上可知,历经唐宋元明时期,从饮食、衣服、社会经济生活到礼教,中国境内各族之间的文化差异渐趋消失,文化认同不断加强。以蒙古族为例,明代学者不仅认为其与传说中的三皇五帝有着直接或间接的"渊源"关系,明清之际的学者甚至更明确建立"蒙古亦中国矣"的天下一家观念。而这一观念的建立,为中华民族文化起源本土一系说的理论建构起到了积极的补充与完善作用。

在政治作用的主导下,置于民族文化认同之上的天下一家的整体国家观的逐步加强,为中华民族文化起源本土一系说的逐步强化增添了更多超越学术本身的"合理"因素。天下一家的整体国家观肇始于先秦时期。从《诗经·小雅·北山》中"溥(普)天之下,莫非王土。率土之滨,莫非王臣"②朦胧的天下一统意识的产生,到《荀子·儒效》"四海之内若一家,通达之属莫不从服",以及《鹖冠子·王铁》"畸合四海,以为一家,而夷貊万国,皆以时朝服致绩"对未来统一国家政治模式的设计,再到秦汉时期"周定四极"③、"天下咸抚"④,"四海之内,莫不为郡县;四夷八蛮,咸来贡职"⑤的大一统局面的形成,天下一统的国家观念日渐深入人心。唐、宋以后,在民族认同与文化认同的基础上,此前狭隘的夷夏之防、夷夏之别观念,渐渐成为历史,在政治家的积极倡导下,天下一家的整体国家观念更加巩固。司马光曾记载唐太宗的一段言论:"自古皆贵中华,贱夷狄,朕独爱之如一,故其种落皆依朕如父母。"⑥明太祖在建国之初,即抱定"定天下于一"之志,"誓清四海,以同吾一家之安"⑦。"朕既为天下之主,华夷无间,姓氏虽异,抚字如

---

① (清)黄嗣艾编著:《南雷学案》卷一《本传》,重庆:正中书局,1936年,第7页。
② (清)阮元校刻:《十三经注疏》上册,北京:中华书局,1980年,第463页。
③ (汉)司马迁:《史记》卷六《秦始皇本纪》,北京:中华书局,1959年,第249页。
④ (汉)司马迁:《史记》卷六《秦始皇本纪》,北京:中华书局,1959年,第252页。
⑤ (清)严可均辑:《全汉文》,北京:商务印书馆,1999年,第44页。
⑥ (宋)司马光编著、(元)胡三省音注:《资治通鉴》卷一百九十八"贞观二十一年五月庚辰"条,北京:中华书局,1956年,第6247页。
⑦ 《明实录·太祖实录》卷96"洪武八年正月癸酉"条,台北:"中央研究院"历史语言研究所,1962年影印本,第1651页。

一"①。明成祖也向各族宣示:"朕承天命,主宰生民,唯体天心以为治,海内海外,一视同仁。夫天下一统,华夷一家,何有彼此之间?"②到清代,康熙帝曾讲道:"朕统御寰区,一切生民,皆朕赤子,中外并无异视。"③乾隆帝在给回部的敕谕中亦说:"朕为天下共主,罔有内外,一体抚绥,何忍坐视其可乱。"④综上可见,在中国古代相当漫长的历史时期,在文化认同的基础上,"华夷一家"的民族认同与"天下一统"的国家认同互为表里,其在客观上有助于增强中华民族凝聚力和维护国家统一,同时亦为中华民族文化起源本土一系说增添了更多超越学术本身的"合理"因素。

总之,自战国秦汉迄明末清初,从盘古开天辟地到三皇五帝的古史体系已建设得十分巩固。与此同时,在文化认同基础上的民族认同与国家认同的促进下,中华民族文化起源本土一系说由于不断获得文化、民族、国家认同等多维理论"支持",从而奠定了传统中国上古民族文化形成发展理论的牢固基石,并直接影响到20世纪以来中国上古民族文化形成发展理论建构的学术走向。

2. 耶稣会士中国民族文化"自西徂东说"的假定及来自中国学者的批判

明末清初,在华的耶稣会士,在传播基督教义和西方科学技术的同时,也逐渐开始以宗教史简单"嫁接"中国古代历史,并提出一系列中国民族文化西来的大胆假说。早在明末,利玛窦就开始运用"象数派"(Figuism)神学来阐释中国历史,把中国历史和西方历史简单地进行"嫁接":

> 若以经书之未载为非真,且误甚矣。西庠论之诀,曰正书可证其有,不可证其无。吾西国古经载,昔天主开辟天地,即生一男名曰亚党,一女名曰厄袜,是为世人之祖,而不书伏羲、神农二帝。吾以此观之,可证当时果有亚党、厄袜二人,然而不可证其后之无伏羲、神农二帝也。若自中国之书观之,可证古有伏羲、神农于中国,而不可证无亚党、厄袜二祖也。

---

① 《明实录·太祖实录》卷53"洪武三年六月丁丑"条,台北:"中央研究院"历史语言研究所,1962年影印本,第1049页。
② 《明实录·太宗实录》卷30"永乐二年四月辛未"条,台北:"中央研究院"历史语言研究所,1962年影印本,第533页。
③ 《清实录·圣祖实录》卷69"康熙十六年十月甲寅"条,北京:中华书局,1985年,第888页。
④ 《清实录·高宗实录》卷555"乾隆二十三年正月丙辰"条,北京:中华书局,1986年,第30页。

不然，禹迹不写大西诸国，可谓天下无大西诸国哉？①

根据以上记载，不难看出，利玛窦极力汇通中国古代经典与天主教义，在当时就暗示亚党、厄袜和中国三皇五帝同属一个系统，中国儒家信奉的人文始祖伏羲、神农，为亚党、厄袜的后裔。如果说，利玛窦的以上"假说"仅仅停留于逻辑推理和暗示层面，那么继利玛窦之后，南怀仁等天主教传教士则已较为"明确"提出中国民族文化西来说。《道学家传小引》就较为完整地记录下了以南怀仁为代表的西方传教士的以下重要论点：

> 未有天地之先，昊天之主宰，无声无臭，于穆不已；以其全能，命阴阳二气，火气水土四元行，开辟乾坤，造成万汇；乃将土化为人祖，男则名亚当，女则名厄袜，配为夫妇，以传人类。父子公孙，代代相继。传至诺厄，洪水之世，由诺厄夫妇三子三媳八人，传至第十三代子孙，名号伏羲者，乃始入中华，为首御物之君，华地始有居民。从兹至今，朝代年纪，一一可考，与西历参对，符合无差。②

早在宋代，陆九渊即曾阐发过"宇宙便是吾心，吾心便是宇宙。东海有圣人出焉，此心同也。西海有圣人出焉，此心同也，此理同也。南海北海有圣人出焉，此心同也，此理同也。千百世之上至千百世之下有圣人出焉，此心此理，亦莫不同也"③的重要观点。明清之际，在中西文化交流日趋频繁的背景下，陆九渊的以上观点不断被当时学者极力发挥，原本另有其文化意蕴和旨趣之"四海同风"④，"东海西海，心同理同"⑤，"东海西海，不相谋而符节合"⑥，"六合一家"⑦世界认同意识，为以南怀仁为代表的天主教士的假说提

---

① 朱维铮主编：《利玛窦中文著译集》，上海：复旦大学出版社，2001年，第68—69页。
② 徐宗泽编著：《明清间耶稣会士译著提要》卷五《教史类·道学家传小引》，北京：中华书局，1989年，第225页。
③ （宋）陆九渊著，钟哲点校：《陆九渊集》卷三十六《年谱》，北京：中华书局，1980年，第483页。
④ （明）徐光启著，（清）李杕编辑；徐宗泽增补：《增订徐文定公集》卷一《文稿·正道题纲》，上海：徐家汇天主堂藏书楼，1933年，第2页。
⑤ 徐宗泽编著：《明清间耶稣会士译著提要》卷三《真教辩护类·天主实义重刻序》，北京：中华书局，1989年，第147页。
⑥ 徐宗泽编著：《明清间耶稣会士译著提要》卷七《科学类·职方外纪序》，北京：中华书局，1989年，第317页。
⑦ 《方舆胜略·外夷》卷一《山海舆地全图总序》引冯应京语，《禹贡》1936年第3—4合期。

供了重要的"理论"支持。

以后，李祖白受汤若望影响，在《天学传概》一书中也积极阐发与南怀仁相类似的观点。其在"天主上帝，于厥世始，开辟乾坤，发育万物"①的义理基础上大肆发挥：

> 方开辟时，初人子孙聚居如德亚。此外东西南北，并无人居。当是时，事一主，奉一教，纷歧邪说无自而生。其后生齿日繁，散走四方遐逖，而大东大西有人之始，其时略同。考之史册，推以历年，在中国为伏羲氏。既非伏羲，亦必先伏羲不远，为中国有人之始。惟此中国之初人实如德亚之苗裔，自西徂东，天学固其所怀来也。②

综上可知，李祖白不仅积极完善"中国之初人实如德亚之苗裔"的论点，而且极力申论中国上古文化"自西徂东"，中学乃"天学"所"怀来"的主张。此后，李祖白积极搜罗资料，旁征博引中国儒家经典，以证"中国之教，无先天学"的论点：

> 生长子孙，家传户习，此时此学之在中夏，必倍昌明于今之世。延至唐虞，下迄三代，君臣告诫于朝，圣贤垂训于后，往往呼天称帝，以相警励。夫有所受之也，岂偶然哉？其见之于《书》，曰昭受上帝，夫其申命用休，予畏上帝，不敢不正；曰惟皇上帝，降衷于下民；曰上帝妥佑下民；曰惟简在上帝之心；曰惟上帝不常，作善降之百祥，作不善降之百殃；曰顾諟天之明命；曰天佑下民，作之君，作之师，惟其克相上帝；曰我亦不敢宁于上帝命，弗永远念天威。见之《诗》，曰文王在上，于昭于天，文王陟降，在帝左右；曰维此文王翼翼，昭事上帝，天鉴在下，有命既集，天帝临女，无贰尔心；曰皇天上帝，临下有赫；曰敬天之怒，无敢戏豫。敬天之渝，无敢驰驱；曰荡荡上帝，下民之辟。天生蒸民，其民匪谌；曰贻我来年，上帝率育；曰赫赫姜嫄，其德不回，上帝是依。无贰无虞，上帝临女。《鲁论》曰获罪于天，无所祷也；予所否者，天厌之，天厌之；曰丘之祷久矣，曰畏天命；《中庸》曰：郊社之礼，所以事上帝也；曰上

---

① 吴相湘主编：《天主教东传文献续编·天学传概》，台北：学生书局，1966年，第1056页。
② 吴相湘主编：《天主教东传文献续编·天学传概》，台北：学生书局，1966年，第1058页。

天之载，无声无臭，至矣。《孟子》曰：乐天者，保天下。畏天者，保其国；曰顺天者存，逆天者亡；曰虽有恶人，斋戒沐浴，则可以事上帝；曰存其心，养其性，所以事天也。殀寿不贰，修身以俟之，所以立命也。凡此诸文，何莫非天学之微言法语乎？其不但言帝，又言天者，天即帝也，犹臣民间称君上为朝廷。朝廷，即君上也。审是，则中国之教，无先天学者。①

李祖白关于"中国之初人实如德亚之苗裔"和"中国之教，无先天学者"的申论，这不仅暗合了利玛窦较早提出的人类繁衍"自西徂东"②的说法，而且进一步丰富与完善了利玛窦、南怀仁等西方传教士的假说，尤其为中国民族文化"自西徂东说"增加了更多来自儒家经典中的"强有力"证据。

就在耶稣会士对中国上古民族文化"自西徂东"说不断进行丰富完善的同时，天启二年（1623年），唐景教碑于长安城墙败基之下被发现，一下子使他们如获至宝。阳玛诺在《唐景教碑颂正诠序》中即曾以唐景教碑的发现作为"证据"极力申论："迩岁幸获古碑，额题景教，粤天主开辟迄降临，悉著厥端。时唐太宗九年，为天主降生后六百三十五年，至西镐广行十道，圣教之来盖千有余岁矣。"③"长安掘地，所得名景教流行于中国碑颂，殆与西学弗异乎！"④并据此确信："今而后，中士弗得咎圣教来何暮矣。"⑤这一假定的最终目的，显然是为了证明耶稣会士所宣称"中国之教，无先天学"的观点。

如南怀仁曾宣称：

> 盖上古之世，非无书史可考，然经秦火之后，古儒真传道统，竟多失落；故鉴史之所载天地人三氏等，以至伏羲，中华典籍皆无确证可稽。是以究诸西史，幸神师指示，古经尚存，一一详备其内，果见西海东海，

---

① 吴相湘主编：《天主教东传文献续编·天学传概》，台北：学生书局，1966年，第1058—1061页。
② 利玛窦说："此天主道，非一人一家一国之道。自西徂东，诸大邦咸习守之。"详见朱维铮主编：《利玛窦中文著译集》，上海：复旦大学出版社，2001年，第8页。
③ 徐宗泽编著：《明清间耶稣会士译著提要》卷五《教史类·唐景教碑颂正诠序》，北京：中华书局，1989年，第231页。
④ 徐宗泽编著：《明清间耶稣会士译著提要》卷五《教史类·唐景教碑颂正诠序》，北京：中华书局，1989年，第231页。
⑤ 徐宗泽编著：《明清间耶稣会士译著提要》卷五《教史类·唐景教碑颂正诠序》，北京：中华书局，1989年，第231页。

此心此理，同一无二，原同一脉，谓之得其传，曰《道学家传》，溯其初也。①

又如李祖白亦在《天学传概》中生硬地将天主教史和中国历史"结合"起来：

> 惜乎三代而远，世风日下，民生苦于战争，士习坏于功利。吕秦代周，任法律，弃诗书，从前载籍，尽遭烈焰，而天学不复观其详矣，伤哉！逮至西汉元寿，天主降生，及救世毕，宗徒圣多默者，行教中土，事载西史。而此中中州近地，明季流传十字教规，缘天主救世，功成十字，故以名教。是即多默所遗教也。②

经过南怀仁、李祖白等耶稣会士的不断发挥、补充与完善，宗教史与中国史顺理成章地完成了"有机结合"。在我们今天看来，由于西方传教士对中国历史，尤其是中国文化的接触，大多仅仅停留于表层，这一宗教史与中国史的简单"嫁接"，本身存在的诸多问题，自然很容易遭到中国学者的强烈抵制与批判。

耶稣会士的假说提出不久，即很快遭到中国绝大多数学者的强烈抵制与批判。如时人批评耶稣会士"倡邪说以诬民，思用夷而变夏"③。明代学者从中国文化本位主义立场批判狡夷邪说"愚民眩惑"：

> 近年以来，突有狡夷自远而至……自称其国曰大西洋，其教曰天主教。夫普天之下，薄海内外，惟皇上为覆载炤临之王，是以国号曰大明，何彼夷亦曰大西？且既称归化，岂可为两大之辞以相抗乎？三代之隆也，临诸侯曰天王，君天下曰天子，本朝稽古定制。每诏诰之下，皆曰奉天，而彼夷诡称天主，若将驾轶其上者然，使愚民眩惑，何所适从？④

明儒批判狡夷邪说"欺世惑人"，斥之为"巫觋之邪术"：

---

① 徐宗泽编著：《明清间耶稣会士译著提要》卷五《教史类·道学家传小引》，北京：中华书局，1989年，第225页。
② 吴相湘主编：《天主教东传文献续编·天学传概》，台北：学生书局，1966年，第1061—1062页。
③ 蓝吉富主编：《大藏经补编》第28册，台北：华宇出版社，1986年，第234页。
④ 蓝吉富主编：《大藏经补编》第28册，台北：华宇出版社，1986年，第220—221页。

> 夷人辨疏辨揭，俱称天主，即中国所奉之"天"，而附和其说者。亦曰："吾中国何尝不事天也。"乃彼夷自刻《天主教解要略》，明言天主生于汉哀帝某年，其名曰耶稣，其母曰亚利玛，是西洋一胡耳。又曰被恶官将十字架钉死，是胡之以罪死者耳，焉有罪胡而可名天主者乎？甚至辨疏内，明言天主降生西国，其矫诬无礼，敢于欺诳天听，岂谓我中国无一人觉其诈耶？①

> 且天帝一也，以其形体谓之天，以其主宰谓之帝，吾儒论之甚精。而彼刻《天主教要略》云，天主生于汉哀帝时，其名曰耶稣，其母曰亚利玛。又云被恶官将十字架钉死。是以西洋罪死之鬼为天主也，可乎不可乎？将中国一天，而西洋又一天耶？将汉以前无天主，而汉以后始有天主耶？据斯谬谭，直巫觋之邪术也。②

从以上文字可以看出，明代学者在中国民族文化本位主义立场上对天主教进行抵制与批判，并未从根本上触及中国上古民族文化起源问题，而大体停留于结合儒家经典对"天""帝"的阐释，批驳西人以天主教之"矫诬无礼"及"将中国一天，而西洋又一天""将汉以前无天主，而汉以后始有天主"的学理之"谬"的层面。显然，明代学者批判耶稣会士的"谬"，是由于传教士的教义与中国的"礼"大相径庭、格格不入。由此，则不难获知，明代学者对耶稣会士的批判，除了有极力维护中国民族文化的"道统"的特殊用意外，还暗含中、西民族文化，各有其独立的源头和发展道路，二者之间有着天然的不可逾越的鸿沟。这一点，明代学者多有更为详尽的论述。

陈侯光在《辨学刍言自叙》中云：

> 孔子之道如日中天，大西何能为翳，惟夷教乱华，煽或浸众，恐闲先圣者，必愤而不能默也。③

张广恬在《辟邪摘要略议》中说：

> 我太祖扫清邪氛，混一寰宇，开大明于中天，四夷莫不宾服，威令行

---

① 蓝吉富主编：《大藏经补编》第28册，台北：华宇出版社，1986年，第245—246页。
② 蓝吉富主编：《大藏经补编》第28册，台北：华宇出版社，1986年，第229页。
③ 蓝吉富主编：《大藏经补编》第28册，台北：华宇出版社，1986年，第295页。

于天下矣。然国中敦秉伦彝，独尊孔孟之学，凡在摄化之区，无不建立素王之庙，诚万世不易之教道也。近有外夷自称天主教者，言从欧罗巴来，已非向所臣属之国，然其不奉召而至，潜入我国中，公然欲以彼国之邪教，移我华夏之民风，是敢以夷变夏者也。①

颜茂猷在《明朝破邪集序》中亦说：

> 粤自开辟以还，三教并兴，治世、治心、治身之事，不容减、亦不容增者也。何僻而奸夷，妄尊耶于尧舜周孔之上，斥佛、菩萨、神仙为魔鬼，其错谬幻惑固已辗然足笑。②

既然如此，在明儒看来，耶稣会士将宗教史与中国史简单地"嫁接"，自然乃"欺诳天听"的"谬谭"，属于"直巫觋之邪术"。清初，中国学者对耶稣会士假说的批判更为激烈。兹略举与本书有关文字，略加申论。

在《请诛邪教状》一文中，杨光先指斥汤若望为"耶稣遗孽"，徐光启为"邪臣"，李祖白《天学传概》为"妖书"，并特别强调：

> 令历关李祖白造《天学传概》，谓东西万国皆是邪教之子孙，来中夏者为伏羲氏，《六经》、《四书》尽是邪教之法语微言。岂非明背本国，明从他国乎？如此妖书，罪在不赦。③

在《与许青屿侍御书》一文中，杨氏继续对李祖白《天学传概》一书中积极阐发的"中国之初人实如德亚之苗裔"的论点和中学乃"天学"所"怀来"之说给予激烈批判：

> 不思我大清今日之天下，即三皇五帝之天下也；接三皇五帝之正统，大清之太祖、太宗、世祖、今上也；接周公、孔子之道统，大清之辅相师儒也。祖白谓历代之圣君圣臣，是邪教之苗裔，《六经》、《四书》是邪教之微言……盖祖白之心，大不满世祖之法尧舜，尊周孔，故著《天学传

---

① 蓝吉富主编：《大藏经补编》第28册，台北：华宇出版社，1986年，第308页。
② 蓝吉富主编：《大藏经补编》第28册，台北：华宇出版社，1986年，第255页。
③（清）杨光先等撰，陈占山校注：《不得已（附二种）》卷上《请诛邪教状》，合肥：黄山书社，2000年，第5页。

概》，以辟我世祖，而欲专显天主之教也。①

祖白之为书也，尽我大清而如如德亚之矣，尽我大清及先圣帝圣师圣臣而邪教苗裔之矣，尽我历代先圣之圣经贤传而邪教绪余之矣，岂止于妄而已哉！实欲挟大清之人，尽叛大清而从邪教，是率天下无君无父也！②

从以上文字可以看出，杨氏以上对"耶稣遗孽"及其"妖书"论点的批判，维护中国民族文化"道统"的观念颇为明显，杨氏仅仅以大清接"三皇五帝之正统"，清儒辅相"周公、孔子之道统"为据，来反驳耶稣会士的种种论点，未免和耶稣会士以宗教史和中国史进行简单"嫁接"类似，由于耶稣会士和清儒均对于对方文化缺乏实质性的接触和义理疏通，双方各执一端，自说自话，因而辩论基本不具有严格意义上的学术价值。以后，随着辩论的益趋激烈，清儒开始自觉寻找具有"说服力"的证据，尝试从义理方面对耶稣会士的论点进行反驳：

天设为天主之所造，则天亦块然无知之物矣，焉能生万有哉？天主虽神，实二气中之一气，以二气中之一气，而谓能造生万有之二气，于理通乎？无始之名，窃吾儒无极而生太极之说。无极生太极，言理而不言事；苟以事言，则六合之外圣人存而不论，论则涉于诞矣。……而所谓无始者，无其始也。有无始，则必有生无始者之无无始；有生无始者之无无始，则必又有生无无始者之无无无始。溯而上之，曷有穷极？而无始亦不得名天主矣。误以无始为天主，则天主属无而不得言有。真以耶稣为天主，则天主亦人中之人，更不得名天主也。设天果有天主，则覆载之内四海万国无一而非天主之所宰制，必无独主如德亚一国之理。独主一国，岂得称天主哉！③

---

① （清）杨光先等撰，陈占山校注：《不得已（附二种）》卷上《与许青屿侍御书》，合肥：黄山书社，2000年，第9—10页。
② （清）杨光先等撰，陈占山校注：《不得已（附二种）》卷上《与许青屿侍御书》，合肥：黄山书社，2000年，第10页。
③ （清）杨光先等撰，陈占山校注：《不得已（附二种）》卷上《辟邪论上》，合肥：黄山书社，2000年，第17—18页。

以上杨氏从中国道家哲学"无，名天地之始；有，名万物之母"①及"天下之物生于有，有生于无"②的理论出发，反证"天主属无"；杨氏接着反驳说："设天果有天主，则覆载之内四海万国无一而非天主之所宰制，必无独主如德亚一国之理"。可见，杨氏的反驳是站在中国文化立场上，运用中国哲学思维，"论证"天主"独主一国"之谬。显然，这仍有将中国文化和哲学思维强加给耶稣会士的感觉，也很容易让对方找到把柄，从而招致对方的反击。后来杨氏又从年代学方面寻找"证据"，以证"天主即是耶稣"之"无稽"：

> 天主欲救亚当，胡不下生于造天之初，乃生于汉之元寿庚申？元寿庚申，距今上顺治己亥，才一千六百六十年尔。而开辟甲子至明天启癸亥以暨于今，合计一千九百三十七万九千四百九十六年。此黄帝《太乙》所记。从来之历元，非无根据之说。太古荒都不具论，而天皇氏有天干之名，伏羲纪元癸未，则伏羲以前已有甲子明矣。孔子删《书》，断自唐虞，而尧以甲辰纪元。尧甲辰距汉哀庚申，计二千三百五十七年。若耶稣即是天主，则汉哀以前尽是无天之世界，第不知尧之钦若者何事，舜之察齐者何物也；若天主即是耶稣，孰抱持之而内于玛利亚之腹中？齐谐之志怪，未有若此之无稽也！③

在我们今天看来，杨氏所依《太乙》等文献所记中国上古年代数，是否"非无根据之说"，暂不作论定，但其敏锐地发现天主教纪年和中国上古年代数之间存在着难以调和的矛盾，则绝非毫无根据的信口乱说。事实上，杨光先的"经典"根据和天主教的"年代学"根据同是一类，"都是神话传说，并非确凿的事实"④，"但是，从中国的经典中寻找更早的创始年代，确实是打击天主教的最佳策略"⑤。除此之外，杨光先还批判利玛窦"历引中夏《六经》

---

① 《诸子集成》第三册《老子注》，北京：中华书局，1954年，第1页。
② 《诸子集成》第三册《老子注》，北京：中华书局，1954年，第25页。
③ （清）杨光先等撰，陈占山校注：《不得已（附二种）》卷上《辟邪论上》，合肥：黄山书社，2000年，第18页。
④ 李天纲：《17、18世纪的中西"年代学"问题》，《复旦学报》（社会科学版）2004年第2期。
⑤ 李天纲：《17、18世纪的中西"年代学"问题》，《复旦学报》（社会科学版）2004年第2期。

之上帝，而断章以证其为天主"①，则亦击中李祖白等耶稣会士征引中国儒家经典以证"中国之教，无先天学"论点之要害。

综上所述，明末清初，耶稣会士以宗教史简单嫁接中国史的种种"假说"，第一次对战国以来中国学者编排的从盘古到三皇五帝的古史体系及建构的牢不可破的中国上古民族文化起源本土一系说提出激烈的挑战。与此同时，中国学者对耶稣会士种种假说的强烈抵制与批判，偶有击中对方要害之论，首次点燃了西学东渐初期中西民族文化碰撞的星星之火。然而由于彼此之间缺乏实质性的接触和义理疏通，耶稣会士的"假说"和中国学者的观点，大多缺乏严格意义的学术价值，辩论双方均未建立起令对方完全信服的融通中西的中国民族文化形成和发展理论，激烈的辩论背后，中国民族文化起源的中西"道统"之争旨趣格外明显。

3. 清初耶稣会士对中国学者批判的反击及"西学中源说"的流行

清初杨光先等人对耶稣会士假说的激烈批判，最终引发清初历史上的"康熙历狱"事件。事件平息不久，耶稣会士继续对杨光先等人的批判进行猛烈回击，从而将明末以来中国民族文化起源的中西"道统"之争，不断向前推进。

在《不得已辩》中，利类思针对杨光先"天设为天主之所造，则亦块然无知之物矣，焉能生万物有哉？"的发难，予以新的解释：

> 夫天之说有二：一有形象之天，则苍苍之天是也。是为天主所造，属块然无知之物，而不能生万有诚然。盖天生万物，因日月五星之动，而日月五星原非能自动，自有灵者使之动也。一无形象之天，主宰是也。至灵之妙有，先我而无元，为万有之根源。故中儒言天，不徒指其形体，而即兼乎主宰，如臣称主上为朝廷。夫朝廷宫阙耳，而主上该焉。至经书所言"尊天"、"事天"、"畏天"、"天生物"，皆指主宰者而言耳。②

在利类思看来，"天"可以区分为"有形象"的"苍苍之天"和"无形

---

① （清）杨光先等撰，陈占山校注：《不得已（附二种）》卷上《辟邪论中》，合肥：黄山书社，2000年，第23页。
② （清）杨光先等撰，陈占山校注：《不得已（附二种）》卷下《不得已辩》，合肥：黄山书社，2000年，第98页。

象"的"主宰"。如是利类思将"天"加以区分,并加以发挥,巧妙地回答了杨光先的发难。利类思还批判杨氏"天主虽神,实二气中之一气。以二气中之一气,而谓能造生万有之二气"的论点之"自相矛盾""悖谬""荒悖殊甚":

> 忽云灵,忽云无灵,自相矛盾,莫此为甚。今谓天主属神,又谓天主属气,何出此言之悖谬乎!盖神为有灵,气为无灵。以气为天主,不但不知天主,并不知气为何物也。从地而天,有四元形:土上为水,水上为气,气上为火,火上为七政列星之天。至火域无气矣,体更清于火,所谓无声无臭者是也。天主者,万有之初有也。其有无元,而万有以之为先。性一无二,圣性所启,即显全能。其能其有,皆属于无穷,充塞万物。万物莫能限,莫能函,不由质模之合。至神无迹,行而不动,而令万物动。是谓万作最初之作,是为万为最终之为。是之为至灵,而万灵由之肇灵。……一切万有有形无形,悉出于此,是为天主。今谬指天主为二气中之一气,无乃荒悖殊甚乎![1]

利类思以"神为有灵,气为无灵"作为反击清儒"天主虽神,实二气中之一气"论点的立论基础,突出强调"天主者,万有之初有也"和"一切万有有形无形,悉出于此,是为天主",并在此基础上力驳清儒"天主虽神,实二气中之一气"论点之"荒悖殊甚"。此外,利类思还用大量篇幅反驳清儒"所谓无始者,无其始也。有无始,则必有生无始者之无无始;有生无始者之无无始,则必又有生无无始者之无无无始。溯而上之,曷有穷极?而尤始亦不得名天主矣"之"大谬"[2];批驳清儒"误以无始为天主,则天主属无而不得言有"之论"更谬"[3]等。其中,更应值得注意的是,利类思对清儒中西年代学论点的反驳:

---

[1] (清)杨光先等撰,陈占山校注:《不得已(附二种)》卷下《不得已辩》,合肥:黄山书社,2000年,第98—99页。

[2] (清)杨光先等撰,陈占山校注:《不得已(附二种)》卷下《不得已辩》,合肥:黄山书社,2000年,第99页。

[3] (清)杨光先等撰,陈占山校注:《不得已(附二种)》卷下《不得已辩》,合肥:黄山书社,2000年,第100页。

中国自伏羲以后，史书载有实据，自此以前，尚数万年多难信者。盖羲轩尧舜之时，生人至少，岂有数万年之久乎？伏羲尧舜之民，性心纯善，制文艺，兴法度，肇宫室，始耕凿，正惟此时，推知其去原初，不甚相远。南轩氏论尧舜以前之事，曰其中多有不经；又曰作史当自伏羲造端无疑也。太史公曰："夫神农以前，吾不知矣。"《纲鉴》亦曰："不信传而信经，其论始定。"今吾据经载，自帝尧迄顺治元年，正四千年，此与六经义不远，而与天主经相合。由此而知，"天皇氏有干支之名，伏羲纪元癸未"，皆外纪荒唐不经之语也。①

在我们今天看来，利类思以上反驳文字，的确有一定的合理之处，如其据南轩氏所论"尧舜以前之事，曰其中多有不经"，认定"'天皇氏有干支之名，伏羲纪元癸未'，皆外纪荒唐不经之语"，和长期抱残守缺、泥古不化的明清学者相比，的确显现了一种崭新的历史观念。事实上，康乾时期的学者江永即更倾向于西方的年代学数字：

以理断之，疑西说近是也。中国有载籍，始于唐、虞、尧，至今四千余年。尧以前略有传闻而难征信。度有人物之初，距唐虞之世，其年当不甚远，岂有遥遥五六万年晦冥如夜，竟无记载可稽邪？又大西洋载其国古老传说，亦不过四千年。夫中西相去数万里而年数符同竟若是，则四千年以前遍天地有人物者不过一二千年，如今日之视秦汉已耳。②

由此可见，耶稣会士的年代学还是对中国学者产生了颇为深刻的影响。有的学者指出，江永等学者考证中国古籍，把三皇五帝和夏、商、周代的历史与西方年代学相联系，突破儒学传统，和异教文化作全球性的比较。这种学术路径，和利玛窦把"天主"与盘古、伏羲相比较的做法如出一辙。③这亦从一个侧面证明，利类思对清儒年代学的反驳，较之于其他问题，略显有一些道理。

除此之外，利类思也极力为"中国之初人实如德亚之苗裔"的观点辩护：

---

① （清）杨光先等撰，陈占山校注：《不得已（附二种）》卷下《不得已辩》，合肥：黄山书社，2000年，第107页。
② （清）江永：《数学附续数学》卷一《数学不论·论天地开辟》，北京：中华书局，1985年，第6页。
③ 李天纲：《17、18世纪的中西"年代学"问题》，《复旦学报》（社会科学版）2004年第2期。

第一章 20世纪以前中国民族文化起源的中西之争

据经，各国初人，皆普世初人之后，则皆如德亚国之苗裔。岂得中国初人独否耶？……谓中国初人非他国之苗裔，则他国之初人乃中国之苗裔，理所必然。但合考中西古史，不载中国初人远游他国，而西史载如德亚国初人远游东来。则谓中国初人，生之他国为有据；而谓他国之初人，生自中国无所凭。如初人生于他国，即为中国之初人，不得不为他国之苗裔。此必然之理，何足云耻哉？此中国彼外国，作如许区别者，皆后世之论，非所论太古之初者也。……夫中国之所以谓中国者，特以能兴礼乐，制文艺，该忠孝仁义，非因初人生在中国也。且中国有人之初，岂遂有文物礼仪之盛乎？亦必渐而兴焉。若以方域论，将冯之姚，西羌之似（按：姒），岐下之姬，均非足中国之圣人矣。①

利类思以上所辩，坚持以天主教经典和西方史学为依据，并采用了西方史学中并不健全的默证之法，表面看起来，利类思论证"中国之初人实如德亚之苗裔"说的逻辑结构似颇"合理"，但仔细推敲，仍不难发现，其整个论证过程仍停留于问题的表层，由于缺乏科学的人类学、考古学、民族学等理论和知识的支持，这一论证和前文对天主教经典中的年代数的论定类似，都存在诸多突出的问题和难以弥缝的破绽。诸如有的学者屡屡指出："清初中国和西方在'年代学'上的争议，并不是一个学术争论，显然是一场判断各自文明高下的较量"②，"随着十九世纪更加科学的'年代学'兴起，明清之际中西方所有的'年代学'都被证明是错误的"③。同样，中国人起源的问题，迄今仍是一个尚未破解的国际性学术难题④，既然如此，明末清初中国民

---

① （清）杨光先等撰，陈占山校注：《不得已（附二种）》卷下《不得已辩》附《中国初人辩》，合肥：黄山书社，2000年，第134—135页。
② 李天纲：《17、18世纪的中西"年代学"问题》，《复旦学报》（社会科学版）2004年第2期。
③ 李天纲：《17、18世纪的中西"年代学"问题》，《复旦学报》（社会科学版）2004年第2期。
④ 关于中国人的起源问题，学术界讼已久。迄今为止，部分支持中国古人类连续进化学说的学者，认为中国或者亚洲存在一个从猿到人的演化系统。有的学者根据亚、非、欧洲最早的考古发现，特别强调了早期人类起源于东亚的可能性。不过就截至目前的考古发现来看，早期人类非洲起源说更具有说服力。中国多数古人类学家并不认为中国存在一个从猿到人的演化系统。参见陈星灿：《中国古人类学与旧石器时代考古学五十年》，《考古》1999年第9期。1998年，十多位中国的生物与医学学者发表研究成果，通过对来自中国不同民族、语系以及日本、朝鲜、新几内亚、高加索等地个体样本进行分析，所得出的种系树枝状图谱，明显支持现代人非洲起源理论。除此之外，他们的研究还有另一个结论，即中国北方人最早来自南方，而不是通过中亚来的移民。参见王幼平：《中国旧石器时代考古》，北京：文物出版社，2000年，第238—239页。

族文化起源的中西"道统"之争,至少在今天看来,难以构成一个合格的学术命题。因此,明末清初的中国民族文化起源的中西"道统"之争,很难得出一个科学合理的结论。

值得注意的是,康乾之后,由于传统文化乃至政治因素的影响,"西学中源说"在中国学术界渐居上风。事实上,"西学中源说"可以追溯至明末。当时学者就认为,西方的文化礼仪原本也是从中国学的:

> 独奈何夷族之讲求瞻礼者,我中国之章绝也;夷书之撰文辑序者,我中国之翰墨也,夷类之设为景教堂者,我中国之画轩华栋也。①

以后,明末清初学者黄宗羲论及:"尝言勾股之术乃周公商高之遗而后人失之,使西人得以窃其传。"②接着,方以智为游艺《天经或问》作序时说:"万历之时,中土化洽,太西儒来,胪豆合图,其理顿显。胶常见者骇以为异,不知其皆为圣人之所已言也……子曰:'天子失官,学在四夷'。"③王锡阐更从历法角度侃侃而论:"今者西历所矜胜者不过数端,畴人子弟骇于创闻,学士大夫喜其瑰异,互相夸耀,以为古所未有。孰知此数端者悉具旧法之中,而非彼所独得乎!"④王氏列举五个证据,表明西法的创新皆为中法所已有,并议论到:"西人窃取其意,岂能越其范围?"⑤至此,王氏将"西学中源说"发挥得淋漓尽致。

再往后,梅文鼎在其所修《明史·历志》中则将"西学中源说"进一步系统化:

> 西洋人之来中国者,皆自称瓯罗巴人,其历法与回回同而加精密。尝考前代,远国之人言历法者,多在西域,而东、南、北无闻。……羲、和既失守,古籍之可见者仅有《周髀》,而西人浑盖通宪之器,寒热五

---

① 蓝吉富主编:《大藏经补编》第24册,台北:台湾华宇出版社,1986年,第177页。
② (清)全祖望:《鲒埼亭集》卷十一《梨洲先生神道碑文》,沈云龙主编:《近代中国史料丛刊》三编第三十九辑,台北:文海出版社,1986年,第524页。
③ (清)方以智:《浮山文集后编》卷二《游子六〈天经或问〉序》,顾廷龙主编:《续修四库全书》第1398册《集部》,上海:上海古籍出版社,2002年,第389页。
④ (清)阮元等撰,彭卫国、王原华点校:《畴人传汇编》,扬州:广陵书社,2009年,第295页。
⑤ (清)阮元等撰,彭卫国、王原华点校:《畴人传汇编》,扬州:广陵书社,2009年,第295页。

带之说，地圆之理，正方之法，皆不能出《周髀》范围，亦可知其源流之所自矣。①

此后，为了西学顺利进入中国，一些西方传教士为迎合清朝君臣所好，也对"西学中源说"津津乐道："汤若望、南怀仁、安多、闵明我，相继治理历法，间明算学，而度数之理，渐加详备。然询其所自，皆云本中土流传。"②既然连西方传教士都承认西方历法、算学"本中土流传"，"西学中源说"便日渐成康乾以后中国学界不可动摇的"定说"。

还应该强调的是，康乾以后，"西学中源说"得以广泛流传，与康熙皇帝的大力提倡有直接关系。其在《御制三角形论》中说："谓众角辏心，以算弧度，必古算所有，而流传西土，此反失传，彼则能守之不失，且踵事加详。"③由于得到康熙帝的积极提倡，"西学中源说""在理论形态上表现为带有政策性的理论观点"④，并直接主导着清代中后期中国民族文化理论建构的走向。其对于中国文化乃至社会发展的影响，当代学人多有论及，见仁见智，有褒有贬。迄今为止，更多的学者认为，"西学中源说"不是具有完整结构的学说体系，而只是一种社会思潮。⑤"西学中源说"的荒谬，在今天已显而易见。⑥由于该问题已超出本书讨论的范围，故略而不论。

4. 明末清初中国民族文化起源中西"道统"之争的价值再审视

综上所述，明末清初中国民族文化起源的中西"道统"之争，持续时间颇为长久，争论的问题也颇为广泛。从中国古代学者编排的古史体系，以及在此基础上建构的中国民族文化起源本土一系说，首遇耶稣会士中国民族文化"自西徂东说"的激烈辩难，再到在双方激烈辩论后，"不可动摇"的"西学中源说"在中国学术界最终确立，这场带有争辩各自民族文化高低性质的

---

① （清）张廷玉等：《明史》卷31《历志》，北京：中华书局，1974年，第544页。
② 《数理精蕴》上编卷一《周髀经解》，上海：商务印书馆，1936年，第8页。
③ （清）梅文鼎撰：《梅氏丛书辑要》卷四十九《历学疑问补》，清乾隆二十六年（1761年）刻本，第18页。
④ 寇清杰：《中国新文化的方向——中国早期马克思主义中西文化观研究》，天津：天津人民出版社，2002年，第16页。
⑤ 刘君：《"西学中源"说新评》，《安徽史学》2003年第4期。
⑥ 江晓原：《试论清代"西学中源"说》，《自然科学史研究》1988年第2期。

"道统"之争，存在的问题自然是非常明显的。在我们今天看来，耶稣会士假定的中国民族文化"自西徂东说"与康乾以后主导中国学界的"西学中源说"，均与中国民族文化形成发展的历史实际相去甚远。然而将这一论争置于中国传统学术的现代转型的全过程中加以考察，则不难发现，这场性质颇为复杂的激烈论争的价值，仍不容完全否定。兹简要从以下几个方面，略作申论。

首先，开启了近代中西学术融会贯通之先河。早在明清之际，在中西文化首遇激烈的碰撞、冲突的背景下，徐光启较早认识到，对于"泰西之学"，"欲求超胜，必须会通；会通之前，必须翻译"[1]。此后，薛凤祚更认为，中西方历法，"此会通之不可缓也"[2]，梅文鼎亦明确主张"见中西之会通，而补古今之缺略"[3]。就明末清初的情况看，尽管当时的中西文化融会贯通尚仅仅局限于宗教文献、儒学文献和科技文献，中西史学领域由于缺乏实质性的接触而使得融会贯通仅仅停留于表层，尤其是"西学中源说"的流行更使中西文化融会贯通一度误入歧途，但有的学者仍充分肯定，清初学者在主流上继承和发扬了明末徐光启提出的"翻译—会通—超胜"的思想，"他们不但撰写了一批中西合璧的科学论著，而且采用科学的研究方法，努力克服狭隘的经验论和经学思维方式，大力提倡归纳和演绎相结合的方法，开创了'由数达理'和注重实验的科学之路，使得中国传统科学具有近代科学的启蒙因子，初步实现了中西科学思想的结合。"[4]中国新史学兴起后，陈寅恪先生总结王国维先生的治学方法，其中提到"取异族之故书与吾国之旧籍互相补正"[5]、"取外来之观念，与固有之材料互相参证"[6]之法，并赞誉其"足以转一时之风气，而示来者以规则"[7]。无独有偶，陈寅恪先生亦曾强调："其真能于思想史上自成

---

[1] 徐光启：《历书总目表》，《徐光启集》卷八《治历疏稿二》，北京：中华书局，1963年，第374页。
[2] 薛凤祚：《历学会通·正集序》。薄树人主编：《中国科学技术典籍通汇·天文卷》第六册，郑州：河南教育出版社，1998年，第619页。
[3] （清）阮元等撰，彭卫国、王原华点校：《畴人传汇编》，扬州：广陵书社，2009年，第436—437页。
[4] 葛荣晋：《"西学东渐"与清初"中西会通"的科学观》，阎德纯主编：《汉学研究》第九集，北京：中华书局，2005年，第374页。
[5] 陈寅恪：《陈寅恪集·金明馆丛稿二编》，北京：生活·读书·新知三联书店，2001年，第247页。
[6] 陈寅恪：《陈寅恪集·金明馆丛稿二编》，北京：生活·读书·新知三联书店，2001年，第247页。
[7] 陈寅恪：《陈寅恪集·金明馆丛稿二编》，北京：生活·读书·新知三联书店，2001年，第248页。

系统，有所创获者，必须一方面吸收输入外来之学说，一方面不忘本来民族之地位。"① 兹略举两例，足以窥见明末清初学术界中西融会贯通的学术理想，对于中国传统学术的现代转型有启迪意义。

其次，加速了中国古史观念的更新。在西学东渐与中西融会贯通的文化背景下，如前举利类思据南轩氏所论"尧舜以前之事，曰其中多有不经"，认定"'天皇氏有干支之名，伏羲纪元癸未'，皆外纪荒唐不经之语"之观念，与中国传统学术疑古辨伪的思想大体是一致的。早在宋代，欧阳修即认为司马迁所记三皇五帝君臣世次"尽集诸说而论次"②，"诸家世次寿数长短之说，圣经所不著者，皆不足信决矣"③。到清代晚期，崔述对传说中的"太昊伏羲氏、炎帝神农氏"之说提出怀疑："考之《易传》，前乎皇帝者为庖羲、神农，其名不符；考之《春秋传》，炎帝、太昊皆在黄帝之后，其世次又不合。"④ 与欧阳修、崔述不同，在古史辨运动兴起后，顾颉刚提出"层累地造成的中国古史"说⑤，积极倡导"打破民族出于一元的观念""打破地域向来一统的观念""打破古史人化的观念""打破古代为黄金世界的观念"⑥四条原则，中国学者编排的从盘古到三皇五帝的古史体系与建设的中国民族文化起源本土一系说开始遭到彻底否定。迄今为止，不少学者认为，古史辨派为"中西学术交融的产物"⑦，既然如此，明末清初中国民族文化起源的中西"道统"之争，对于中国古史观念的更新，显然或多或少起到了若干间接的促进作用。

再次，引出了一个前瞻性的国际学术课题。综前所论，明末清初，中国民族文化起源的中西之争，仅仅是一场判断各自义化高低的"道统"之争，加上彼此之间对对方文化缺乏实质性的接触，而且在当时具有现代意义的地质学、考古学、古人类学、民族学、地理学、生物学等学科尚未兴起，双方

---

① 陈寅恪：《陈寅恪集·金明馆丛稿二编》，北京：生活·读书·新知三联书店，2001年，第284—285页。
② (宋) 欧阳永叔：《欧阳修全集》卷四十三《帝王世次图序》，北京：中国书店，1986年，第301页。
③ (宋) 欧阳永叔：《《欧阳修全集》卷四十三《帝王世次图后序》，北京：中国书店，1986年，第301页。
④ (清) 崔述撰著、顾颉刚编订：《崔东壁遗书·补上古考信录卷下》，上海：上海古籍出版社，1983年，第39页。
⑤ 顾颉刚编著：《古史辨》第一册《中编》。上海：上海古籍出版社，1982年，第60页。
⑥ 顾颉刚编著：《古史辨》第一册《中编》。上海：上海古籍出版社，1982年，第99—101页。
⑦ 吴少珉、赵金昭主编：《二十世纪疑古思潮》，北京：学苑出版社，2003年，第15页。

的辩论所得出的结论也极牵强武断，辩论的学术价值非常有限。然而在西学东渐的特殊文化背景下，一个具有重要前瞻性的国际性学术课题被正式提了出来。康乾盛世以后，江永①、赵翼②等学者中国学者对"西学中源说"始终保持着公正清醒的态度。17世纪中叶至19世纪末，西方学者分别从语言、文物及文献等方面提出中国民族文化起源于埃及、印度、巴比伦、中亚等种种假说的论辩如火如荼，中西文化同源说和中国民族文化本土说，亦得到不少学者的支持。尤其拉克伯里提出的中国人来自巴比伦说，于20世纪初一度得到日本学者白河次郎③以及中国学者丁谦④、蒋智由⑤、刘师培⑥、梁启超⑦、章太炎⑧等人的支持，但很快即遭到柳诒徵⑨、缪凤林⑩等学者的反驳，引发了中国民族文化起源的新的学术论争。此后，中国上古民族文化形成发展的理论建构，长期受到中外历史学、考古学、民族学、语言学、地理学等多学科学者的共同关注与普遍重视，并构成为20世纪中国学术史研究中一个跨学科前瞻性的国际学术难题。综上所论，对明末清初中国民族文化起源的中西

---

① 江永在《数学》（又名《翼梅》）开篇《论天地开辟》一节，称古人陈星川、邵雍之说"固为荒唐"，而"以理断之，疑西学近是也"。诸如此类的论述，还有很多。参见（清）江永：《数学附续数学》卷一，北京：中华书局，1985年，第5—6、14、43、47页。

② 赵翼指出："自鸣钟、时辰表，皆来自西洋。……今钦天监中占星及定宪书，多用西洋人。盖其推算比中国旧法较密云。洪荒以来，在睿顼，齐七政，几经神圣，始泄天地之秘。西洋远在十万里外，乃其法更胜。可知天地之大，到处有开创之圣人，固不仅羲、轩、巢、燧而已。"参见（清）赵翼撰，李解民点校：《檐曝杂记》卷二《钟表》，北京：中华书局，1982年，第36页。

③（日）白河次郎、国府种德：《支那文明史》，东京：博文馆，1900年。

④ 丁谦：《穆天子传地理考证》，《地学杂志》1915年第7—11期，。

⑤ 观云（蒋智由）：《中国人种西来之说》，《中国人种考》，《新民丛报》1903年第37号。

⑥ 1903—1906年，刘师培在《中国民族志》《攘书》《论中国对外思想之变迁》《思祖国篇》《古政原始论》《论孔子无改制之事》《中国历史教科书》等论著中皆征引和阐发中国人种、文明西来之说，但其主张有一个从信从帕米尔—昆仑山说到信从巴比伦说的扩展过程。以上论著均收录于刘师培：《刘申叔先生遗书》，南京：江苏古籍出版社，1997年。

⑦ 1901年梁启超起初在《中国史叙论》中支持日本学者贺长雄、儿岛昌定倡导的帕米尔—昆仑山说："黄帝起于昆仑之墟，即自帕米尔高原，东行入于中国，栖于黄河沿岸，次番蕃殖于四方。"参见任公（梁启超）：《中国史叙论》，《清议报》1901年第90期。值得注意的是，梁氏在论及新发现的甲骨文时，又开始赞同中国人来自巴比伦说："如最近发见龟甲文字，可为我族民与巴比伦同祖之一证。"参见梁启超：《论中国学术思想变迁之大势》，《新民丛报》1904年第10号。

⑧ 章炳麟：《序种姓》上，章炳麟著，朱维铮编校：《訄书初刻本重订本》，上海：中西书局，2012年。

⑨ 柳翼谋：《大夏考》，《史地学报》1924年第8号。

⑩ 缪凤林：《中国民族西来辨》，《学衡》1925年第37期。

"道统"之争的价值，采取全盘否定的态度，显然并不客观。

二、17世纪中叶至19世纪末中国民族文化外来说及其论辩

17世纪中叶至19世纪末，西方学者分别从语言、文物、文献等方面提出中国民族文化起源于埃及、印度、巴比伦、中亚等种种假说，与此同时，部分西方学者也纷纷从以上角度对中国民族文化外来说提出质疑与批判。经过激烈的学术论辩，中西文化同源说和中国民族文化本土说，得到不少学者的支持。然而在20世纪以前，中国的田野考古工作尚未全面展开，中西文化同源说显然存在证据不足等突出问题，中国民族本土起源说也有待于田野考古资料日渐丰富后不断补充完善。在康熙、雍正在位期间，从改变对天主教的态度到明确禁教，造成了长时期中西文化交往的中落，康乾盛世以后，西学中源说长期主导着中国学术界。

明末清初，耶稣会士来到中国，以宗教史简单嫁接中国历史并由此引发一场旷日持久的中国民族文化起源的中西"道统"之争。尽管到康乾盛世以后，由于传统文化乃至政治因素的影响，"西学中源说"在中国学术界逐渐居于上风，但从17世纪中叶至19世纪末，西方学者提出的多种中国民族文化外来假说仍风靡一时，并一度在国际汉学界产生深远的影响。但值得注意的是，到19世纪末，西方学者提出的中华民族文化外来说，基本上未对中国学术界产生大的影响，一直到清朝灭亡后，以上假说才开始在中国广为传播，并由此引发中国民族文化起源的再次激烈的学术论争。重新审视17世纪中叶至19世纪末中国民族文化外来说理论建构的"证据"与方法理论，以及国际汉学界的质疑与批判，对于20世纪中国上古民族文化形成发展的理论建构，有着重要的理论参考意义和学术史价值。

1. 中国民族文化外来的各种假说及"证据"

17世纪中叶至19世纪末，西方学术界提出过许多中国民族文化外来假说。20世纪以来，不少学术论著曾对其进行过较为系统的总结和归纳。[①]兹根据学术

---

① 何炳松：《中华民族起源之新神话》，《东方杂志》1929年第2号；吴主慧著，蔡茂丰译：《汉民族的研究》，台北：商务印书馆，1982年；毕长朴：《中国人种北来说》，台北：新文丰出版公司，1986年；陈星灿：《中国史前考古学史研究（1895—1949）》，北京：生活·读书·新知三联书店，1997年；王东平：《中华文明起源和民族问题的论辩》，南昌：百花洲文艺出版社，2004年。

界已有研究，兹将该阶段几种有代表性的外来说论点加以介绍，具体见表1-1。

表1-1 中华文明外来假说一览表

假说	代表人物	备注
埃及说	基尔什尔（德）、波因谟（波兰）、胡爱（法）、美朗（法）、得基涅（法）、华柏敦（英）、尼特汉姆（英）、威尔金生（英）	西来说
巴比伦说	拉克伯里（英）	
印度说	哥比诺（法）	与20世纪后德国学者弗尔克提出的越南说、法国学者维格尔提出的缅甸说和此阶段的印度说可一并归入南来说
中亚说	里格（英）、瓦西里耶夫（俄）、格奥尔吉耶夫斯基（俄）、攀伯里（美）	与20世纪80年代毕长朴建立的中国人种北来说可以大致吻合并为北来说
西北之野蛮猎人说	皮奥（法）	

17世纪中叶至19世纪末的中国民族文化外来说，大致有以下几个方面的"证据"：

（1）语言学"证据"。自西方民族学建立迄今，民族的定义，"尚无一致通论或标准规则"①，但绝大多数学者均将共同的语言视作区分民族与民族文化的重要标准之一。在考古学、人类学等学科兴起之前，语言学受到民族学专家的高度重视。

诸如埃及说的最早提出者德国耶稣会士基尔什尔（Athanase Kircher）在《中国图说》一书第六编第四章《中国文字与埃及象形文字之异同》中在"中国人既系埃及人之苗裔"的基础上，力陈中国文字是从埃及传入的，只不过后来中国文字发生了变异。

> 古代中国人既系埃及人之苗裔，故其书法一遵埃及之旧，此非指文字之结构而言；乃指其自各种自然事物中提出之形象而言，中国人实藉此以表示其观念者也。中国文字之标记所以与其所欲表明之事物同其数量，其故即在于此。②

---

① （英）埃里克·霍布斯鲍姆著，李金梅译：《民族与民族主义》，上海：上海人民出版社，2000年，第5页。
② 转引自 Henri Cordier, *Histoire Générale de la Chine et de ses Relations avec les Pays Etrangers*, Paris: Librairie Paul Geuthner, 1920, p.12.

含之子孙,既率其殖民者以至中国,并携文字以俱往,唯并未将埃及象形文字所含之真义全部传入也,仅取其足以说明思想及表示概念与情感之必要部分而已,唯稍粗率耳。①

古代中国人对于世界上所有事物均制有文字,而足以应付一切之用途,此可与其编年史及其文字之形象上见之:盖其制造文字之程序与埃及同;最初所造者所以代表鸟兽;继之以虫鱼,终之以草木,线,点,圈及其他事物。然文字随同而与后代中国人之书法已异,盖因对于事物经验丰富之后,学术较深,能力较大,故将文字全部加以改变,将鸟兽草木均置于相似混乱之中以求古代书法之更为便利而简短焉。②

和基尔什尔"中国人既系埃及人之苗裔"的论点略有不同,法国阿夫郎什主教胡爱(Huet)确信:"中国与印度两民族虽非全属埃及人之苗裔,至少其大部分必属埃及人"③。胡爱表示:

> 中国人对于本族起源之感觉极灵,其习惯与埃及人极其符合;其正体与便体之两种文字,甚至语言,信轮回之说,养黄牛之习,亦复相似。④

继胡爱之后,英国学者华柏敦(Warburton)指出,古代埃及产生了"象形文字之'流行体'""此种文字与中国文字相似,最初以各种象形之外形制成,日久渐成一种符号"⑤。法国学者得基涅(M.de.Guignes)亦以"中国文字不过由三个腓尼基字母所造成之一种单音字,读诵时每产出腓尼基或埃及之音"为"证据",力证"中国之文字、法律、政体、君主,甚至政府中大臣及

---

① 转引自 Henri Cordier, *Histoire Générale de la Chine et de ses Relations avec les Pays Etrangers*, Paris: Librairie Paul Geuthner, 1920, p.12.

② 转引自 Henri Cordier, *Histoire Générale de la Chine et de ses Relations avec les Pays Etrangers*, Paris: Librairie Paul Geuthner, 1920, p.12.

③ 转引自 Henri Cordier, *Histoire Générale de la Chine et de ses Relations avec les Pays Etrangers*, Paris: Librairie Paul Geuthner, 1920, p.14.

④ 转引自 Henri Cordier, *Histoire Générale de la Chine et de ses Relations avec les Pays Etrangers*, Paris: Librairie Paul Geuthner, 1920, p.14.

⑤ 转引自 Henri Cordier, *Histoire Générale de la Chine et de ses Relations avec les Pays Etrangers*, Paris: Librairie Paul Geuthner, 1920, p.17.

全部帝国均源自埃及。而所谓中国史实即埃及史"①。英国学者尼特汉姆（Needham）更依意大利都灵博物院所藏古埃及女神爱西斯（Isis）半身雕像上所刻埃及文"与中国文字相似"为由，试图在学理上为埃及说积极寻找语言学方面的"证据"。②

除上述学者根据文字论证埃及说外，英国学者拉克伯里则根据楔形文字与中国文字之相似以证中国文化源自巴比伦之说。早在1880年，拉克伯里即在《中国文明的早期历史》一书里指出，在汉语里，古提（Hoang-ti）最早读音为 Kon-ti，根据中国的历史传说，黄帝家族姓 Nai（原本为 Nan 或 Nak），进一步检索中国古代文献可知，它还来源于 Nak-Kon-ti，黄帝的名字与埃兰语文本中作为诸神之首的奈亨塔（Nakhunta）或奈亨台（Nakhunte）之间存在着惊人的一致性③。1887年，其在《中国人到来以前的中国语言》一书，运用分类和语音比较的方法，考察了早期汉人或入侵之巴克族语言中的土著语言、中国原住民族语言及印度支那民族语言之间的内在联系。④1892年，其在《中国最古的书——〈易经〉及其作者》一书中又特别指出，《易经》之所以记录了西方语言，那是因为"公元前2282年黄帝率巴克族来到陕西若河（loh）河畔时，其语言与埃兰—古巴比伦（Elam-babylonia）的阿卡德语、苏美尔语之间存在着很深的联系"⑤。1894年，拉克伯里在《早期中国文明的西方起源（公元前2300—公元200年）》一书中试图从语言等方面为中国民族文化西来说寻找证据：

> 莎公（Sargon）者，于当日民众未知文字，为记事实，用火焰形之符号，是即中国所谓神农也。又曰：但克（Dunkit）者，近世 Tsanghieh，迦勒底

---

① 转引自 Henri Cordier, *Histoire Générale de la Chine et de ses Relations avec les Pays Etrangers*, Paris: Librairie Paul Geuthner, 1920, p.16.

② John Turberville Needham, *De Inscription Quadam Aegyptiaca Taurini Inventa et Characteribus Acgypiis Olim et Siuis Communibus Exarata Idolo Cuidum Antiquo in Regia Universitate Servato ad Utrasque Academias Londinensem et Parisiensem Rerum Antiquarum Investigationi et studio praepositas data epistola*, Roma: Palearini, 1761, p.4.

③ Terrien de Lacouperie, *Early History of the Chinese Civilisation*, London, 1880, p.18, pp.20-21.

④ Terrien de Lacouperie, *The languages of China Before the Chinese: Researches on the Languages Spoken by the Pre-Chinese Races of China Proper Previously to the Chinese Occupation*, London: D. Nutt, 1887.

⑤ Terrien de Lacouperie, *The Oldest Book of the Chinese: The Yi-King and its Authors*, London, 1892, p.106.

语为 Dungi，亚尔多（Chaldea）人曾传其制文字，象鸟兽爪之形，是即中国所谓仓颉也。①

拉克伯里根据语言学材料重新解释中国古史的发生：

巴克者，本当时命其首府及都邑之名，而西方亚细亚一民族，用以为自呼之称号，今此语之存于亚细亚古史者，如云巴克祶、巴克脱雷、巴克坦、巴克雅、巴克大、巴克斯坦即巴克之陆；巴克美乃齐，即巴克之国。此民族及其后有东徙者，是即中国所谓百姓也。昆仑者，即"花国"，以其地之丰饶，示后世子孙之永不能忘。既达东方，以此自命其国，是即中国所谓中华也。②

此外，拉克伯里还指出："巴比伦之楔形文字，一变而为画卦"③，并试图以此为据力证中国民族文化源自巴比伦之说。在此期间，除拉克伯里外，通过将语言文字比较支持、补充巴比伦论说的还有英国学者 J.查默斯（J.Chalmers）④、艾约瑟（B.A.Joseph Edklns）⑤等人。

（2）文物方面的证据。文物是中国民族文化西来说者的又一重要"证据"。1834 年，相传在底比斯（Thebes）的埃及古墓中发现中国的瓷瓶，英国学者 J.G.威尔金森（J.G.Wilkinson）据此提出了自己的观点：

在第伯斯古墓中所发见之多数瓷瓶中，最足令人惊奇者以中国人所制并题有中国文字之瓷瓶为最。此种偶然发见如仅获一个瓷瓶，当然无人注意及之；而且如吾人以埃及古墓中有此种物品为可疑，吾人亦或可假定其为现代某游历家在古墓中搜求珍品时所遗下。然吾人今知藏有此种瓷瓶之

---

① Terrien de Lacouperie, *Western Origin of the Early Chinese Civilisation from 2300 B. C. to 200 A. D.*, London: Asher, 1894, p.24.

② Terrien de Lacouperie, *Western Origin of the Early Chinese Civilisation from 2300 B. C. to 200 A. D.*, London: Asher, 1894, p.24.

③ Terrien de Lacouperie, *Western Origin of the Early Chinese Civilisation from 2300 B. C. to 200 A. D.*, London: Asher, 1894.

④ J.Chalmers, *The Origin of the Chinese: An Attempt to Take the Connection of the Chinese with Western Nations in their Religion, Superstitions, Arts, Language, and Traditions*, Hong Kong: De Souza & Co., 1866.

⑤ B.A.Joseph Edklns, *China's place in philology: An Attempt to show theat the languages of Europe and Asia Have acommon Origin*, London: Trubner & Co., 1871.

古墓在第伯斯不止一处，则上述曲解实难通过也。①

不唯埃及说者如此，支持巴比伦说的拉克伯里同样颇为关注中国民族文化西来说在文物方面的"证据"。诸如其《中国货币便览：从公元前7世纪到公元621年（含大英博物馆系列在内）》一书，通过对大英博物馆所藏大量古钱币的研究，排列出中国历史上古纪年，并在此基础上大胆地推断：

> 公元前2282年，即黄帝在位第十五年，作为十六个巴克族首领的黄帝率领部族到达陕西若河河畔。巴克族熟悉书写，制作金、白金或银、铜、锡等，用来进行交易。②

由于19世纪末欧洲的考古学尚在起步阶段，中国的考古学尚未建立，中国民族文化西来说者用来支持其各种假说的文物"证据"并不丰富。因此，总的来看，较之语言学"证据"，西来说者的文物"证据"，尚为薄弱。

（3）文献方面的"证据"。除了上举语言学、文物方面的"证据"外，中国民族文化西来说者亦颇为重视在文献记载方面寻找相关"证据"。在古希腊历史学家希罗多德（Herodote）与西西里历史学家提奥多尔（Diodore）的著作中，曾有埃及国王拉美西斯二世（Ramses Ⅱ）征服中国一事，有的学者即据提奥多尔所记拉美西斯二世"渡恒河入印度洋以达大洋"之一语，断定埃及王拉美西斯二世于公元前1500年或1600年时（商祖辛七年或太戊三十八年）征服中国③。

同样，印度说者亦试图从古史传说中寻获"中国文化实由印度英雄时代后一种印度民族——即白色雅利安人种传入"的证据："中国神话中之盘古实即此印度民族迁入中国河南时之酋长，或诸酋长中之一，或即白种民族之人格化；正与前此一群印度人之迁入尼罗河上流同"④。

---

① J.Gardner Wilkinson, *The Manners and Customs of the Ancient Egyptians*, Vol.2, London: John Murray, 1878, pp.52-53.

② Terrien de Lacouperie, *Catalogue of Chinese Coins From the VIIth Century B.C. to A.D. 621 Including the Series in the British Museum*, London: Order of the Trustee, 1892, p.ⅷ.

③ 转引自何炳松：《中华民族起源之新神话》，《东方杂志》1929年第2号。

④ 转引自 Henri Cordier, *Histoire Générale de la Chine et de ses Relations avec les Pays Etrangers*, Paris: Librairie Paul Geuthner, 1920, p.31.

主张巴比伦说的拉克伯里在《早期中国文明的西方起源（公元前2300—公元200年）》一书，亦曾注意到各地洪水传说的相似性①及中国古代文献记载西王母传说所反映的中西方民族文化交流信息②等。

2. 学术界对外来说"证据"的质疑与批判

17世纪中叶至19世纪末，中国民族文化西来说在提出的同时，也屡屡受到国际汉学界的种种质疑与批判。

（1）语言学"证据"的批判。1718年12月，法国学者法累累（Nicolas Fréret）批评基尔什尔过于凭借其神思：

> 吾固不敢谓事物与代表之文字间并无相似之处；然吾敢断言吾人始终未尝研究之，而且一旦加中国文字以分析工夫，则其意义几且全破坏也。③
>
> 中国始制文字者纯用武断之标记，或仅有一种所表事物与制度之关系。中国人于此系出诸其民族之天才，盖虽在伏羲以前——即皇古时代——即有结绳方法以代文字。结绳之数代一字，而集数绳于一处有同一书，以便在人类精神中可以回忆或固定已往之事物而不致于磨灭焉。④

法累累注意到中国文字有其独立的源头，甚至可以追溯至传说中伏羲之前皇古时代之结绳记事，而且当时的学者尚未对中国文字的意义进行过深入研究。此后，法国学者巴多明（Dominique Parrenin）在1735年的函中，力辩以语言学支持埃及说之误，"巴多明之理由虽甚充足，似未尝产生多大之效果"⑤。1774年，法国学者得保（Cornelius de Pauw）继续对埃及说者的语言学"证据"提出批评：

> 至于吾人意想中所有中国与埃及之交通，吾人试读此书，即可知此种

---

① T Terrien de Lacouperie, *Western Origin of the Early Chinese Civilisation from 2300 B. C. to 200 A. D.*, London: Asher, 1894, p.24.

② Terrien de Lacouperie, *Western Origin of the Early Chinese Civilisation from 2300 B. C. to 200 A. D.*, London: Asher, 1894.

③ 转引自 Henri Cordier, *Histoire Générale de la Chine et de ses Relations avec les Pays Etrangers*, Paris: Librairie Paul Geuthner, 1920, p.13.

④ 转引自 Henri Cordier, *Histoire Générale de la Chine et de ses Relations avec les Pays Etrangers*, Paris: Librairie Paul Geuthner, 1920, p.13.

⑤ 何炳松：《中华民族起源之新神话》，《东方杂志》1929年第2号。

假说实无根据。最可怪者，彼主张中国民族来自埃及之人竟不知当西元前一一二二年时，埃及人已用一种有字母文字，据史家普鲁太克谓以二十五个字母构成，而据现代发见则谓仅有二十二个。然彼富于幻想之徒必且谓埃及人携往中国者非简单之字母也，乃祭司所独用且与中国文字毫不相似之象形文字耳，诚可谓荒谬绝伦也。且在两国之宗教与语言上，吾人亦不见有何种关系焉。①

从以上文字可以看出，较之法累累，得保对埃及说者语言学"证据"的批判，显然更具有说服力。1773 年，法国大思想家伏尔泰（Voltaire）在其《通史鳞爪》一书第四篇继续强调："中国人似非埃及人之苗裔，正如其非大不列颠人之苗裔。……中国人之容貌、习惯、语言、文字、风俗等，实无一来自古代之埃及。"②

在此期间，学术界对巴比伦说的语言学"证据"也曾提出过批判。如马克思·米勒（Marcus Miller）说，中国文字起源并不在巴比伦，巴比伦居民塞姆支克种族所使用的文字楔形文字（Cuneiform Alphabet）是由苏美尔（Sumerian）和阿卡德（Accaddian）种族所发明的，但这两个种族均非塞姆支克种族。中国人从什么时代借用它并不明确，中国文字与巴比伦文字的关系并不清楚，因此，他认为这完全属于未解决的问题③。

在我们今天看来，以语言作为支持埃及说、巴比伦说的"证据"，显然存在的疑难颇多。到 20 世纪 20 年代末，中国学者黄涓生在用法文所著《埃及象形文字与中国文字之起源及演化》一书中解释说，中埃文字虽有相似之处，然其原因不在两国文字之同源而在人类精神努力之同向④。对于巴比伦说的语言学"证据"，何炳松亦有独到的论说："此种情形或系两民族分头努力之结果，吾人决不能持此为中国文字源自巴比伦之证。""当中国人始有文字之

---

① Cornelius de Pauw, *Recherches Philosophiques sur les Égyptiens et les Chinois*, London: G.J.Decker, 1774, pp.17-18.

② Voltaire, *Oeuvres complètes de Voltaire*, Paris: Garnier Frères, 1879, pp.234-235.

③ Müller Friedrich Max, *Chips from a German Worship*, Vol.1, London: Longman Group Limited, 1893, pp.63-64.

④ Won Kenn, *Origine et Evolution de l'Ercriture hieroglyyhique et de l'Ercriture Chinoise*, Journal of the North China Branch of the Royal Asiatic Society, Vol.59, Shanghai: Kelly & Walsh Limited, 1928, pp.318-319.

时,巴比伦人已弃其古初象形文字而不用。且就现代科学眼光观之,古代中国与巴比伦远处两地,关山修阻,交往甚难,事实上断难发生任何密切关系也"①。尽管何氏解说,理由尚不完备,但还是言及巴比伦说语言学"证据"的若干学理上的疑难。从国际学术发展的趋势看,20世纪以后,17世纪中叶至19世纪末西方学者所提出的中国民族文化西来说之语言学"证据",由于缺乏足够的科学依据而逐渐不为学术界所认可。

(2)文物"证据"的批判。在中国民族文化西来说传播过程中,支持西来说的文物"证据"亦屡屡受到质疑与批判。如上举底比斯埃及古墓中出土中国瓷瓶一事,在欧美学术界即曾引起过激烈的争论。

1846年,美国学者塞缪尔·乔治·莫顿(Sermuel George Morton)亦曾就底比斯埃及古墓所出瓷瓶一事进行过如下评论:

> 中国人在古代与埃人有商业关系,当然毋庸争辩;盖题有中国文字之中国瓷瓶曾在底比斯地窖中发现,然埃及建筑物上所表现之蒙古人,或视同外人或视若仇敌。下面所附之木刻,鼻小而略平,前额之发剃去,头上有辫,胡甚稀少,颔下有须,面色苍白,系蒙古人种形态。此系仿自罗塞利尼之模型,其中埃及法老拉美西斯三世作与赫梯人战斗状,而蒙古人则在其中为赫梯人之同盟或其雇佣兵。②

1853年,英国学者麦都思(W.H.Medhurst)认真研究12个埃及所发现之中国瓷瓶,而观其题字,断定瓷瓶之质料并非汉代以前之物,所题之诗句亦非唐代以前之作。与中国上古同时代之埃及古墓中毫无发现此种瓷瓶之可能。而实际此种古瓶皆系明代所造之物③。与此同时,英国学者巴克斯(Herry Parkes)亦提出与麦都思相似的意见④。此后,法国学者得康什(F.Feuillet de Conchcs)更批评说:

---

① 何炳松:《中华民族起源之新神话》,《东方杂志》1929年第2号。
② 转引自 J.G.Wilkinson, *The Manners and Customs of the Ancient Egyptians*, Vol.3, London: John Murray, 1878, p.63.
③ Journal of the North China Branch of the Royal Asiatic Society, Vol.3, Shanghai: Kelly & Walsh Limited, 1858, p.40.
④ Journal of the North China Branch of the Royal Asiatic Society, Vol.3, Shanghai: Kelly & Walsh Limited, 1853, p.95.

> 当一八四三年时在埃及地下古墓中有中国小瓷瓶之发现，据云诸墓皆系公元前一八〇〇年（夏桀十九年）以前旧物，且从未经人发掘者。意大利英国之学者于是大起争论。比萨之埃及学专家罗塞利尼，英国之威尔金生与大卫莫不惊为神奇。……吾国学院中之支那学者如儒莲曾将此种骨董之时代上推至公元前七世纪，谓瓶上题字实出于此世纪中诗人之手；然不愿谓其非近世之制造品，盖中国人固善于伪造古物者也。①

得康什仅仅注意到底比斯埃及古墓"从未经人发掘"，古墓所出瓷瓶为后人"伪造古物"的观点，受到学术界的高度重视。1878 年，英国学者柏赤根据调查进一步断言：

> 此种古瓶之为近代作品，已无疑义。法国普利斯曾咨询诸开罗城中阿拉伯之古玩商人，据其自承此种古瓶并非由古墓或废墟中得来，大部分实来自红海上与印度通商之巨埠古斯，开夫特和哥色尔诸地云。②

至此，支持埃及说之文物"证据"已不攻自破。迄 20 世纪 20 年代末，何炳松讥讽 20 世纪前欧美学者关于埃及说文物"证据"的辩论说："夫以一阿拉伯古玩商人之恶作剧，竟费却西洋学者如许之脑汁与笔墨，诚可谓学术界中罕有之笑话也。"③综上所述，经过学术界对埃及说文物"证据"的深入批判，到 20 世纪，支持埃及说的文物"证据"已经被彻底推翻，埃及说"今日已无人再予提及"④。

（3）文献"证据"的批判。相比之下，20 世纪以前，国外学术界对外来说文献"证据"的批判文章，较为罕见。但值得注意的是，法国学者皮奥（Edouard Biot）则坚持"《圣经》及"四书"为中国古史之根据"⑤。从皮奥之"中国古史之根据"推测，显然其对埃及说、印度说的文献"证

---

① F.Feuillet de Conches: Les Peintres Européens en Chine et Les Peintres Chinois, Paris: Imprimerie de DuBuisson Et Company, 1856, pp.26-27.
② J.G.Wilkinson, The Manners and Customs of the Ancient Egyptians, Vol.2, London: John Murray, 1878, p.154.
③ 何炳松：《中华民族起源之新神话》，《东方杂志》1929 年第 2 号。
④ 毕长朴：《中国人种北来说》，台北：新文丰出版公司，1986 年，第 49 页。
⑤ Edouard Biot, Le Tcheou-li ou rites des Tcheou, Paris: L'imprimerie Nationale, 1851, pp.6-7.

据"并不认可。此外，还应引起注意的是，19世纪末反对拉克伯里巴比伦说的日本学者桑原骘藏指出，中国的历史纪年虽然充满暧昧模糊和相互矛盾之处，但相比于关于埃及的历史叙述依靠古碑残片却要可信得多。①然而总的来看，20世纪以前，国外学者对中国文献尚缺乏深入了解，他们对中国民族文化外来说文献"证据"的质疑与批判，必然缺乏足够的说服力。诸如在质疑与批判中国民族文化埃及说、印度说的同时，皮奥却论定"中国最古之民族系野蛮之猎人"说，桑原骘藏却从总体上支持"中亚说"。直到20世纪以后，中国学者参与辩论后②，中国民族文化外来说的文献"证据"才逐渐被推翻。

应该强调的是，17世纪中叶至19世纪末，西方学者分别从语言、文物、文献等角度对中国民族文化外来说及其"证据"进行种种质疑与批判，从总体上和明末清初西方传教士以宗教史简单嫁接中国历史的旨趣有着重大差异，除去个别人带有浓厚的民族主义情绪，或旨在为侵略中国张目外，"主要的还是出于学术的目的"③。唯由于辩论的双方均没有坚实的考古学证据，因而辩论中呈现出穿凿附会、主观武断的倾向颇为明显，辩论最终以无果而终而告一段落。

3. 西方学者对同源说与本土说的阐发及辩论中的中国角色

17世纪中叶至19世纪末，经过激烈的学术论辩，西方学者提出的中国民族文化西来诸说到20世纪初情况各有不同，除后起的巴比伦说学术争论仍在继续以外；中亚说则由于仰韶文化的发现，辩论再度活跃；埃及说、印度说的争辩则基本告一段落。与此同时，在对中国民族文化外来说进行质疑与批判的过程中，西方学者积极阐发的中西文化同源说，则试图疏通中国民族文化外来说与

---

① 桑原骘藏：《支那ノ太古ニ関スル東洋学者ノ所説ニ就キ》，《国民之友》1896年第287号。
② 1929年，何炳松批判埃及说的文献"证据"如"空中楼阁"，批判拉克伯里和皮奥"就中国古书而论，除举世所认为荒诞不经之《穆天子传》、《山海经》诸书以外……始终不见有如二氏所主张外族人移居中国之事"，"二氏之言至多只能视为西洋新撰之《山海经》而已"；批判印度说者所引用《五运历年记》《三五历记》所记中国盘古开天辟地之说，"虽吾国旧日株守之学者，亦早已知其荒诞不经，摈斥不论"，"西洋学者尊之为西化中国之始祖……亦现代史学界希有之奇闻"。参见何炳松：《中华民族起源之新神话》，《东方杂志》1929年第2号。
③ 陈星灿：《中国史前考古学史研究（1895—1949）》，北京：生活·读书·新知三联书店，1997年，第33页。

本土说在学理上的矛盾，在中国民族文化起源的激烈论争中，呈现出独到的学术旨趣，并在相当长的时期内受到中外学术界的高度关注。

到18世纪，不少学者认为，人类文化同出一源，中国文化属于该文化的一支。其中，较早论及该假说的是法国学者让·西尔万·巴伊（Jean Sylvain Bailly）。1775年，让·西尔万·巴伊宣称：

> 吾人注意研究巴比伦、印度与中国之天文学时，吾人所见者盖一种科学之残余，而非一种科学之原质。其计算日月蚀之方法甚为切实，然其所知者实际之方法而已。初不知此种方法之原理为何，亦不知此种现象之原因何在。此辈对于同样主要简单之原质有极不了解者，亦有不甚了解或仅大致决定者。而数百年间之种种观察既不知利用，故亦无结果之可言。如果一种民族而为天文学之发明家，何以在如此长时期中而不知所以完成其发明，殊属令人不解。假使在科学上不能进步之民族即系在科学上不能有所发明之民族，则此辈曾受科学运动影响之民族，岂中途失去此种运动乎？抑永远停止其运动乎？科学之发明与进步其性质本属相同。所谓进步不过一种发明之更新，一串相同之见解，与大致相等之努力。然则印度人、中国人及巴比伦人在如此多世纪中，对于天文学上之进步何以如此之少乎？此盖因诸民族既无天才，又复懒于发见，实未尝发明任何科学也。诸族所有之天文学盖前一代民族之成绩，天文学之进步即系此辈之功，可无疑义；唯其大部分之知识至今已不传耳。此种民族为一种大革命所覆亡。其一部分之发见、方法及其所发明之年代等，保存于流亡在外者之记忆中。然其所保存者仅模糊观影响之观念而已，所知者仅其方法而非原理也。此辈将此种科学之残余携入中国、印度与巴比伦诸地，诚可谓将此种科学给诸不知利用之愚人者也。①

此后，让·西尔万·巴伊不断完善其人类文化同源说，并进一步补充说：

> 此种民族有完备之科学，有一种高尚听明之哲学。其居处似在亚洲近

---

① Jean Sylvain Bailly, *Histoire de L'Astronomie Ancienne: Depuis Son Origine Jusq'à l'Établissement de l'École d'Alexandrie*, Paris: Chez Les Freres Debure, 1775, pp.18-19.

北纬四十九度之处。其科学上之光明及其人口似播向南北两方去。①

如果说让·西尔万·巴伊从古代天文学发展史的角度推论人类文化同源说，仅仅是一种大胆假设式的逻辑推理，那么其接着所得出人类起源地"在亚洲近北纬四十九度之处"的结论，实在不知有何科学依据。无独有偶，1778年，法国著名生物学家布封（Buffon）亦宣称，人类文化发源于气候宜人土地肥沃无天灾无人祸之中央亚洲北纬四十度至五十度之处。②和让·西尔万·巴伊有所不同，布封将人类文化起源地的范围略作扩充，但其所作结论仍难以令人置信。

18世纪中叶至19世纪末，更有学者专门从语言学角度论证中西文化同源说。1669年，英国学者约翰·韦伯（John Webb）发表文章认为，在巴别塔（Tour de Babel）尚未建筑和人类尚未四处分散以前，中国语殆为当时人类公用之语③。1789年，另一位英国学者韦白但以理更提出希腊语言渊源于中国④之说。此外，英国传教士J.查默斯和艾约瑟分别于1866年和1871年依据博言学方法仅仅在比较少数中国文字以后，就断定中国与欧洲语言同出一源。⑤自19世纪以来，欧洲的比较学派研究了世界上近百种语言，试图根据某些语言的语音、词汇、语法之间的对应关系，建立各种语言的谱系关系。20世纪以来，语言谱系的架构工作基本完成。随着分子生物学、人类群体遗传学、考古学和语言学的进展，目前语言学界普遍将汉语和希腊语分别归属为汉藏语系汉语族和印欧语系希腊语族，而今日欧洲语言，语支更多，显然在语言学证据并不科学充分的情况下，就断言中欧语言同出一源，实在过于武断。

综前所论，18世纪至19世纪末，西方学者分别从天文学和语言学角度论定

---

① Jean Sylvain Bailly, *Lettres sur l'Origine des Sciences, et sur Celle des Peuples de l'Asie, Addressées à M. de Voltaire par M. Bailly, & Précédées de Quelques Lettres de M. de Voltaire à l'auteur*, Paris: Elmesly, 1777.

② 转引自 Henri Cordier, *Histoire Générale de la Chine et de ses Relations avec les Pays Etrangers*, Paris: Librairie Paul Geuthner, 1920, p.32.

③ 转引自 Henri Cordier, *Histoire Générale de la Chine et de ses Relations avec les Pays Etrangers*, Paris: Librairie Paul Geuthner, 1920, p.26.

④ 转引自 Henri Cordier, *Histoire Générale de la Chine et de ses Relations avec les Pays Etrangers*, Paris: Librairie Paul Geuthner, 1920, p.26.

⑤ J.查默斯于1866年在香港出版《中国人起源考》，艾约瑟于1871年在伦敦出版《博言学中中国之位置》。转引自 Henri Cordier, *Histoire Générale de la Chine et de ses Relations avec les Pays Etrangers*, Paris: Librairie Paul Geuthner, 1920, p.26.

中西文化同源说"纯由运用神思得来,并非依据合理方法之研究结果。若辈或任意选择数种方言,或任意选择数个时代以为其比较研究之资料。故其所得之成绩仅属一种玄想而已,对于中国语言及民族起源之问题,仍未尝有所贡献。"[1]到20世纪,中西文化同源说由于缺乏较为充分科学的证据,基本不为学术界所认可。

还应值得注意的是,在中国民族文化起源的激烈论辩中,中国民族文化本土起源说渐成为一部分西方学者的"共识"。1862年,法国学者罗索密(Leon Rossomy)倡导中国民族文化本土起源说。此后,威尔斯(Wells)、约翰·罗斯(John Ross)也相继支持这一学说[2]。特别应该强调的是,到20世纪初,约翰·罗斯批驳了所有依文字相似而建立的中国文化西来说,力图证明中国文化起源的本土性,否认汉族有所谓的移民时代。更有甚者,他甚至认为中国文化与其他文化的相似因素,可能是中国文化施加影响的结果[3]。20世纪以后,随着考古学工作的逐步展开,中国民族文化本土起源说逐渐得到考古学资料的支持。迄今为止,多数学者认为,中国旧石器时代文化从100多万年前的更新世早期开始,就沿着一条与旧大陆西侧文化不同的发展道路,在一个相对封闭的环境中独立地发展。虽然其间与外界也有交流,但是正如化石材料所显示的基因交流一样,与外界特别是旧大陆西侧的文化交流是次要的,而占主导地位的是文化的土著性和连续发展性。[4]总之,中国旧石器时代文化的土著性、连续性等显著特点,从一个侧面为中国民族文化本土起源说提供了较为有力的证据支持。

与此同时,也有学者对中国民族文化本土起源说,尤其是上举约翰·罗斯否认汉族有所谓移民时代的观点提出质疑与批判:

> 由于我们所知道的中国史,是定居之后才开始记录的,所以对汉民族的原始形态(即汉民族史前生活形态)并没有任何记载。但我们如果藉此而完全否定汉民族的移居现象,那未免过早。即算是中国的传说记录,也

---

[1] 何炳松:《中华民族起源之新神话》,《东方杂志》1929年第2号。
[2] 罗索密、威尔斯、约翰·罗斯的本土说论点,较早见于吴主慧著,蔡茂丰译:《汉民族的研究》,台北:商务印书馆,1982年,第31页的介绍,以上论点的出处未详。
[3] John Ross, *The Origin of the Chinese People*, London: Oliphants, Ltd., 1916, p.8.
[4] 陈星灿:《中国古人类学与旧石器时代考古学五十年》,《考古》1999年第9期。

否定了汉民族完全没经验过移居时代这一点。同时，我们必须知道，只靠文献上的记录来作土著说的立论根据，那是很危险的。①

显然，在我们今天看来，18世纪至19世纪末，西方学者所建构的中国民族文化本土起源的假说，仍存在若干学理上的疑问与逻辑上的疑难。除上文列举20世纪以来学术界对约翰·罗斯否认汉族有所谓移民时代的观点所提出的质疑与批判外，约翰·罗斯所提出中国文化与其他文化的相似因素，可能是中国文化施加影响的结果的论点，显然证据不足，未免过于绝对和武断。还应强调的，迄今为止，由于田野考古工作的不平衡性，以及研究手段的相对落后，中国旧石器时代的发展体系还远远没有得到很好的阐释，其形成机制乃至走向新石器时代的途径，也还有待回答②。早在20世纪20年代，何炳松就曾指出："盖中华民族起源之问题本属未有文字以前之历史问题，而中国未有文字以前之过去情形，则至今尚未经考古学家之探究者也。彼西洋学者欲藉一部分之文字再辅以文学上之神思以谋解决此种困难之历史问题，则其结果之劳而无功博而寡要，盖亦意计中事。"③因此，中国民族文化本土起源说本身的学术价值和局限，有待于田野考古工作全面展开，田野考古资料日渐丰富之后，在新的学术背景下不断进行重新审视。

还应值得注意的，自17世纪中叶至19世纪末，西方学者纷纷提出各不相同的中国民族文化外来说并持续引发中国民族文化起源的激烈论辩过程中，中国学术界却在相当长的时期呈现出暂时的沉寂与平静态势。其中的原因，颇为复杂，兹约略从以下两个方面，略作探论。

首先，康熙皇帝在位期间，由于中西民族文化的"道统"之争，清朝统治者逐渐改变了对天主教的态度，到雍正皇帝在位期间，最终确定了禁教政策。雍正皇帝禁教及驱逐外国传教士的措施，堵塞了中西文化交流，使中国与世界相对隔离，造成了很长一段时期内中西文化交往的中落。据有的学者通过对拉克伯里中国文明西来说的传布与文本进行比较后发现，拉克伯里的巴比伦说直

---

① 吴主慧著，蔡茂丰译：《汉民族的研究》，台北：商务印书馆，1982年，第31页。
② 陈星灿：《中国古人类学与旧石器时代考古学五十年》，《考古》1999年第9期。
③ 何炳松：《中华民族起源之新神话》，《东方杂志》1929年第2号。

到清末才经由日本传入中国。①在封闭的学术环境下，中国学者对西方学者学术研究缺乏全面深入的了解，自然很难直接参与到激烈的学术论辩中。

其次，康乾盛世以后，"西学中源说"已日渐成为中国学术界的最后"定论"。在民族自我中心主义（ethnicentrism）主导下，"中国即世界的中心"之观念根深蒂固，西方学者所提出的种种中国民族文化外来说自然为绝大多数中国学者不屑一顾。一直到20世纪20年代末，何炳松仍视17世纪中叶至19世纪末西方学者所提出的中国民族文化说，"非属武断妄言，即同梦中呓语"②，并援引《大英百科全书》第六卷中的评论，称其为"非非之想，无根之谈"③。何氏这一观点，基本代表了20世纪以前中国学者对西方学者所提出的中国民族文化外来说的总体倾向和较为一致的态度。

直到20世纪初，拉克伯里的巴比伦说经由日本传入中国以后，尤其是20世纪20年代仰韶文化被发现以后，中国民族文化外来说才日渐引起中国学术界的重视，在历史学、考古学、民族学、语言学等学科的推动下，中国民族文化起源外来说与本土说的论争日趋激烈，并逐步向着科学、理性的方向推进，中国学者逐渐成了学术论辩的主力。

---

① 孙江：《拉克伯里"中国文明西来说"在东亚的传布与文本之比较》，《历史研究》2010年第1期。
② 何炳松：《中华民族起源之新神话》，《东方杂志》1929年第2号。
③ 何炳松：《中华民族起源之新神话》，《东方杂志》1929年第2号。

第二章 20世纪上半期中国民族文化外来说的流传与来自学术界的批判

一、拉克伯里中国民族文化西来说在中国的传播及影响

清末民初，拉克伯里中国民族文化源于巴比伦之说经由日本传入中国，经过蒋智由、章太炎、刘师培、丁谦等学者的附和与积极阐发，一度在中国学术界产生很大的影响。20世纪20年代以后，中国学者对拉克伯里中国民族文化西来说的态度从总体上由附和支持转变为质疑批判。20世纪20年代以后，中国学者对拉克伯里中国民族文化西来说的反驳，总体上是在学术层面全面展开的，不少反证击中了拉克伯里西来说的某些要害。但总的来看，20世纪20—30年代，由于新史学刚刚建立，中国的考古学、民族学等学科尚在起步阶段，以上反驳在史料辨析、运用，论证方法和理论建构等方面也存在诸多突出的问题。20世纪20年代以后，拉克伯里中国民族文化西来说在中国学者的质疑与批判声中渐趋衰落，但在相当长的时期，其对20世纪中国上古民族文化形成和发展的理论建构和中国现代学术史、文化史之影响却远未终结。

17世纪中叶至19世纪末，欧美学者积极倡导的中国民族文化西来说，经过长达两个多世纪的国际学术论辩，由于双方均缺乏坚实的考古学证据，到20世纪20年代最终被中国学术界视为西洋学者穿凿附会之"新神话"[①]而基本告一

[①] 何炳松：《中华民族起源之新神话》，《东方杂志》1929年第2号。

段落。20世纪以后，此前欧美学者一度提出的中国民族文化起源之埃及说、印度说，已基本无人提及，20世纪20年代法国学者维格尔（P.Wigger）提出的缅甸说，也不久"自动放弃"[①]。然而，1894年，法裔英国汉学家拉克伯里《早期中国文明的西方起源（公元前2300—公元200年）》（*Western Origin of the Early Chinese Civilisation from 2300 B. C. to 200 A. D.*）一书利用"语言学"和"历史学"的方法，所阐发的中华人文始祖黄帝裔出巴比伦，中国人的祖先是巴比伦人的中国民族文化西来说，自20世纪初至20世纪40年代，仍在中外学术界继续流布，并从总体上呈现出从附和支持到质疑批判的学术态势，从而对20世纪上半叶中国上古民族文化形成发展的理论建构产生过较为深刻的影响。近年来，中国近代民族认同、民族主义、民族国家建构等问题的研究日渐受到重视，拉克伯里的中国民族文化西来说再度引起学术界的关注[②]。因此，在新的学术背景下，从学术史角度对清末至民国时期拉克伯里提出中国民族文化西来说的流布及学术影响等问题，予以系统梳理及新的审视，对于中国上古民族文化史研究的拓展深化和中国上古民族文化形成发展理论的丰富完善，具有重要的学术价值。

1. 拉克伯里中国民族文化西来说及其流布

法裔英国汉学家拉克伯里是19世纪末中国民族文化源于巴比伦说的重要代表人物。在《早期中国文明的西方起源（公元前2300—公元200年）》一书正文前，列举了拉克伯里阐述中国民族文化西来说的东方考古学论著主要有《中国文明的早期历史》（*Early History of the Chinese Civilisation*）、《中国人到来以前的中国语言：中国人到来以前中华民族所讲的语言研究》（*The Languages of China Before the Chinese: Researches on the Languages Spoken by the Pre-Chinese Races of China Proper Previously to the Chinese Occupation*）、《中

---

① 毕长朴：《中国人种北来说》，台北：新文丰出版公司，1986年，第50页。
② 参见李帆：《人种与文明：拉克伯里学说传入中国后的若干问题》，《西南民族大学学报》（人文社科版）2008年第2期；李帆：《西方近代民族观念和"华夷之辨"的交汇——再论刘师培对拉克伯里"中国人种、文明西来说"的接受与阐发》，《北京师范大学学报》（社会科学版）2008年第2期；孙江：《拉克伯里"中国文明西来说"在东亚的传布与文本之比较》，《历史研究》2010年第1期；孙江：《拉克伯里关于中国文明源于巴比伦的假说》，《中国社会科学报》2010年5月18日。

第二章 20世纪上半期中国民族文化外来说的流传与来自学术界的批判

国最古的书——〈易经〉及其作者》（*The Oldest Book of the Chinese The Yh-King and its Authors*）、《中国货币便览：从公元前7世纪到公元621年（含大英博物馆系列在内）》（*Catalogue of Chinese Coins from the VIIth Century B.C. to A.D. 621 Including the Series in the British Museum*）、《中亚和东亚书写的起源》（*Beginnings of Writing in Central and Eastern Asia*）等书。拉克伯里中国民族文化源于巴比伦说，集中阐述于其于1889—1894年发表在《巴比伦与东方记录》（*The Babylonian and Oriental Record*）上的一组文章和在此基础上撰写的《早期中国文明的西方起源（公元前2300—公元200年）》一书中。

拉克伯里在《早期中国文明的西方起源（公元前2300—公元200年）》一书导论中宣称："历史科学"（science of history）的发展已经显示，所有已知的事例都表明文明的中心发生在埃及和两河流域，而种族之间的冲突、贸易导致了文明的扩散。在后续章节，其系统考察了东汉、三国时代末期由西亚迁徙而来的巴克族所受亚述、巴比伦、埃及和印度的影响，并试图在语言、习俗、文物、传说、交通等方面为其"西来说"寻找"证据"。《早期中国文明的西方起源（公元前2300—公元200年）》一书，集中阐发了以下基本观点：

> 第一位到达中国的巴克族首领黄帝带领族人到达中国，而后沿着喀什噶尔或是塔里木河一路迁徙，然后到达昆仑山东部一片华丽的土地，这是日后中国最肥沃之地。①

拉克伯里的中国民族文化源于巴比伦的假说提出之初，并不为欧洲汉学界主流所认可，并屡屡招致欧洲汉学界的批判。孙江先生举证当时欧洲最权威的汉学家理雅格（James Legge）讥讽拉克伯里的比较语言方法竟然把早出的中国文字说成受晚出文字之影响；施列格（Gustave Schlegel）根据中国的历法推算以证中国文明的产生应该远远早于埃拉姆的巴比伦文明。②此后，法国学者亨

---

① Terrien de Lacouperie, *Western Origin of the Early Chinese Civilisation from 2300 B. C. to 200 A. D.*, London: Asher, 1894, p.4.
② 理雅格、施列格对拉克伯里的批评，分别出自 Terrien de Lacouperie, *Western Origin of the Early Chinese Civilisation from 2300 B. C. to 200 A. D.*, London: Asher, 1894, p.293; Terrien de Lacouper, From Ancient Chaldea and Elam to Early China: A Historical Loan of Culture, *The Baby lonian and Oriental Record*, Vol.5, No.4, 1891, p.84. 转引自孙江：《拉克伯里"中国文明西来说"在东亚的传布与文本之比较》，《历史研究》2010年第1期。

利·考狄（Henri Cordier）更批评拉克伯里"富于神思而拙于科学，其学识博恰有余而精审不足；既不谙巴比伦之历史，复不审中国之情形；不顾历史上之年代，仅依据近人之论著，于此中搜取不甚可信之材料以适合其一己之成见；其学说骤然视之颇觉规模宏大，然稍加检查即全体瓦解有如冰山之融化"①。总之，拉克伯里中国民族文化源于巴比伦之假说，尽管一度被少数欧洲学者视为一家之言，甚至更有牛津大学教授C.J.鲍尔（C.J.Ball）于1913年出版《中国人和苏美尔人》（Chinese and Sumerian）一书，详细论证古代中国文字与苏美尔人使用的楔形文字有相似之处，以证中国民族文化源于巴比伦之说②，但总的来看，拉克伯里所阐发的中国民族文化西来说，无论是在其生前，还是在其死后，在欧洲汉学界的反应"都不甚佳"③。

然而拉克伯里的中国民族文化源于巴比伦的假说传入日本后，却产生了较大的反响，质疑批判与附和赞同声音均颇为高涨。孙江先生举证，桑原骘藏批判中国文明起源于西亚的"西来说"，而主张中国文明起源于中亚。④在拉克伯里的著作出版后不久，桑原骘藏即对拉克伯里的中国文明"西来说"提出质疑。桑原骘藏指出，中国的历史纪年虽然充满暧昧模糊和相互矛盾之处，但相比于关于埃及的历史叙述依靠古碑残片要可信得多；中国上古文明受到来自西方的影响，但这并不能证明中国文明来源于埃及或迦勒底亚。⑤几乎与桑原骘藏同时，三宅米吉虽然感到拉克伯里的"西来说"不无可疑之处，但其对拉克伯里假说总体上"还是持赞成态度的"⑥。此后，白鸟库吉虽然对拉克伯里关于匈奴是政治集团而非民族集团等看法予以批判，但最后还是接受了拉克伯里的观点。⑦其中对拉克伯里中国民族文化西来说附和与支持最具影响力的著

---

① Henri Cordier, *Histoire Générale de la Chine et de ses Relations avec les Pays Etrangers*, Paris: Librairie Paul Geuthner, 1920, 转引自何炳松：《中华民族起源之新神话》，《东方杂志》1929年第2号。
② C.J.Ball, *Chinese and Sumerian*, London: Oxford University Press, 1913.
③ 孙江：《拉克伯里"中国文明西来说"在东亚的传布与文本之比较》，《历史研究》2010年第1期。
④ 桑原骘藏：《东洋史讲授资料（增补）》，东京：东京开成馆，1914年。
⑤ 桑原骘藏：《论东洋学者关于支那太古的观点》，《国民之友》1896年第287、288号。桑原骘藏以上论点转引自孙江：《拉克伯里"中国文明西来说"在东亚的传布与文本之比较》，《历史研究》2010年第1期。以下所引日本学者论点，均参阅孙江该文，不再一一标记。
⑥ 三宅米吉：《拉克伯里关于支那古代开化起源之学说》，《史学杂志》1896年第8号。
⑦ 白鸟库吉：《大宛国考》，《东洋学报》1916年第1号。

作是1900年白河次郎、国府种德合作完成的《支那文明史》①一书。《支那文明史》讲述了两个不同的"西来说",此后三年,《支那文明史》根据拉克伯里《早期中国文明的西方起源(公元前2300—公元200年)》一书所叙述的中国民族文化源于巴比伦之说传入中国,从而引发了中国民族文化起源的新的论争,并对中国上古民族文化形成发展的理论建构产生了颇为深刻的影响。

2. 清末民初中国学者对拉克伯里中国民族文化西来说的附和与阐发

拉克伯里中国民族文化西来说于清末经由日本传入中国后,很快即在中国学术界产生了较大的反响。1915年,丁谦曾论及清末民初中国学者对拉克伯里中国民族文化西来说的态度:"自光绪二十年法人拉克伯里著《支那太古文明西元论》引据西方亚洲古史,证中西事物法制之多同,而彼间亦实有民族迁徙之事,于是中东学者,翕然赞同,初无异词。且搜采古书,以证明其说。……虽各有主张,要无不以人种西来之说为可信。"②由此可见,清末民初,中国学者对拉克伯里的中国民族文化西来说呈现出以附和为主的总体态势。

目前学术界较为普遍地认为,蒋智由(观云)是拉克伯里中国民族文化西来说的首倡者。白河次郎、国府种德《支那文明史》出版不久,蒋氏(观云)《中国人种考》由《新民丛报》自1903年第35号至1905年第60号断断续续刊出。从《中国人种考》系列文章,我们可约略获悉蒋氏对拉克伯里中国民族文化西来说的附和态度:

> 研求中国民族从亚洲西方而来之证据,其言之崭新而惊辟者,莫若(一)千八百九十四年出版之拉克伯里(Terrien de la Comperie)所著之《支那太古文明西元论》(Western Origin of the Early Chinese Civilisation)一书,其所引皆据亚洲西方古史,与中国有同一之点,于此得窥见中国民族之西来,于西方尚留其痕迹,而为霾没之太古时代,放一线之光③。

蒋氏在《中国人种考》系列文章中较早摘译了拉克伯里《支那太古文明

---

① (日)白河次郎、国府种德:《支那文明史》,东京:博文馆,1900年。
② 益父(丁谦):《论中国人种由来问题》,《地学杂志》1915年第11号。
③ 观云(蒋智由):《中国人种考(二)》,《新民丛报》1903年第37号。

《西元论》部分章节文字的同时,还积极为拉克伯里假说补充更多来自文献学、语言学等学科的"证据"。

诸如蒋氏由《庄子》《山海经》《列子》《穆天子传》等中国古书"多言昆仑,而又述黄帝之所游"①,推论"中国古来,与昆仑若有特别之关系"②,"太古时代……由中国西行,以探其地,毋宁谓由西东来,而道路所经由,因得熟悉其地形也"③。与此同时,蒋氏对"古书所言西方之事,何以皆归之于黄帝,而取百家之说,以参差互证,又俱言西方盖有乐国,即黄帝之梦华胥,亦云在弇州之西,台州之北。又西王母之国,早见于传记,而多赞美之词"④等疑问给出"是固百姓民族之在西方时,曾受其教化者也"⑤看似颇为"合理"之解释。

蒋氏亦注意到为拉克伯里假说补充语言学方面"证据"。诸如蒋氏称,西王母之国,"以音译之,甚近苏西安那"⑥;又如蒋氏从语言学方面论及:"西方古史云:宰巴克(百姓)民族东徙之酋长,为底格里士⑦(Tigris)河边之人。而中国古史云:黄帝长于姬水,西音 Ti 为'梯',今译为'底',亦译为'地'(或作地吉利河),其音实与'姬'相近,而日本所译音亦作'姬'。……且促诸音而合读为一音亦可为'姬',此在学理上论之,谓为偶然,毋宁信为不无关系之说也。"⑧

据以上"证据",蒋氏对拉克伯里中国民族文化西来说继续进行补充与发挥。如他还据欧洲和日本各地皆发掘有昆仑山所出之玉器论定"由昆仑以至东方,实为古代之孔道"⑨,并在此基础上推测:"当日迦勒底、巴比伦必早已闻东方之名,而迁徙之事或非权舆于黄帝……顾西来之事,既大昌于黄帝,而自尧后反绝……夷考其时,无他,殆所谓洪水焉耳……而古代迁徙之事,以文

---

① 观云(蒋智由):《中国人种考(二)》,《新民丛报》1903年第37号。
② 观云(蒋智由):《中国人种考(二)》,《新民丛报》1903年第37号。
③ 观云(蒋智由):《中国人种考(二)》,《新民丛报》1903年第37号。
④ 观云(蒋智由):《中国人种考(二)》,《新民丛报》1903年第37号。
⑤ 观云(蒋智由):《中国人种考(二)》,《新民丛报》1903年第37号。
⑥ 观云(蒋智由):《中国人种考(二)》,《新民丛报》1903年第37号。
⑦ 今译为底格里斯河。
⑧ 观云(蒋智由):《中国人种考(二)》,《新民丛报》1903年第37号。
⑨ 观云(蒋智由):《中国人种考(二)》,《新民丛报》1903年第37号。

第二章 20世纪上半期中国民族文化外来说的流传与来自学术界的批判

字艰难,不留一家之著录,而后世遂因此而无所考见也。"①

综上可知,蒋氏对拉克伯里中国民族文化西来说补充的文献和语言学方面的"证据",从总体上并未超出拉克伯里之论说,其对拉克伯里西来说的发挥则更带有颇为明显的臆测性质。事实上,从《中国人种考》系列文章中不难看出,蒋氏本人一方面对拉克伯里假说予以积极附和与补充发挥;另一方面他并没有认为拉克伯里假说即为学术界的最后"定论",如蒋氏指出,其所引拉克伯里《西元论》部分文字,"其是否未敢论定"②,并言及:"而研求其碑碣、器物、文字语言,及底层中之遗物,而后是非真伪,可得有显了之日,而不能不有待于中国文明学术进步后也。"③显然,蒋氏对拉克伯里假说的态度基本上可以说是半信半疑的。

蒋氏之后,拉克伯里中国民族文化西来说由于得到梁启超、章太炎、刘师培、丁谦等学者的积极倡导,学术影响继续扩大,拉克伯里假说渐为更多的中国学者所信从。梁启超为拉克伯里中国民族文化西来说补充了"如最近发见龟甲文字,可为我族民与巴比伦同祖之一证"④一条并不具有足够说服力的"旁证",与此同时,梁氏在同时期的论著中一方面称:"吾则颇偏袒西来之说,即以之为假定前提"⑤,另一方面又强调:"我中国主族,即所谓炎黄遗胄者,其果为中国原始之住民?抑由他方移殖而来?若由移殖,其最初祖国在何地,此事至今未有定论。"⑥显然,梁氏对中国民族文化西来说仅仅言到"偏袒",和蒋氏类似,其并不认为中国民族文化西来说为学术界的最终"定论"。

继蒋、梁二氏之后,章太炎积极寻找文献记载和语言学方面的证据,对拉克伯里中国民族文化西来说进行补充完善。章氏在1904年出版的《訄书》重订本《序种姓上》中论及:

> 方夏之族,自科派利(即拉克伯里)考见石刻,订其出于加尔特亚(即巴比伦之地);东逾葱岭,与九黎、三苗战,始自大皞;至禹然后得其志。

---

① 观云(蒋智由):《中国人种考(二)》,《新民丛报》1903年第37号。
② 观云(蒋智由):《中国人种考(二)》,《新民丛报》1903年第37号。
③ 观云(蒋智由):《中国人种考(二)》,《新民丛报》1903年第37号。
④ 梁启超:《论中国学术思想变迁之大势》,《新民丛报》1904年第10号。
⑤ 梁启超:《历史上中国民族之观察》,《新民丛报》1904年第17号。
⑥ 梁启超:《历史上中国民族之观察》,《新民丛报》1904年第17号。

征之六艺传记，盖近密合矣①。

为了证明拉克伯里中国民族文化西来说与中国古代文献记载颇近"密合"，章氏旁征博引，强为比附，诸如他极力从语言学角度推论以上所说加尔特亚即中国古代文献所记的葛天：

> 宗国加尔特亚者，盖古所谓葛天……案自大皥以下诸氏，皆加尔特亚君长东来者，而一代独得其名，上古称号不齐之故。其实葛天为国名，历代所公。加尔特亚者，尔、亚皆余音，中国语简去之，遂曰加特，亦曰葛天②。

章氏充分发掘中国古代文献，并运用中文读音极力附会拉克伯里中国民族文化西来说：

> 萨尔宫者，神农也，或称萨尔宫为神农，古对音正合。促其音曰石耳。《御览》七十八引《春秋命历叙》曰：有神人名石耳，号皇神农。先萨尔宫有福巴夫者，伏戏也；后萨尔宫有尼科黄特者，黄帝也。其教授文字称苍格者，仓颉也。……东来也，横渡昆仑。昆仑者，译言华俗字花。土也，故建国曰华③。

为了补充完善拉克伯里中国民族文化西来说，章氏综合中外文献，对《穆天子传》的相关传说另作如下"独到"的解释：

> 至周穆王，始从河宗伯夭，礼致河典，以极西土。其《穆传》言西膜者，西米特科，旧曰西膜，亚细亚及前后巴比伦前巴比伦即加尔特亚。皆其种人。膜稷者，西膜之谷也；膜拜者，西膜之容也；膜昼者，西膜之酋也④。

> 《释地》以西王母为四荒。西王母与西膜同音；王，闲音也。西膜民族，始见犹太《旧约》，本诺亚子名，其后以称种族，遂名其地⑤。

---

① 章炳麟著，朱维铮编校：《訄书初刻本重订本》，上海：中西书局，2012年，第145页。
② 章炳麟著，朱维铮编校：《訄书初刻本重订本》，上海：中西书局，2012年，第147页。
③ 章炳麟著，朱维铮编校：《訄书初刻本重订本》，上海：中西书局，2012年，第147页。
④ 章炳麟著，朱维铮编校：《訄书初刻本重订本》，上海：中西书局，2012年，第149页。
⑤ 章炳麟著，朱维铮编校：《訄书初刻本重订本》，上海：中西书局，2012年，第150页。

章氏运用语言学材料对《穆天子传》地名、族名重新进行阐释,以中文语音比附拉克伯里中国民族文化源于巴比伦之说,将周穆王西游"宾于西王母"的传说阐发为"念在西膜旧民"①。章氏先入为主式地对《穆天子传》地名、族名的阐释及对周穆王西游传说的阐发,呼应拉克伯里中国民族文化西来说的旨趣,颇为清晰。

章氏之后,刘师培为拉克伯里中国民族文化西来说提供了更为丰富的文献记载及语言学材料方面的"证据"。刘氏结合中西旧籍记录,并运用语言学材料论及:

> 汉族所徙来,则中土儒书咸谓其始于盘古,而西书所记载复有巴枯民族之称。巴枯、盘古,一音转耳。盖世界人种之开化,皆始于帕米尔高原,故汉族初兴,亦大抵由西方迁入。《路史·天皇纪》云,被迹无外无热之陵,说者以无外即昆仑,而《列子》、《穆传》所言,皆切慕西方之美,楚词一篇,至以昆仑为本土想像,验之旧籍,历历可稽,又西籍所言,谓华夏之称,始于花国,又谓中土文明本于迦耳底亚,语虽荒渺,理适相符②。

刘氏所说"西籍所言,谓华夏之称,始于花国,又谓中土文明本于迦耳底亚"之"西籍",显然是指日本学者翻译的,拉克伯里的《支那太古文明西元论》。刘氏以上论点,受到日本学者桑原骘藏中国文明起源于中亚说之影响,而桑原骘藏对拉克伯里的中国民族文化西来说所持的是批判的态度,因而刘氏一方面积极附和拉克伯里的中国民族文化西来说;另一方面却试图用语言学材料"论证"中国民族文化"始于帕米尔高原"说,刘氏所作"巴枯、盘古,一音转耳"之推论,显然是对拉克伯里假说的进一步发挥。如果说此时刘氏对"中土文明本于迦耳底亚"说亦仅仅用"理适相符"进行评说。此后不久,其对拉克伯里的中国民族文化起源于巴比伦的假说则开始逐渐认同:

> 神州民族,兴于迦克底亚。《史记·封禅书》曰:"泰帝兴,神鼎一。"《淮南子》曰:"泰古二皇,得道之柄。"泰帝、泰古者,即迦克底之转

---

① 章炳麟著,朱维铮编校:《訄书初刻本重订本》,上海:中西书局,2012年,第150页。
② 刘师培:《中国民族志》第一章《亚东民族述略及汉族之起原》,《刘申叔遗书》上册,南京:江苏古籍出版社,1997年,第603页。

音也。厥后逾越昆仑，经过大夏，自西徂东，以卜神州之沃壤，暨种人民称为巴枯逊族。巴枯逊者，盘古之转音，亦即百姓之转音也。今葱岭回部以伯克为贵族之称，而中邦古代亦以百姓为贵族之称。伯克、百姓，其音一也①。

从以上文字不难看出，虽然其所运用的材料和此前大体一致，但其却重新钩稽出了"神州民族，兴于迦克底亚""厥后逾越昆仑，经过大夏，自西徂东，以卜神州之沃壤"的迁徙路线，从而"疏通"了拉克伯里中国民族文化起源于巴比伦与其此前受日本学者桑原骘藏影响所积极阐发的中国民族文化"始于帕米尔高原"说在学理上的矛盾。刘氏以上论点，在以后的《中国历史教科书》中得到进一步明确，而且其对拉克伯里中国民族文化西来说的态度则由此前的逐渐认同转变为积极的确认和支持，如其在"此皆汉族初入中国之君也"一语下进行如下补充解释：

> 西人拉克伯里所著《支那太古文明西元论》谓：巴克即百姓，黄帝即巴克民族之酋长，神农即巴庇伦之莎公，仓颉即但克，巴克本该地首府之名。又谓：学术、技术、文字、文学，中国当上古时，无不与巴庇伦迦克底亚相同。所引者共数十事，今不具引，其确否亦不得而定。然拉克伯里为法国考古大家，则所言必非无据，按以中国古籍，亦多相合，而人种西来之说，确证尤多②。

拉克伯里中国民族文化西来说经过蒋智由、梁启超、章太炎、刘师培等学者的积极倡导，逐渐为更多的学者所认同，迄民国初年，仍有学者继续对拉克伯里中国民族文化西来说积极呼应并继续予以补充发挥。1915年，和章太炎类似，丁谦亦先入为主式地对《穆天子传》所涉历史地理背景屡屡作如下论说："读是书当先知中国人种古时由西方迁徙而来，故三代以前，人多畜怀思故土之思，此穆王西征之原因也"③；"读是书当先知西王母为西方大国，其国土

---

① 刘师培：《古政原始论·国土原始论》，《刘申叔遗书》上册，南京：江苏古籍出版社，1997年，第664页。
② 刘师培：《中国历史教科书》第一课《上古时代述略》，《刘申叔遗书》下册，南京：江苏古籍出版社，1997年，第2178页。
③ 丁谦：《穆天子传地理考证》，《地学杂志》1915年第7—8号。

第二章　20世纪上半期中国民族文化外来说的流传与来自学术界的批判

古时名加勒底，炎黄时名巴比伦，至于商周名亚西里亚。中国人种西来之始，当在加勒底时代，而穆王至彼，则亚西里亚时代也"①。与此同时，丁氏在《论中国人种由来问题》一文中对清末中国学者关于拉克伯里中国民族文化西来说的主要论点进一步作如下补正：

> 西史谓徙中国者，为巴克民族，巴克乃盘古转音。中国人谓盘古氏开天辟地，未免失实，而盘古氏为中国始迁祖，则固确有可考矣。梁沈约竹书附注载，炎帝时，诸侯夙沙氏叛不用命，炎帝修其德，夙沙之民自攻其君而来归。夙沙即霭南国，都城苏萨。西人谓我华人种，由彼地来，此更于中国书中得一实证。推细审情事，似非始迁。殆因彼地之人，早入中华，建为大国，故闻风续至耳。暨阳蒋氏考古代加勒底民族迁移，当分前后二说：前者为塞米的人侵入之时，后者为廓特奈亨台王兴起之时。余窃谓巴克民族之来当在前，即自昔相传之盘古是也。夙沙人之来当在后，即西人所指之黄帝是也②。

丁氏综合了清末蒋智由、章太炎、刘师培等学者对拉克伯里中国民族文化西来说的种种解说，除了从沈约竹书中获得一所谓"实证"，为拉克伯里假说继续补充来自文献记载方面的"证据"外，他还将巴克民族即相传之盘古，与夙沙人即西人所指黄帝，徙入中国之事，区分为前后两次。不唯如此，丁氏还对奈亨台王时期其国人徙入中国的背景做了大胆的假定：

> 西人但知奈亨台王率其种人，迁入中国，而不知彼国之民，实自生叛乱，攻灭其君，乃归附于中国。不然，奈亨台王时代，国势正强，何忽弃其安乐之故乡，于万里外，别求栖息地耶③！

丁氏以上奈亨台国"内乱说"的假定自为一说，较之此前蒋智由等所推论的"洪水"说，似乎更容易为学术界所"接受"，拉克伯里的中国民族文化西来说亦最终由丁氏补充完善，从而建立起更似"合理"的假说"体系"。

综上所论，清末民初，经过蒋智由、章太炎、刘师培、丁谦等学者的附和

---

① 丁谦：《穆天子传地理考证》，《地学杂志》1915年第7—8号。
② 益父（丁谦）：《论中国人种由来问题》，《地学杂志》1915年第11号。
③ 益父（丁谦）：《论中国人种由来问题》，《地学杂志》1915年第11号。

与积极阐发，拉克伯里的中国民族文化源于巴比伦假说一度在中国学术界产生较大的影响。20世纪20年代，缪凤林评述清末民初中国学术界对拉克伯里中国民族文化西来说的总体态势时说："其在中土，学者骇其说之新奇，先后从风。蒋智由氏观云著《中国人种考》，主旨在即证明拉克伯里之说，顾以证据不充，犹悬而未断，至刘师培著《思祖国篇》、《华夏篇》、《国土原始论》、《历史教科书》等，丁谦著《中国人种从来考》、《穆天子传地理考证》等，矜其淹博，东牵西扯，曲说朋附，于是一般讲述历史编纂地理者，大率奉为圭臬。间有一二持反对论调者，亦未能动人观听，盖西来说之成定论也久矣。"①事实上，在我们今天看来，以上学者有关拉克伯里中国民族文化西来说之阐发，从所运用来自语言学和文献记载"证据"到论证方法，均未超出拉克伯里的《早期中国文明的西方起源（公元前2300—公元200年）》一书。加之当时的中国学者所附和与积极阐发之经由日本传入的拉克伯里中国民族文化西来说，显然属于新史学家所说的"间接的史料"，当时的中国学者，对拉克伯里的中国民族文化西来说从总体上缺乏深入系统的了解，所以他们所做的附和与阐发，必然存在诸多难以弥合的破绽。因此，在20世纪20年代以后，中国学者对拉克伯里中国民族文化西来说的总体态度很快由此前的积极附和阐发转变为质疑与批判。

3. 20世纪20年代后学术界对拉克伯里中国民族文化西来说的质疑与批判

早在拉克伯里中国民族文化西来说传入中国的20世纪初，即有学者对其表示怀疑。如夏曾佑先生曾经论及："近人言吾族从巴比伦迁来，据……法、德、美各国人，数次在巴比伦故墟掘地所发见之证据观之，则古巴比伦人与欧洲之文化相去近，而与吾族之文化相去远，恐非同种也。"②1906年，宋教仁在日记中亦议论说："观《中国人种考》，系诸暨蒋观云所作，搜罗众说颇众，但不免失之支蔓而已。至其主张汉族西来说中，黄帝系迦勒底帝国特奈亨台与否之问题，汉族系丢那尼安族与否之问题，神农系塞米底族之吾尔王朝之

---

① 缪凤林：《中国民族西来辨》，《学衡》1925年第37期。
② 夏曾佑：《中国古代史》，石家庄：河北教育出版社，2000年，第10页。夏氏《中国古代史》最初由商务印书馆在1933年出版，该书原名《最新中学中国历史教科书》，简称《中国历史教科书》，该书早在1902年已经写成，至迟在1904—1906年已由商务印书馆出版，因此上引一段文字，应该代表夏氏20世纪初的观点。

沙公与否之问题，则犹无确切之解释也。"①尤其值得注意的是，此后不久，此前积极附和阐发拉克伯里假说的章太炎，也开始公开批评中国民族文化西来说："中国前皇曾都昆仑以否，与史无明征，不足引以为质。"②诸如此类的例子还有很多，兹不——举证。

清末以章太炎为代表的部分知识分子对拉克伯里中国民族文化西来说的态度突然发生重大变化的原因，学者已多有论述。有的学者论及，清末刘师培接受拉克伯里中国民族文化西来说，显然基于多方面因素。有的学者论及，清末刘师培接受拉克伯里中国民族文化西来说，显然基于"排满复汉"和"获得一种相对普遍的价值的主张"③等目标；亦有学者认为，清末经由日本传入中国的拉克伯里中国民族文化西来说"是一种带有政治色彩的近代知识"④。这里应该强调的是，和清末民初中国学者对拉克伯里中国民族文化西来说的附和与积极阐发的动机不同，20世纪20年代以后中国学者对拉克伯里中国民族文化西来说的质疑与批判则主要是在学术层面展开的。

在近代疑古思潮和古史辨运动的影响下，封建时代史学家编排的古史系统及古书所记古史传说的真实性受到空前的怀疑与批判。如柳诒徵在《中国文化史》第一章《中国人种之起原》开篇即讲道："周秦人相传之说，不能尽信为正确之史料。后世穿凿附会之说，更不足信。"⑤柳氏指出："羲、农以前之事，多见于纬书。……多荒诞不经之说，犹各国古史之有神话也。"⑥"诸纬书所述古事……大抵出于臆造。"⑦在近代疑古思潮的影响下，缪凤林指出："考昆仑之有黄帝遗迹"的《山海经》、《穆天子传》、《庄子》、《列子》、《新语》诸书"皆后人伪作"⑧，"其所称述，要属史公所谓荐绅先生难言之类，固未足据为典要"⑨。总之，轰轰烈烈的古史辨运动，从根本上动

---

① 陈旭麓主编：《宋教仁集》下册，北京：中华书局，1981年，第702页。
② 章太炎：《中华民国解》，《民报》1907年第15号。
③ 李帆：《民族主义与国际认同之间——以刘师培的中国人种、文明西来说为例》，《史学理论研究》2005年第4期。
④ 孙江：《拉克伯里"中国文明西来说"在东亚的传布与文本之比较》，《历史研究》2010年第1期。
⑤ 柳诒徵：《中国文化史》上册，长沙：岳麓书社，2010年，第13页。
⑥ 柳诒徵：《中国文化史》上册，长沙：岳麓书社，2010年，第17页。
⑦ 柳诒徵：《中国文化史》上册，长沙：岳麓书社，2010年，第17—18页。
⑧ 缪凤林：《中国民族西来辨》，《学衡》1925年第37期。
⑨ 缪凤林：《中国民族西来辨》，《学衡》1925年第37期。

摇了拉克伯里中国民族文化西来说的文献基础，此前支持其假说的种种"言之凿凿"的"证据"，在新的学术背景下，立刻显得破绽百出、疑窦丛生，拉克伯里的假说亦随之遭遇彻底的质疑与批判。

与此同时，20世纪20年代中国考古学的建立为中国古史研究不断提供有价值的第一手实物资料，更多的学者自觉意识到，中国民族起源问题之彻底解决，"实有待于将来科学上发掘之功"①，"中国民族之由来，远在有史以前欲加考证，必凭藉有史以前之遗骸与用器"②。促使中国学者对拉克伯里假说态度之重大转变，在很大程度上与1921年瑞典学者安特生在河南渑池发现仰韶文化遗址及以彩陶文化为代表的仰韶文化西来说在中国学术界迅速传播有直接的关系。1923年，安特生根据仰韶陶器论及中西之交通及中国人种之来源等学术界争讼已久的重要问题："前有法国拉古波力（按：即拉克伯里）曾倡中国文化西源之说，然多无根据。后包鲁氏（即鲍尔）亦有是说。在当时虽似亦风动一时，然据近世学者研究结果，多以拉氏等之说，殊无科学根据，为不足信矣"③。安特生的"新西来说"对拉克伯里中国民族文化西来说提出了诸多新的疑问，促使更多的学者对拉克伯里中国民族文化西来说进行更为全面深刻的检讨。

20世纪20年代以后，学术界分别从以下几个方面寻找反证，对拉克伯里中国民族文化西来说予以反驳，兹略举数证：

（1）古代两河流域原始居民与中华民族人种相异。陈汉章较早从人种方面对拉克伯里中国民族文化西来说予以反驳："里海西岸之巴克，并其统领迦勒底国之地，当时实为波斯巴撒迦特族人所居。若率巴克民族东来，则东来者仍是白种西人说波斯古国者或云哈母种，或云雅利安种，皆白种，非黄种。"④此后，缪凤林亦较为明确指出："中国为黄人而塞姆人、霭南人为白人，苏米尔人亦以白人为近是。"⑤缪氏言外之意，从人种方面完全可以证明，中国民族自西徙入的假说"全然不合事实"⑥。

---

① 何炳松：《中华民族起源之新神话》，《东方杂志》1929年第2号。
② 缪凤林：《中国民族西来辨》，《学衡》1925年第37期。
③（瑞典）安特生著，袁复礼节译：《中华远古之文化》，北京：文物出版社，2011年，第28页。
④ 陈汉章：《中国通史》，转引自柳诒徵：《中国文化史》上册，长沙：岳麓书社，2010年，第16页。
⑤ 缪凤林：《中国民族西来辨》，《学衡》1925年第37期。
⑥ 缪凤林：《中国民族西来辨》，《学衡》1925年第37期。

（2）两河流域与中国上古历史纪年相互抵牾。陈汉章屡屡论及："纪元前二千八百八十二年，当中国颛顼帝之二十二年据《四裔年表》推之，犹得以底格里斯河边之酋长，由土耳其斯坦来中国者为黄帝乎？"①"或谓八卦即巴比伦之楔形文字，试问巴比伦始造尖栘文字，在西历纪元前二千一百四十七年，当中国帝挚时《四裔年表·帝挚八年》，能与伏羲时代附合乎？"②缪凤林亦注意到古代两河流域与古代中国历史纪年上的矛盾："奈亨台约当尧舜之时，乌包约当炎黄之时，萨尔功、但吉亦皆与神农、仓颉不相当，且神农在伏况之后而萨尔功则在乌包之先。仓颉与黄帝同时又仅一人，而但吉则奈亨台之先复有三人。"③陈、缪二氏试图以两河流域与中国上古历史纪年相互抵牾为据，驳斥拉克伯里中国民族文化西来说之谬。

（3）对八卦与楔形文字同出一源说的批判。缪凤林批判西来者"谓八卦即巴比伦之楔形文字"之"诬谬"："八卦由来与楔形字根本不同。盖楔形字为古巴比伦象形图画进化之最后一阶级，而伏羲作卦其先仓颉之整齐书契，正式成象形文字，尚不知几何年。其较楔形文字为早，更不待论也。"④此后，柳诒徵亦对"八卦即巴比伦之楔形文字"说进行反驳："无论年代不合，但以卦象与楔形字比而观之，一则有横无纵，而数止于三；一则纵横具备，而笔画亦无定数。"⑤在我们今天看来，缪、柳二氏从年代学方面对"八卦即巴比伦之楔形文字"说的反驳仍存在不少问题，但总体而论，其得出的结论毫无疑问是正确的。缪、柳二氏对八卦与楔形文字同出一源说的反驳，则对拉克伯里中国民族文化西来说的质疑与批判增加了更有说服力的旁证。

（4）西亚民族与中国古代民族文化"无相因之关系"。缪凤林从学术、文学、文字、宗教、建筑、美术六个方面力证西亚民族与中国古代民族文化"无相因之关系"，并据此批判拉克伯里中国民族文化西来说"本背事理"。⑥

除以上所举四个方面的反证外，也有学者结合中西交通史及中国境内旧石器时代考古资料等，从不同角度对拉克伯里中国民族文化西来说予以反

---

① 陈汉章：《中国通史》，转引自柳诒徵：《中国文化史》上册，长沙：岳麓书社，2010年，第16页。
② 陈汉章：《中国通史》，转引自柳诒徵：《中国文化史》上册，长沙：岳麓书社，2010年，第17页。
③ 缪凤林：《中国民族西来辨》，《学衡》1925年第37期。
④ 缪凤林：《中国民族西来辨》，《学衡》1925年第37期。
⑤ 柳诒徵：《中国文化史》上册，长沙：岳麓书社，2010年，第17页。
⑥ 缪凤林：《中国民族西来辨》，《学衡》1925年第37期。

驳。总的来看，该阶段中国学者结合文献记载及考古学、人类学、语言学等多学科资料，分别从人种、年代、文字、文化、地理等不同角度对拉克伯里中国民族文化西来说的反驳，基本上可谓持之有故、有的放矢，不少反证击中了拉克伯里中国民族文化西来说的某些要害。但总的来看，20世纪20—30年代，由于新史学刚建立，中国的考古学、民族学等学科尚在起步阶段，以上反驳在史料辨析、运用，论证方法和理论建构等方面也存在诸多突出的问题，兹略举证如下：

（1）清末至民国时期，中国学者对拉克伯里的中国民族文化西来说著作，大多未有实质性接触，不少学者对拉克伯里中国民族文化西来说缺乏系统的了解，如何炳松坦言其《中华民族起源之新神话》一文"爰根据此书（按：法国学者亨利·考狄所著《中国通史》）并参考他籍数种草成"[①]，以此第二手材料作为论据反驳拉克伯里的中国民族文化西来说，必然显得证据薄弱。

（2）陈汉章据《四裔年表》推定上古时期中西年代，而《四裔年表》对中国上古年代的推定，本身存在着很多时间考据上的错讹。如近代学者早已发现该表"舛错亦多"[②]，另有学者更进一步指出，该表"依竹书纪中国年代，尤其巨谬"[③]。既然如此，陈氏据《四裔年表》编排的年代反驳拉克伯里的中国民族文化西来说，基础并不牢靠，自然大大降低了其论证的说服力。

（3）有的学者从中西交通方面对拉克伯里西来说予以反驳，如"夏族由西徂东，就地理上之阻碍言殆属不可能之事"[④]，"古代中国与巴比伦远处两地，关山修阻，交往甚难，事实上断难发生任何密切关系也"[⑤]，无法获得可靠的文献和考古学证据支持，显然推断多于考证，随着考古学、民族学研究的深入，以上推论显然与先秦时期中西交通及文化交流的历史实际并不相符。

（4）由于中国考古学、民族学等学科尚处于起步阶段，不少学者虽然从不同角度对拉克伯里的中国民族文化西来说予以反驳，虽然在一定程度上起到了破的作用，但却并未建构起新的科学的中国民族文化形成与发展理论。有的

---

① 何炳松：《中华民族起源之新神话》，《东方杂志》1929年第2号。
② 梁启超：《读西学书法》，黎难秋主编：《中国科学翻译史料》，合肥：中国科学技术大学出版社，1996年版，第636页。
③ 王韬、顾燮光等编：《近代译书目》，北京：北京图书馆出版社，2003年，第44页。
④ 缪凤林：《中国民族西来辨》，《学衡》1925年第37期。
⑤ 何炳松：《中华民族起源之新神话》，《东方杂志》1929年第2号。

学者指出:"中国民族果为土著,抑为外来,来自何方……不能片语确答。"①总的来看,该阶段中国学术界总体上认同:"人类起源问题至今只得谓为正在着手进行时代,离完全解决之期尚远也。"②

正因为如此,20世纪20年代以后,尽管中国学者从总体上对拉克伯里中国民族文化西来说进行了多视角的质疑与批判,但从总体上看,该阶段中国学术界对拉克伯里中国民族文化西来说的质疑批判并不彻底。因此,20世纪上半叶,拉克伯里中国民族文化西来说在中国学术界的影响并未完全消除。如20世纪30年代,顾实在《穆天子传西征讲疏》一书中,一方面对中国民族文化西来说予以批判:"近世西方帝国主义者,方以殖民地视中国,故一方高唱中国文明西元之说,又一方高唱中国文明古虚之说。然而吾国学者亦若应声虫,而曰西元焉,曰古虚焉。于是西王母遂为西方文明古国,或曰巴比伦(Babylonia),或曰即亚西利亚(Assyria)"③;另一方面却将周穆王西征最终所至西北大旷原,释为"今欧洲之大平原"④。此外,在该阶段郭沫若的论著中,拉克伯里的中国民族文化西来说的影响亦清晰可见。如郭氏在《甲骨文字研究》一书曾怀疑:"其商民族本自西北远来,来时即挟有由巴比伦所传授之星历智识入中土后而沿用之耶?"⑤以后他在《青铜时代》中推测:"就近年安得生对彩色陶器的推断以及卜辞中的十二辰的起源上看来,巴比伦和中国在古代的确是有过交通的痕迹,则帝的观念来自巴比伦是很有可能的。"⑥他还曾断言:"十二辰本来是黄道周天的十二宫,是由古代巴比伦传来的。"⑦由此可见,在20世纪20年代以后,拉克伯里中国民族文化西来说在中国学者的质疑与批判声中渐趋衰落,但在相当长的时期,其对20世纪中国上古民族文

---

① 缪凤林:《中国民族西来辨》,《学衡》1925年第37期。
② 何炳松:《中华民族起源之新神话》,《东方杂志》1929年第2号。
③ 顾实:《穆天子传西征讲疏》,上海:上海三联书店,2014年,第32—33页。
④ 顾实:《穆天子传西征讲疏》,上海:上海三联书店,2014年,第176页。
⑤ 郭沫若著作编辑出版委员会编:《郭沫若全集·考古编》第一卷《甲骨文字研究》,北京:科学出版社,1982年,第284页。
⑥ 郭沫若著作编辑出版委员会编:《郭沫若全集·历史编》第一卷《青铜时代》,北京:人民出版社,1982年,第330页。
⑦ 郭沫若著作编辑出版委员会编:《郭沫若全集·历史编》第一卷《青铜时代》,北京:人民出版社,1982年,第328页。

化形成和发展的理论建构及中国现代学术史、文化史之影响却远未终结。①

二、仰韶文化西来说的形成及论争

20世纪20年代，安特生提出了著名的仰韶文化西来假说，该说一度受到国际学术界的普遍关注。20世纪30年代前夕，无论是安特生或其他国际汉学家对仰韶文化西来说的倡导、附和，还是来自中国学术界的质疑与批判，并不带有明显的偏见。由于该阶段仰韶文化的发掘尚具有很大的局限性，20世纪30年代前夕国际学术界对仰韶文化和仰韶文化西来说的讨论总体上未有实质性突破。20世纪30年代以后，学术界在对安特生仰韶文化六期说的讨论过程中，仰韶文化西来说日渐失去考古学方面的证据支持。20世纪40年代，随着齐家文化得到确认，仰韶文化西来说在学术界的普遍质疑与批判声中不攻自破。自20世纪20年代一直延续到20世纪50年代初，中外学术界对安特生仰韶文化西来说的批判，从总体上看属于学术范畴。20世纪50年代以后中国大陆学者对安特生仰韶文化西来说的批判，一度受到政治因素的干扰，论争几无学术价值。20世纪80年代以后，仰韶文化西来说方作为一个学术问题被学术界再次提出，在新的学术背景下，其在学术史上的价值始逐渐被学术界重新审视。

1921年10月，瑞典学者安特生（J.G.Andersson）首次在河南省渑池县对仰韶遗址进行发掘，结束了"中国无石器时代"的历史，拉开了中国近代考古学的序幕。1923年，安特生发表《中华远古之文化》②的报告。报告在认为仰韶文化是中华远古文化的同时，提出了以彩陶为代表的仰韶文化西来的假说。1925年，安特生发表《甘肃考古记》（*Archaeological Research in Kansu*）③，梳理和总结了他在甘肃地区的考古发现，并根据类型学的原则，建立了甘肃史前文化"六期说"的年代框架，进一步完善了其仰韶文化西来说。安特生的两部堪称里程碑式的著作及其所建立的仰韶文化西来说长期受到学术界的质疑、

---

① 20世纪50年代，维也纳学派的海涅·戈尔登仍主唱世界文明起源巴比伦之说，认为中国之彩陶文化、黑陶文化与殷商文化代表从西方传来的已知的三次文化波动。张光直评说此"最为极端的论者"，"其说虽颇新奇，证据则极为薄弱"。转引自张光直：《中国新石器时代文化断代》，《中国考古学论文集》，北京：生活·读书·新知三联书店，1999年，第55页注释。

②（瑞典）安特生著，袁复礼节译：《中华远古之文化》，北京：文物出版社，2011年。

③（瑞典）安特生著，乐森珣译：《甘肃考古记》，北京：文物出版社，2011年。

批判并最终被彻底否定,然而随着中国新石器时代田野考古工作的蓬勃发展,安特生仰韶文化西来说的学术史价值却日益受到考古学界、历史学界的高度关注与重视。显然,从现代学术史视角对仰韶文化西来说重新予以新的审视,仍是一个全新的学术命题。

1. 仰韶文化的确认与安特生仰韶文化西来说的形成

经过长期的调查,1921年10月至12月,安特生采用开探沟的方法首次对仰韶村遗址进行发掘。安氏《中华远古之文化》说:"此址面积广阔,遗留器物甚多,破碎陶器尤夥,其中多有磨光而带采色者。"①安氏将深度3.2米的探沟Ⅱ分为六层,并按照发掘深度记录出土遗物的数量、种类和特征,将陶器分成红、黑、灰三种,并据此初步认为,仰韶村遗址是一个文化的连续堆积。安氏推测:"从仰韶遗址全部而论,似当为新石器时代之末期"②,"而仰韶遗器绝无文字,其为时更古"③。安氏"取本地之名而名之为仰韶文化时代"④。安氏还推测:"自仰韶器物形状观之,则全似为汉族遗迹。"⑤安氏将仰韶陶器与古代西方陶器进行比较后推测:

> 仰韶陶器中,尚有一部分或与西方文化具有关系者。近与俄属土耳其斯坦相通,远或与欧洲相关。施采色而磨光之陶器,即其要证。……与此相似之陶器,欧洲新石器时代或其末期亦有之。如意大利西西利岛之启龙尼亚,东欧之格雷西亚,及俄国西南之脱里波留,俄属土耳其斯坦安诺地方,皆曾发见。各处之器,各有特点。然与河南仰韶古器之器工花纹,皆有极相似之点。……以河南距安诺之器相较,其图形相似之点,既多且切,实令吾人不能不起同出一源之感想。⑥

为支持以上假说,安氏试图从"亚东河南与西方安诺、脱里波留及欧洲之

---

① (瑞典)安特生著,袁复礼节译:《中华远古之文化》,北京:文物出版社,2011年,第12页。
② (瑞典)安特生著,袁复礼节译:《中华远古之文化》,北京:文物出版社,2011年,第19页。
③ (瑞典)安特生著,袁复礼节译:《中华远古之文化》,北京:文物出版社,2011年,第20页。
④ (瑞典)安特生著,袁复礼节译:《中华远古之文化》,北京:文物出版社,2011年,第21页。
⑤ (瑞典)安特生著,袁复礼节译:《中华远古之文化》,北京:文物出版社,2011年,第22页。
⑥ (瑞典)安特生著,袁复礼节译:《中华远古之文化》,北京:文物出版社,2011年,第25页。

西西利曾有交通"①作为旁证,并高度关注了考古学家郝伯森和施密特的意见。应该强调的是,在未获得同时代遗物作为参考之前,安氏对其提出的假说始终保持着高度谨慎的态度。诸如其反复指出:"解决此问题,尚须多加研究"②,"欲完全解决此问题,为日尚远。是在考古学家、人种学家及语言学家通力合作,去固执之成见,为诚实之讨论,庶能渐达真理"③。安氏对英国考古学家郝伯森和施密特的意见做出如下评论:

> 英国郝伯森氏论断较速,以中国之器与近东各处,大可比较。德国施密特氏则取一格外谨慎态度,承认此项发现之重要,而以为仍须继续研究,方可明定其与他处之关系。……余以为施氏慎重态度,深为可法。要当继续研究,方能定论也。……仰韶与近东各地之交通,暂可作一假定之理想。再按事实研究,以肯定或否定之可也。④

尽管在今天看来,安氏"按水平层位深度记录遗物的方法是不科学的"⑤,"他不了解文化层与绝对深度没有关系,从而忽略了文化层中遗迹、遗物复杂的叠压和打破关系,遂使他得出了错误的结论"⑥,但不少学者还是充分肯定了安特生借鉴民族学中的"文化"概念命名仰韶文化的科学价值。如陈星灿指出,安特生"将仰韶文化的遗物及所表现出来的风俗与现代汉族、蒙古族及历史时期的华夏族(汉族前身)的同类现象相类比,这种方法虽然现在看来很粗糙,没有考虑到民族是一个不稳定的经常变化的文化概念,但是却帮助安特生抓住了仰韶文化的本质,其结论也是基本正确的"⑦。陈氏充分肯定仰韶文化发现的学术价值和意义:"仰韶文化的发现,不仅使中国无石器时代的理论不攻自破,而且也为寻找中国文化与西方史前文化之间可能的联系开辟了广阔的

---

① (瑞典)安特生著,袁复礼节译:《中华远古之文化》,北京:文物出版社,2011年,第26页。
② (瑞典)安特生著,袁复礼节译:《中华远古之文化》,北京:文物出版社,2011年,第21页。
③ (瑞典)安特生著,袁复礼节译:《中华远古之文化》,北京:文物出版社,2011年,第29页。
④ (瑞典)安特生著,袁复礼节译:《中华远古之文化》,北京:文物出版社,2011年,第28页。
⑤ 巩启明:《仰韶文化》,北京:文物出版社,2002年,第8页。
⑥ 巩启明:《仰韶文化》,北京:文物出版社,2002年,第8页。
⑦ 陈星灿:《中国史前考古学史研究(1895—1949)》,北京:生活·读书·新知三联书店,1997年,第115页。

前景，因此引起国际学术界的注目。"①迄今为止，学术界普遍赞同安特生对仰韶文化性质的判定，具有重要的学术价值。

以后，随着甘、青地区同属仰韶时代文化遗址的发现，安氏进一步完善了此前提出的仰韶文化西来的假说。

1923—1924年，安氏在甘、青地区进行考古发掘，安氏《甘肃考古记》一书说：

> 此次甘肃考古，为期二年（一九二三至一九二四）。足迹所涉，几及甘省大半。所得结果，颇出意料所及。盖不仅器物丰盈之仰韶纪遗址，为吾人所获，而多数前古未闻之重要葬地，亦竟发现。其中完整之彩色陶瓷多件，类皆精美绝伦，可为欧亚新石器时代末叶陶器之冠。②

该书中还说道：

> 除于仰韶文化更为阐明者外，又得一遗址于齐家坪。此中绝无彩色陶器之迹，但美丽之单色压花陶器，极为特别。余视此等遗物，似较仰韶者为早。③

安氏将甘、青地区的史前考古文化分为六期，并推定其时代"当在西历纪元一千七百年以前，乃至纪元前三千五百或三千年以后"④，与此同时，安氏将仰韶文化的年代"暂定为纪元前三千年"⑤，通过对甘、青六期绝对年代的推测，以证"齐家坪文化较早于仰韶"⑥。受李希霍芬中国人乃迁自中国新疆假说的影响，安氏指出："中国民族，当仰韶文化期自新疆迁入黄河河谷"⑦，"精美陶器之有彩纹者，其制作之术，首抵甘肃，次及河南。……彩色陶器来甘肃者，当较河南者为早"⑧。对于当时学者的若干质疑，安氏以"自

---

① 陈星灿：《中国史前考古学史研究（1895—1949）》，北京：生活·读书·新知三联书店，1997年，第91页。
② （瑞典）安特生著，乐森珣译：《甘肃考古记》，北京：文物出版社，2011年，第2—3页。
③ （瑞典）安特生著，乐森珣译：《甘肃考古记》，北京：文物出版社，2011年，第3页。
④ （瑞典）安特生著，乐森珣译：《甘肃考古记》，北京：文物出版社，2011年，第3页。
⑤ （瑞典）安特生著，乐森珣译：《甘肃考古记》，北京：文物出版社，2011年，第24页。
⑥ （瑞典）安特生著，乐森珣译：《甘肃考古记》，北京：文物出版社，2011年，第38页。
⑦ （瑞典）安特生著，乐森珣译：《甘肃考古记》，北京：文物出版社，2011年，第38页。
⑧ （瑞典）安特生著，乐森珣译：《甘肃考古记》，北京：文物出版社，2011年，第44页。

西方原来之新文化，当其直达黄河流域（现代甘肃中部）之际，影响传播，极为迅速。倾刻逐流而下，以至黄河之支流。遂与原有土著之文化相混合"①进行解释。至此，安氏以彩陶为代表的仰韶文化西来说理论体系渐趋完善。

2. 20世纪30年代前国际汉学界对安特生仰韶文化西来说的关注与回应

以彩陶为代表的仰韶文化西来说提出以后，很快引起国内外学者的高度关注。除了极少数学者保持谨慎的怀疑态度外，从总体来看，仰韶文化西来说提出之初，仰韶文化一度"被当作被西亚传播而来的史前文化被中外学术界广泛接受"②。

早在仰韶文化西来说形成过程中，英国学者郝伯森较早对仰韶陶器提出如下意见：

> 红陶器带黑色采纹……从前欧洲学者以分布范围，自近东至俄属土尔基斯坦。今既在河南亦有发见，则可见其东西流传之远，其间所有连接二地，如中国新疆等地，亦应有同类发见之望也。③

郝氏以上推论，明显带有先入为主的主观倾向，其在客观上为安氏假说提供了一定的支持。无独有偶，德国汉学家傅兰克（Otto Franke）坚信，不仅彩陶，甚至中国古代文明的许多因素都可以说是从西方输入中国的。安特生的发掘结束了关于中国文明是绝对土生土长的教条。瑞典考古学家阿恩就仰韶文化与近东及欧洲新石器时代暨石铜器过渡期渊源阐述了如下意见：

> 考三足陶器之出现，最古之突罗邑市（第一市）即已有之。相传此等三足器，形状如釜，有高足三，宽大之直耳一。依其形式，常使吾人忆及中国之鼎。因此则中国之鼎，或系脱胎于西方流入之三足器，亦未可知。仰韶村所获之双凸瓶其底部有空洞者，亦与最古突罗邑市之文化有关。而

---

① （瑞典）安特生著，乐森珣译：《甘肃考古记》，北京：文物出版社，2011年，第44—45页。
② 陈星灿：《中国史前考古学史研究（1895—1949）》，北京：生活·读书·新知三联书店，1997年，第21—22页。
③ 转引自（瑞典）安特生著，袁复礼节译：《中华远古之文化》，北京：文物出版社，2011年，第27页。

埃及与太仆茂宣者，亦复如是。此种陶器之存于高丽者，为时极久。安博士所称长大之尖底陶器（Pithoi）不仅与埃及者相似，且与来自赫沙利克、突罗邑及印度者相类。……今就此不甚充分之考古资料而论。河南文化之中，即今外来特质，久存于中国文明长成之期。其显然属于中国者，仅限极小部分。虽然，此种新见之文化，当在人类未有历史之前。约为纪元前三千年至二千年之间。似属中国民族祖先之所有。①

显然，阿恩似乎在用以往国际汉学界流行的中国文化西来说来验证安氏假说的"合理性"。除以上所举欧洲汉学界的意见外，中国学者章鸿钊也对安氏假说予以附和和支持：

若遽以仰韶古物归诸汉族所遗，似尚未敢尽信。盖葬仪固显与汉族不类也。即其所出石镞形制既与东北所见小异，尤与周汉铜镞不同。意乃距今五千年前尚有他族生聚于斯。②

事实上，早在安氏假说形成过程中，即有学者开始对其假说产生怀疑。如德国考古学家施密特在答复安特生的函中说：

仰韶与亚诺二处陶器相同支点，并不充分。欲详为比较，除花纹样式外，如制造之技术，所用之彩色，及表面磨光之程度，亦均须注意……如欲确定河南陶器与西方诸地之关系，须先知河南古址之确定年代。不特与中国历史作比较，亦应与西方各地之时代作一比较，方可。且花纹形式不必定为某种文化之特征。③

瑞典语言学家高本汉（乐森珣译为"加尔格林"）基本否定了安氏的中国文化新疆起源说。高本汉认为安氏的推论与考古学上的发现自相矛盾。"若中国文化系导源于新疆，则甘肃文化之发达自当较胜于河南，故器物之来自甘肃

---

① 转引自（瑞典）安特生著，袁复礼节译：《中华远古之文化》，北京：文物出版社，2011年，第41—42页。
② 章鸿钊：《石雅》，上海：上海书店，1990年，第398—399页。
③ 转引自（瑞典）安特生著，袁复礼节译：《中华远古之文化》，北京：文物出版社，2011年，第28页。

者,当较丰于河南"①,然而在甘肃仰韶文化中,"鼎与鬲之陶器,则属稀见。此外如为中亚及东亚特有之瑗戈等物,则一无所获"②。再加上甘青地区发现的石刃骨刀等遗物"为河南从未见及者"③。高氏还指出,甘肃所出彩陶与河南仰韶彩陶并非完全一致。④ 应该强调的是,20 世纪 30 年代前夕的欧洲汉学家,除施密特外,郝伯森、阿恩、高本汉等人对仰韶文化与近东史前文化的关系的认识与安特生存在一定的分歧,但他们认为以彩陶为代表的新石器时代晚期文化由西向东传播的看法"是一致的"⑤。因此,在 20 世纪 40 年代前,安特生仰韶文化西来说在国际学术界一直具有相当强的影响力,并直接影响到 20 世纪 30 年代前后中国上古民族文化形成发展的理论建构。

然而随着研究材料的增加和研究的逐步深入,尤其随着中国学者广泛参与讨论,到 20 世纪 20 年代末,学术界对仰韶文化西来说很快从附和支持转向质疑批判。1926 年冬,李济和袁复礼在山西夏县西阴村进行考古发掘,这是中国人自己领导的第一次考古工作。李济在 1927 年出版的《西阴村史前的遗存》中谈到挖掘西阴村史前遗址的动机:

> 近几年来,瑞典人安特生考古的工作已经证明中国北部无疑的经过了一种新石器时代晚期的文化。西自甘肃东至奉天,他发现了很多这一类或类似这一类文化的遗址。因为这种发现,他们对于研究中国历史上的兴趣就增加了许多。这个问题性质是极复杂的,也包括着很广的范围。我们若要得到一个关于这文化明瞭的观念,还须多数细密的研究。这文化的来源以及它与历史期间中国文化的关系是我们所需要知道的。安特生在他的各种报告中对于这两点已有相当的讨论。他所设的解释,好多还没有切实的证据。这种证据的需要,他自己也认得很清楚。所以若是要得关于这两点肯定的答案,我们只有把中国境内史前的遗址完全考察一次。不作这种功

---

① 转引自(瑞典)安特生著,乐森珣译:《甘肃考古记》,北京:文物出版社,2011 年,第 39 页。
② 转引自(瑞典)安特生著,乐森珣译:《甘肃考古记》,北京:文物出版社,2011 年,第 39 页。
③ 转引自(瑞典)安特生著,乐森珣译:《甘肃考古记》,北京:文物出版社,2011 年,第 39 页。
④ 转引自(瑞典)安特生著,乐森珣译:《甘肃考古记》,北京:文物出版社,2011 年,第 38—39 页。
⑤ 陈星灿:《中国史前考古学史研究(1895—1949)》,北京:生活·读书·新知三联书店,1997 年,第 125 页。

夫，这问题是解决不了的。①

以上文字如果仅仅说到安特生"所设的解释，好多还没有切实的证据"，仅仅是一种质疑，以下文字则已暗含对安氏假说批判之旨趣：

> 考较现在我们所有的材料，我们还没得着十分可靠的证据，使我们断定在中国所找的带彩陶器确发源于西方。这句话根据在一个极紧要的观察，到现在这个观察还没得着相当的解释。比较各处带彩的陶片的作工及厚薄，中亚及近东的出品很少可以比得上仰韶。比较西阴村与地质调查所陈列的甘肃的仰韶期出品，那西阴村的出品又细致得多。换一句话说，西阴村的陶人等到陶业发达到很高的程度方着手于加彩的实验，甘肃的陶人却在陶业尚粗陋的时候就加彩了。……不过我们还不知道那甘肃的作工是否到过西阴村最高的境界，那甘肃不带彩的陶器的种类是否有西阴村的多。这两点要没研究明白，那带彩的陶器的原始，及移动的方向，我们不能断定。②

1928年11月，李济在广州中山大学所作《中国最近发现之新史料》的演讲中，批评安特生的方法"还不精密，非科学者最成功的方法"③。李济不同意安特生以仰韶陶器"带彩者为自西方，不带彩者为原有的"④观点，认为"它们的土质都相似，带彩与不带彩并没有这样大的区分"⑤。李氏同意英人法兰克复（Frankfort）"带彩陶器并不来自一源"⑥的观点，以及其对安特生研究结

---

① 李济：《西阴村史前的遗存》，《李济文集》卷二《西阴村发掘》，上海：上海人民出版社，2006年，第170页。
② 李济：《西阴村史前的遗存》，《李济文集》卷二《西阴村发掘》，上海：上海人民出版社，2006年，第181页。
③ 李济：《中国最近发现之新史料》，《李济文集》卷一《古史研究一般》，上海：上海人民出版社，2006年，第323页。
④ 李济：《中国最近发现之新史料》，《李济文集》卷一《古史研究一般》，上海：上海人民出版社，2006年，第323页。
⑤ 李济：《中国最近发现之新史料》，《李济文集》卷一《古史研究一般》，上海：上海人民出版社，2006年，第323页。
⑥ 李济：《中国最近发现之新史料》，《李济文集》卷一《古史研究一般》，上海：上海人民出版社，2006年，第323页。

果的批评和所得出的结论:"仰韶期已不可靠,安特生的结论根本动摇。"①西阴村新石器时代遗址的发掘,为仰韶文化研究增添了一些有价值的第一手研究资料,学术界也由此对仰韶文化内涵的认识前进了一步,然而总的来看,20世纪30年代前夕,尽管李济等学者根据自己的判断对仰韶文化西来的假说表示了怀疑,但他们并"没能提出更富于力量的反对意见"②,所以直到20世纪30年代初,学者仍实事求是地指出:"中国新石器时代彩陶的发祥地及其与安诺报告中所载彩陶间明显关系的真实意义迄今仍不易解决。"③

20世纪30年代初,李济仍认为:"仰韶文化的内容我们也只知道很简单的一个大略,尚待将来大规模有计划的挖掘给我们关于它较为彻底的整个的观念。"④正如有的学者指出,即使站在20世纪20年代发掘材料的基础上,也可以发现:"安特生、阿恩及郝伯森等人关于仰韶彩陶与西方彩陶的对比是片面的"⑤;"与仰韶进行对比的安诺、特里波列、苏萨等遗址本身的年代并不确定"⑥;"安特生关于甘肃史前文化(即所谓仰韶文化)的下限也是靠不住的"⑦。凡此表明,20世纪30年代学术界对仰韶文化及仰韶文化西来说的认识,仅仅处于起步阶段。

3. 20世纪三四十年代:仰韶文化西来说从受到普遍质疑到被彻底否定

20世纪30年代以来,殷墟科学发掘工作的全面展开与龙山文化的发现,为中国考古学家积极探寻中华文明的东方起源提供了新的第一手实物资料。在对仰韶文化"源头"的探寻和对安特生仰韶文化六期说的讨论过程中,仰韶文化

---

① 李济:《中国最近发现之新史料》,《李济文集》卷一《古史研究一般》,上海:上海人民出版社,2006年,第323页。
② 陈星灿:《中国史前考古学史研究(1895—1949)》,北京:生活·读书·新知三联书店,1997年,第131页。
③ 梁思永:《山西西阴村史前遗址的新石器时代的陶器》,《梁思永考古学论文集》,北京:科学出版社,1959年,第47页。
④ 李济:《小屯与仰韶》,《李济文集》卷二《安阳殷墟发掘》,上海:上海人民出版社,2006年,第250页。
⑤ 陈星灿:《中国史前考古学史研究(1895—1949)》,北京:生活·读书·新知三联书店,1997年,第131页。
⑥ 陈星灿:《中国史前考古学史研究(1895—1949)》,北京:生活·读书·新知三联书店,1997年,第131—132页。
⑦ 陈星灿:《中国史前考古学史研究(1895—1949)》,北京:生活·读书·新知三联书店,1997年,第132页。

第二章　20世纪上半期中国民族文化外来说的流传与来自学术界的批判

西来说日渐失去考古学方面的证据支持。与此同时，在中外学术界的普遍质疑与批判声中，安特生对彩陶文化来源的认识亦不断发生若干新的变化。20世纪40年代，随着齐家文化得到确认，仰韶文化西来说在学术界的普遍质疑与批判声中不攻自破。

早在1930年，李济就指出，安特生标年的依据，"确有可以商榷的地方"①。"甘肃仰韶以后的四期石铜文化在河南是否有同样的进展，我们完全不知道；我们不能否认带彩的陶器在中原以仰韶期为止的这个可能"②。李济对安特生全靠着阿恩的意见以苏萨及安诺丁仰韶时期年代提出两点疑问："（1）关于苏萨一二期及安诺一二期等遗址的年代是否已如此肯定。（2）仰韶期文化是否无疑的与它们同时。"③李济注意到法兰克复图案与花纹偶尔的相似不一定是因为传播的论点：譬如螺纹在河南所见的与居波里亚（Tripolje）的极相似；但这种花纹是一种很可独演得到的。它在河南带彩的陶器图案中并不居重要的地位④。李氏由此判定："安特生所定那甘肃仰韶年代的基础又根本动摇了"⑤，"仰韶与安诺陶器的类似问题也有好些不可解释的地方"⑥，并由此得出结论："不但我们不能断定仰韶文化是否与安诺、苏萨等处确为同时，就是这两处的本身标年问题也尚有若干疑问。"⑦较之20世纪20年代，李济对仰韶文化和安特生仰韶文化西来说的认识不断深化。尽管李氏对安氏假说的意见仍停留于"可以商榷""不可解释"层面，但相对于此前"还没有切实的证据"等话语表述，其对安氏仰韶文化西来说的怀疑，态度越来越明确。

---

① 李济：《小屯与仰韶》，《李济文集》卷二《安阳殷墟发掘》，上海：上海人民出版社，2006年，第252页。
② 李济：《小屯与仰韶》，《李济文集》卷二《安阳殷墟发掘》，上海：上海人民出版社，2006年，第252页。
③ 李济：《小屯与仰韶》，《李济文集》卷二《安阳殷墟发掘》，上海：上海人民出版社，2006年，第252页。
④ H.Frankfort, *Studies in Early Pottery of the Near East*, London: Royal Anthropological Institute, 1927.
⑤ 李济：《小屯与仰韶》，《李济文集》卷二《安阳殷墟发掘》，上海：上海人民出版社，2006年，第253页。
⑥ 李济：《小屯与仰韶》，《李济文集》卷二《安阳殷墟发掘》，上海：上海人民出版社，2006年，第253页。
⑦ 李济：《小屯与仰韶》，《李济文集》卷二《安阳殷墟发掘》，上海：上海人民出版社，2006年，第253页。

1931年6月,力主"小屯与仰韶两遗址的文化,必各有其源流"①,"仰韶似为虞夏民族遗址"②的徐中舒,极力批评安特生据阿恩意见推算仰韶时代年代"可信的程度也很薄弱"③,并从交通史等视角对于仰韶与苏萨、安诺两地间彩陶的关系提出颇有说服力的疑问:"纵使苏萨、安诺与仰韶有若何显著的关连,我们只看有记载以来的交通,从小亚细亚传播到黄河流域,也须要相当的时日,何况这两方面的关系,我们还无从明瞭呢?"④与此同时,徐氏结合文献资料力证"大月氏、大夏为虞夏民族西徙后的名称"⑤。徐氏强调其所作以上推论,所采用的并"不是健全的方法"⑥,其所作"大月氏、大夏为虞夏民族西徙后的名称"之推论,显然呈现出从文献上否定安特生仰韶文化文化西来说的学术旨趣。在我们今天看来,徐氏的相关论点仍有待商榷甚至明显是错误的,然而有学者仍实事求是地指出:"在关于中西文化的交流与传播的问题上,徐先生的态度是相当的客观和冷静的"⑦,徐氏强调大月氏、大夏为夏民族由东向西迁徙,"实非出于民族感情而故意否认西方文化对中国文化的影响"⑧。

和李济、徐中舒对安特生彩陶文化西来说的质疑不同,早在1930年,傅斯年主要对安特生的发掘方法提出尖锐批评:

> 安特生的考古方法,确实是比中国人有进步,所得的有趣味的材料,

---

① 徐中舒:《再论小屯与仰韶》,《安阳发掘报告》第三期,北平:国立中央研究院历史语言研究所1931年。
② 徐中舒:《再论小屯与仰韶》,《安阳发掘报告》第三期,北平:国立中央研究院历史语言研究所1931年。
③ 徐中舒:《再论小屯与仰韶》,《安阳发掘报告》第三期,北平:国立中央研究院历史语言研究所1931年。
④ 徐中舒:《再论小屯与仰韶》,《安阳发掘报告》第三期,北平:国立中央研究院历史语言研究所1931年。
⑤ 徐中舒:《再论小屯与仰韶》,《安阳发掘报告》第三期,北平:国立中央研究院历史语言研究所1931年。
⑥ 徐中舒:《再论小屯与仰韶》,《安阳发掘报告》第三期,北平:国立中央研究院历史语言研究所1931年。
⑦ 陈力:《徐中舒先生与夏文化研究》,杜正胜、王汎森主编:《新学术之路——"中央研究院"历史语言研究所七十周年纪念文集》上册,台北:"中央研究院"历史语言研究所,1998年,第324页。
⑧ 陈力:《徐中舒先生与夏文化研究》,杜正胜、王汎森主编:《新学术之路——"中央研究院"历史语言研究所七十周年纪念文集》上册,台北:"中央研究院"历史语言研究所,1998年,第324页。

亦为不少；但是他的实际工作甚多可议之点：（一）不能利用中国的材料；（二）走马看花，不能充分的考验；（三）粗心挖掘，随便毁坏；（四）如掘不得，即随便购买。关于购买一层，最不可靠，因为不知道它的来源，不如亲自掘出来的较为确实可信。把掘出来的考订完竣，再把买来器物做个比较，是不能把买来的当作材料的。安特生对于考古的功劳，着实不小，但是他对于甘肃一带的古物，因发掘时的不细心而毁坏去的，却也是不少。①

1934年11月，傅斯年又在《城子崖序》一文中，对包括安特生彩陶文化西来说在内的中国民族文化西来说继续提出质疑与批判：

> 在中国遍求于中央及西方亚细亚采色陶器有亲属关系之中国采色陶器之分布，诚然是一件绝重大的考古工作。然中国史前及史原时代之考古，不只是这么一个重大问题，若以这个问题为第一重心，则仿佛觉得先秦二三千年间中土文化之步步进展，只是西方亚洲文化之波浪所及，此土自身若不成一个分子。我们现在所有的知识，已使我们坚信事实并不是如此的。又如近年时兴讨论的斯基太形象，有的欧洲学人在未断定此物品出现于中国土地之年岁之前，先预断其流传方向是自西向东的。我们不是说这个断定事实上的错误，我只是说这个断定尚无事实为之证明。总而言之，西洋人作中国考古学，犹之乎他们作中国史学之一般，总是多注重在外缘的关系，每忽略于内层的纲领，这也是环境与凭藉使然。②

在我们今天看来，傅氏对包括彩陶文化西来说在内的中国民族文化西来说的质疑与批判，仍仅仅停留于一般性的逻辑推理层面，但其关于中国的考古学"决不能仅凭一个路线的工作，也决不能但以外来物品为建设此土考古年代学之基础"③；"中国的史前史原文化本不是一面的，而是多面互相混合

---

① 傅斯年讲，王培棠记：《考古学的新方法》，《史学杂志》1930年第1期。
② 刘梦溪主编：《中国现代学术经典·傅斯年卷》，石家庄：河北教育出版社，1996年，第352页。
③ 刘梦溪主编：《中国现代学术经典·傅斯年卷》，石家庄：河北教育出版社，1996年，第352页。

反映以成立在这个文化的富土上"①的论述，则为推翻安特生仰韶文化西来的假说，具有重要的启发意义。傅氏的以上论点，在20世纪30年代的中外学术界，具有很大的影响。如1935年1月，梁思永《小屯、龙山与仰韶》一文，虽然保留了安特生仰韶文化文化西来说的现成观点，但仍强调其修改过的安特生甘肃年代表"没有坚固的根基"②。与此同时，梁思永指出："（龙山文化）在河南有了相当的势力之后，渐渐向西发展，沿途与现在的彩陶文化混合，大约在公元前2000年出现于甘肃，与辛店期的彩陶文化混合"③。显然傅氏建设中国史前考古年代学基础的主张及中国史前文化"多面混合"说，大体可以视为20世纪30年代初李济、徐中舒、梁思永等学者学术见解的进一步系统化。

20世纪30年代后半期，越来越多的学者对安特生仰韶文化的分期，尤其是齐家文化分期不断提出新的质疑。早在1935年，西方学者孟欣（O.Menghin）就指出，安特生将齐家文化分期的年代定得偏早④。巴霍芬（L.Bachhofer）于1935—1937年的著作中，均把齐家文化置于仰韶文化之后⑤。此后，在齐家文化得到确认之前，刘燿（尹达）则明确指出："齐家坪遗址是否早于仰韶期，其间问题很多，不得遽为定论。"⑥此后，学术界对齐家坪遗址的文化性质逐渐提出新的认识。如1936年，徐炳昶（徐旭生）亦指出："至于齐家坪的遗址同仰韶期的遗址散见各处，并无地层上下的关系，不过因为陶器的作用间接的推断，至于直接的证据却是没有。"⑦1938年，吴金鼎在其博士论文《中国史前陶器》一文中则突破安特生"齐家期"的局限，从陶器的特征出发，第一次提出齐家文化可能是一支独立的地方文化⑧。1939年，刘燿（尹达）继续指出："齐家期是否与仰韶文化同一系统，正是

---

① 刘梦溪主编：《中国现代学术经典·傅斯年卷》，石家庄：河北教育出版社，1996年，第352页。
② 梁思永：《梁思永考古论文集》，北京：科学出版社，1959年，第97页。
③ 梁思永：《梁思永考古论文集》，北京：科学出版社，1959年，第97页。
④ O.Menghin, *Weltgeschte der Steinzeit*, Wien: Anton Schroll & Company, 1935, p.81.
⑤ 转引自 J.G.Andersson, Researches into the Prehistory of the Chinese, *Bulletin of the Museum of Far Eastern Antiquities*, No.15, 1943, pp.288-297.
⑥ 刘燿：《龙山文化与仰韶文化之分析》，《中国考古学报》第2册，1947年。尹达的该篇论文写作于1937年，发表于1947年3月。在此仍将其视为20世纪30年代的研究成果。
⑦ 徐炳昶：《陕西最近发现之新石器时代遗址》，《北平研究院院务汇报》1936年第6期，第208页。
⑧ Chin-ting Wu, *Prehistoric Pottery in China*, London: Kegan Paul, 1938, p.50.

一尚待详加研究的问题,我们不能将它混入仰韶文化系统之中,更不应于简单且机械的比较之后,即以为它是早于仰韶期的遗存。……因之,我们在论及仰韶文化时应当将齐家坪遗址除去。"①由此可见,20 世纪 30 年代后半期,学术界不仅对齐家文化和仰韶文化的相对年代不断提出质疑,而且逐渐将齐家坪遗址从仰韶文化系统中区分出来,这一区分则"从根本上动摇了安特生仰韶文化分期的架构"②。

20 世纪 40 年代,齐家文化为不同于仰韶文化而独立存在的史前文化,逐渐得到学术界的确认。1945 年,夏鼐在阳洼湾发掘中发现的齐家墓葬对判定齐家期的年代具有决定性的意义。1947 年,裴文中对齐家坪遗址调查发掘后认为:"安特生氏谓齐家坪之产物,代表彩陶文化系统最早之一期,在仰韶时期之前。吾人此次由地层及所采陶器之观察,皆不能证明之。若再参考吾人在他处之观察,则吾人暂时认为,居住和埋藏于齐家坪之人类,除辛店期者外,似为另一民族,有不同之另一种文化,名之为'齐家文化',与彩陶文化为不同之系统。"③至于齐家文化的年代,裴氏认为,可能与辛店、寺洼的年代相当④。夏鼐亦明确指出:"从陶器方面来研究,齐家陶与仰韶陶是属于两个系统,我们不能说齐家陶是由仰韶陶演化而来,也不能说仰韶陶是由齐家陶演化而来。"⑤与此同时,夏鼐指出:"这次我们发掘所得地层上的证据,可以证明甘肃仰韶文化是应该较齐家文化为早。"⑥至此,在学术界的一片质疑与批判声中,仰韶文化西来说的错误理论最终不攻自破。

4. 20 世纪 20 年代以来仰韶文化西来说论争的性质

自 20 世纪 20 年代安特生仰韶文化西来说提出到 20 世纪 30—40 年代,经

---

① 刘燿:《中国新石器时代》,《尹达集》,北京:中国社会科学出版社,2006 年,第 90 页。
② 巩启明:《仰韶文化》,北京:文物出版社,2002 年,第 75 页。
③ 裴文中:《甘肃考古报告》,《裴文中史前考古学论文集》,北京:文物出版社,1987 年,第 234—236 页。
④ 裴文中:《甘肃考古报告》,《裴文中史前考古学论文集》,北京:文物出版社,1987 年,第 246 页。
⑤ 夏鼐:《齐家期墓葬的新发现及其年代的改订》,《中国考古学报》第 3 册,1948 年。
⑥ 夏鼐:《齐家期墓葬的新发现及其年代的改订》,《中国考古学报》第 3 册,1948 年。

历了长达 20 余年的补充完善到最后放弃的过程①。安特生仰韶文化西来说错误的最主要根源，目前，学术界多归结为中国考古发掘的局限性及 19 世纪以来中国民族文化西来说的影响。自 20 世纪 20 年代一直延续到 20 世纪 50 年代初，中外学术界对安特生仰韶文化西来说的批判，从总体上看，"都不出学术范畴，而且往往停留在技术的层面上。"②

20 世纪 50 年代以后，李济始终关注彩陶文化问题。1950 年，李济在《中国古物学的新基础》一文中评论说："他（按：指安特生）的有名甘肃史前六期的推断，照最近在田野的复察，已需要基本的修订；他的更有名的《中国远古之文化》所做的推论，是否完全符合地下的实在情形，已招致了不少的疑问，到现在已成为史前考古在中国的一件亟须解决的公案了。"③1968 年，李济在《华北新石器时代文化的类别、分布与编年》一文中，继续在新的学术背景下对安特生的仰韶文化西来说提出尖锐的批评：

  安特生的《甘肃考古记》，与他的比较通俗的《黄土的儿女》仅把在这一带的工作，做了很有效的宣传，引起了世界考古学家的一般注意。并根据这一资料，安特生认为河南一带的彩陶文化是由西北输入的，间接受了小亚细亚、甚至于东欧的影响。这一假设因为有其他有利的背景，得到不少国际学术界的支持；不过他的根据如何，最近我们中国的考古学家曾做过几件很切实的复勘工作与检讨。安特生在甘肃所采集的资料，并不比他在仰韶所发掘的更为可靠；譬如他在罗汉堂、马家窑及半山等重要区域

---

① 1934 年，安特生《黄土的儿女：中国史前史研究》一书英文版出版。由于早期遗址少有发现，安氏认为，可能早于仰韶村的不召寨和早于甘肃仰韶期的齐家期皆无彩陶出土，所以，他仍然坚持彩陶自西方传播的假说。安特生认为，彩陶技术在传入中国之前已经经历了相当长的发展历程而进入成熟阶段。否则很难想像河南及甘肃彩陶与安诺尤其是特里波列彩陶的相似。但是安氏又注意到仰韶村精美的磨光彩陶和半山华丽的薄胎彩陶很少见于彩陶的其他分布区，使他对通常所谓彩陶由近东经中亚传播到中国的假说产生怀疑，因而提出中亚可能是个特别值得注意的地区。陈星灿指出："安特生一方面把彩陶技术仍然看成是自西向东传播的，另一方面却对彩陶的发源地具体何处有了疑问，应该说安特生在深入研究的基础上，对于彩陶文化来源开始有了新的认识。"参见陈星灿：《安特生与中国史前考古学的早期研究——为纪念仰韶文化发现七十周年而作》，《华夏考古》1991 年第 4 期。1943 年，安特生《中国史前文化研究》一书出版，在该书中，安特生对中国史前的绝对年代进行了修订。巩启明指出："安特生在这个年表中已经承认了他早年提出的彩陶文化西来说是错误的，等于放弃了他原来的假说，起码他对这个问题开始怀疑或动摇了。"参见巩启明：《仰韶文化》，北京：文物出版社，2002 年，第 81 页。

② 陈星灿：《20 世纪中国考古学史研究论丛》，北京：文物出版社，2009 年，第 179 页。

③ 李济：《李济文集》卷一《古史研究一般》，上海：上海人民出版社，2006 年，第 336 页。

的采集，大半都没有田野的详细记录，虽然他本人也都到过这些地方，做过若干很有用的地形观察，并记录了比较有用的有关发掘的知识。实际上这些地方都没有经过正式的考古发掘，所以他前后报告中的一切推断，仅能专凭实物的形制与文饰而作判断。至于实物本身在地下情形的记录都是模糊不清的。这里自然也有若干例外，但是为讨论全盘性的问题，这些价值不等的材料往往可以导致很大的偏差。①

综上可见，20世纪50年代以后，李济对安特生仰韶文化西来说的批判，和20世纪20年代至20世纪50年代初国际学术界对仰韶文化西来说的质疑与批判的性质类似，仍属于"学术范畴"。然而自20世纪50年代后相当长时期，由于受政治因素影响，大陆学者对仰韶文化西来说的批判，融入了不少非学术因素，从而影响到仰韶文化西来说及其论争的学术价值。

1955年9月，尹达发表《论中国新石器时代的分期问题——关于安特生中国新石器时代分期理论的分析》一文。从总体看，尹文结合考古资料对安特生分期理论的批判及"应当用科学的方法，综合大量的关于我国新石器时代的新资料，早日建立起新石器时代分期的标准"②的主张，大体上属于20世纪20年代以来"学术范畴"的仰韶文化西来说学术论争的延续。然而尹文中屡屡指斥安特生"形而上学"的方法和"民族偏见"③，则明显带有特殊年代上纲上线的政治烙印。同一年，夏鼐《批判考古学中的胡适派资产阶级思想》一文，在批判胡适实验主义方法的同时，顺带批判安特生"将甘肃所发现的他认为六种不同的文化，唯心地排成前后的六期，每期又武断地假定为三百年……这完全是唯心主义的看法"④，他批判安特生的发掘是"'老爷式'的考古"⑤，将包

---

① 李济：《李济文集》卷二《石器时代史》，上海：上海人民出版社，2006年，第150页。
② 尹达：《论中国新石器时代的分期问题——关于安特生中国新石器时代分期理论的分析》，《考古学报》第9册，1955年。
③ 尹达在《论中国新石器时代的分期问题——关于安特生中国新石器时代分期理论的分析》一文中指出："他在甘肃作一年考古调查，即用形而上学的方法，把甘肃新石器时代的陶器和近东新石器时代的陶器作片面比较，企图复活已久的李希霍芬的'中国文化西来说'……他在错误的立论基础上，费了不少篇幅为这种陈腐的'西来说'寻找根据；这种民族偏见，是应当引起我们注意的。因此，我们继续揭发他在中国新石器时代分析问题上的错误，打破他这一分期的体系，清除他在我国新石器时代分期问题上的所造成的混乱，从而清除他在我国文化起源问题上所企图复活的陈腐理论的偏见，就是十分必要的事了。"
④ 夏鼐：《批判考古学中的胡适派资产阶级思想》，《考古通讯》1955年第3期。
⑤ 夏鼐：《批判考古学中的胡适派资产阶级思想》，《考古通讯》1955年第3期。

括安特生仰韶文化西来说在内的中国文化西来说一概斥之为帝国主义"为'种族优劣说'找根据"①。一直到20世纪70年代末,仍有不少学者继续将安特生视为"帝国主义分子",批判安特生鼓吹"仰韶文化西来说""使久已湮没无闻的'中国文化西来说'死灰复燃……打着'考古研究'的招牌,给'西来说'披上了科学的外衣"②。在我们今天看来,以上尹达、夏鼐、杨建芳等学者对安特生仰韶文化西来说上升到"理论高度"的批判,则明显已远远超出学术论争的范畴,毫无学术价值可言。直到1986年,安特生才开始重新回归到学者身份,仰韶文化西来说方重新作为一个学术问题再次被提出。严文明充分肯定安特生对于中国考古事业的巨大贡献,他指出:"安特生的仰韶文化西来说肯定是错了,但毕竟是个学术问题,与政治问题没有任何关系。"③20世纪90年代以后,陈星灿④等学者继续在新的学术背景下对安特生仰韶文化西来说予以新的审视,并不断推进这一考古学史上重大问题的研究持续走向深入。然而值得注意的是,在21世纪之初,仍有学者指斥安特生20世纪30年代以后仍固执己见并继续重弹"中国文化西来说"老调,"则完全是出于民族的偏见"⑤,这不能不令人感到遗憾。

---

① 夏鼐:《批判考古学中的胡适派资产阶级思想》,《考古通讯》1955年第3期。
② 杨建芳:《"仰韶文化西来说"旧调的重弹——评瓦西里耶夫的两篇反华文章》,《四川大学学报》(哲学社会科学版)1977年第1期。
③ 严文明:《仰韶文化研究中几个值得重视的问题》,河南省考古学会、渑池县文物保护管理委员会编:《论仰韶文化》,《中原文物》1986年特刊。
④ 陈星灿的系列论文收录于文物出版社2009年出版的《20世纪中国考古学史研究论丛》一书。其重要观点较早见于《华夏考古》1991年第4期,1992年第1期连载的《安特生与中国史前考古学的早期之作——为纪念仰韶文化发现七十周年而作》的一篇长文及生活·读书·新知三联书店1997年出版的《中国史前考古学史研究(1895—1949)》一书,兹不一一备举。
⑤ 郭胜强:《河南大学与甲骨学》,开封:河南大学出版社,2003年,第145页。

第三章　20世纪上半期中国民族文化本土起源说的理论重构

20世纪20—40年代，随着古史辨运动的蓬勃兴起与中国田野考古工作的全面展开，学术界在对中国民族文化外来说进行全面质疑与激烈批判的同时，也对中国民族文化本土起源说予以系统阐发和进行新的理论建构，从而将20世纪以来的中国上古民族文化形成发展的研究推进至一个新的高度，并直接影响到20世纪后半期中国上古民族文化形成发展的理论走向。在新的学术背景下，我们从中国现代学术史角度入手，对这一阶段中国民族文化本土起源说的理论价值与学理局限予以重新审视，对于新时期中国上古史理论体系的不断完善与中国现代学术史研究的拓展与深入，有着十分重要的意义。

一、顾颉刚对中国上古民族一系说之打破及对戎夏一源说的阐发

20世纪20年代初，胡适所作夏、商、周、秦族各有各的活动中心，各有各的历史、传说和文化之推断，对顾颉刚推翻非信史方面的四项标准新观念的建立，产生了直接和深刻的影响。顾颉刚"打破民族出于一元的观念"和"打破地域向来一统的观念"新观念的建立，彻底颠覆了流传数千年的中国上古民族文化本土起源一系说。20世纪30年代，顾氏继续沿着两个"打破"向前发展，积极阐发"戎夏一源说"，较为科学地揭示出华夏族形成之前先秦民族史的部分历史实际。"戎夏一源说"并非是一个合格的民族学命题，随着人类学、民

族学的兴起与发展，"戎夏一源说"鲜有学者继续提及。

20世纪20年代以后，随着轰轰烈烈的古史辨运动的全面展开，在近代疑古辨伪思潮的推动下，新的史学观念的建立和科学的研究方法的运用，为中国古史研究带来了翻天覆地的新气象。在新的学术背景下，中国古代学者编排的从盘古到三皇五帝的古史体系建立的中国民族文化起源本土一系说，开始受到空前的怀疑。

1923年5月[①]，力主"宁疑古而失之，不可信古而失之"[②]的胡适在致顾颉刚的信中，谈到自己对于古史观的大旨：

（1）商民族的时期，以河南为中心。此民族的来源不可考。但《商颂》所记玄鸟的神话当是商民族的传说。关于此一期，我们应该向"甲骨文字的系统研究"里去寻史料。

（2）周民族的时期，约分三时期：

①始兴期，以甘肃及陕西西境为中心。

②东侵期，以陕西为中心，灭了河南的商民族的文化而代之。周公之东征，召公之南下，当在稍后。

③衰落期，以东都为中心，仅存了虚名的共主而已，略如中古时代之"神圣罗马帝国"。

（3）秦民族的时期，也起于西方，循周民族的故迹而渐渐东迁，至逐去犬戎而占有陕西时始成大国。

至于以山西为中心之夏民族，我们此时所有的史料实在不够用，只好置之于"神话"与"传说"之间，以俟将来史料的发现。[③]

由于时代的局限，胡氏以上所作推测，有些显然已不可靠，如随着夏代田野考古工作的全面展开与夏史研究的深入，今天夏代的存在已经得到考古学的印证，而不再仅仅是"神话"和"传说"，夏代的政治中心也并非局限于今山

[①] 顾潮编著：《顾颉刚年谱》增订本，北京：中华书局，2011年，第88页记载，1923年"五月三十一，胡适来信《论帝天及九鼎书》"。顾潮编著：《顾颉刚年谱》增订本，北京：中华书局，2011年，第99页说："胡适来信另一部分收入《答刘胡两先生书》文中"。由此可知，胡适致顾颉刚谈古史大旨的信，应写于1923年5月。

[②] 顾颉刚编著：《古史辨》第一册上编，上海：上海古籍出版社，1982年，第22页。

[③] 转引自顾颉刚编著：《古史辨》第一册中编，上海：上海古籍出版社，1982年，第97—99页。

西之境，豫西和晋南两个地区作为夏朝的政治和文化中心也得到田野考古资料和文献记载的二重证明。然而胡氏所作夏、商、周、秦族各有各的活动中心，各有各的历史、传说和文化之推断，则已揭示出先秦时期的部分历史真相。正因为此，顾氏指出："适之先生这段话，可以做我们建设信史的骨干。"[①]胡适的古史大旨对顾颉刚推翻非信史方面的四项标准新观念的建立，产生了直接和深刻的影响。

1923年6月，顾颉刚在《答刘胡两先生书》一文较早发布了推翻非信史方面的四项标准，其中前两项分别为"打破民族出于一元的观念"和"打破地域向来一统的观念"。为了便于进一步讨论，兹将有关前两项标准的论述录之如下：

（1）打破民族出于一元的观念。在现在公认的古史上，一统的世系已经笼罩了百代帝王，四方种族，民族一元论可谓建设得十分巩固了。我们一读古书，商出于玄鸟，周出于姜嫄，任、宿、须句出于太皞，郯出于少皞，陈出于颛顼，六、廖出于皋陶、庭坚，楚、夔出于祝融、鬻熊（恐是一人），他们原是各有各的始祖，何尝要求统一！自从春秋以来，大国攻灭小国多了，疆界日益大，民族日益并合，种族观念渐淡而一统观念渐强，于是许多民族的始祖的传说亦渐渐归到了一条线上，有了先后君臣的关系，《尧典》、《五帝德》、《世本》诸书就因此出来。中国民族的出于一元，俟将来的地质学及人类学上有确实的发见后，我们自可承认她；但现在所有的牵合混缠的传说我们坚决不能胡乱承认。我们对于古史，应当依了民族的分合为分合，寻出他们的系统的异同状况。[②]

（2）打破地域向来一统的观念。我们读了《史记》上黄帝的"东至于海，西至于空桐，南至于江，北逐荤粥"，以为中国的疆域的四至已在此时规定了，又读了《禹贡》、《尧典》等篇，地域一统的观念更确定了。不知道《禹贡》的九州，《尧典》的四罪，《史记》的黄帝四至乃是战国七国的疆域，而《尧典》的羲和四宅以交阯入版图更是秦汉的疆域。中国的统一始于秦，中国人民的希望统一始于战国；若战国以前则只有种族观

[①] 顾颉刚编著：《古史辨》第一册中编，上海：上海古籍出版社，1982年，第99页。
[②] 顾颉刚编著：《古史辨》第一册中编，上海：上海古籍出版社，1982年，第99页。

念，并无地域一统观念。看龟甲文中的地名，都是小地名而无邦国种族的名目，可见商朝天下自限于"邦畿千里"之内。周有天下，用了封建制镇压四国——四方之国——已比商朝进了一步，然而始终未曾没收了蛮貊的土地人民以为统一寰宇之计。我们看楚国的若敖、蚡冒还是西周末东迁初的人，楚国地方还在今河南、湖北，但他们竟是"筚路蓝缕以启山林"。郑国是西周末年封的，地在今河南新郑，但竟是"艾杀此地，斩之蓬蒿藜藿而共处之。"那时的土地荒芜如此，哪里是一统时的样子！自从楚国疆域日大，始立县制；晋国继起立县，又有郡；到战国时郡县制度普及，到秦并六国而始一统。若说黄帝以来就是如此，这步骤就乱了。所以，我们对于古史，应当以各时代的地域为地域，不能以战国的七国和秦的四十郡算做古代早就定局的地域。①

顾颉刚的以上两个"打破"，直接继承胡适古史的大旨重要论述，而且进一步系统化、理论化，成为继层累说之后又一个重要的新发现，并对20世纪20—40年代中国上古民族文化本土起源说的理论建构产生了广泛的影响。

在顾氏四个"打破"提出之后，曾极力批判"信古之过"和"疑古之过"②的王国维，早在1917年就出版了论述殷周制度变革的著名的学术经典《殷周制度论》。王氏文中开篇即从民族与地理角度论及：

都邑者，政治与文化之标征也。自上古以来，帝王之都皆在东方。太皞之虚在陈，大庭氏之库在鲁，黄帝邑于涿鹿之阿，少皞与颛顼之虚皆在鲁、卫，帝喾居亳，惟史言尧都平阳，舜都蒲坂，禹都安邑，俱僻在西北，与古帝宅京之处不同。然尧号陶唐氏，而冢在定陶之成阳，舜号有虞氏，而子孙封于梁国之虞县，孟子称舜生卒之地皆在东夷，盖洪水之灾，兖州当其下游，一时或由迁都之事，非定居西土也。禹时都邑虽无可考，然夏自太康以后以迄后桀，其都邑及他地名之见于经典者，率在东土，与商人错处河济间盖数百岁。商有天下，不常厥邑，而前后五迁，不出邦畿千里之内。故自五帝以来，政治与文物所自出之都邑，皆在东方，惟周独崛起

---

① 顾颉刚编著：《古史辨》第一册中编，上海：上海古籍出版社，1982年，第99—100页。
② 王国维：《古史新证——王国维最后的讲义》，北京：清华大学出版社，1994年，第1—2页。

第三章　20世纪上半期中国民族文化本土起源说的理论重构

西土。武王克纣之后，立武庚，置三监而去，未能抚有东土也。逮武庚之乱，始以兵力平定东方，克商践奄，灭国五十，乃建康叔于卫，伯禽于鲁，太公望于齐，召公之子于燕。其余蔡、郕、郜、雍、曹、滕、凡、蒋、邢、茅诸国，棊置于殷之畿内及其侯甸，而齐、鲁、卫三国以王室懿亲，并有勋伐，居蒲姑、商奄故地，为诸侯长。又作雒邑为东都，以临东诸侯，而天子仍居丰镐者，凡十一世。自五帝以来，都邑之自东方而移于西方者，盖自周始。故以族类言之，则虞、夏皆颛顼后，殷、周皆帝喾后，宜殷、周为亲。以地理言之，则虞、夏、商皆居东土，周独崛起西方，故夏、商二代文化略同。①

就文字而论，顾氏"打破民族出于一元的观念"和"打破地域向来一统的观念"的若干重要论述，与王氏所论，实有不少学理上相通的地方，唯二氏立论的重点不同，学术思想也呈现出较大的差异。诸如顾氏批判王氏的论著中"受了传统学说的包围"②，"真史中杂有伪史"③：

> 例如静安先生《殷周制度论》据了《帝系姓》的话而说"尧舜之禅天下以舜禹之功，然舜禹皆颛顼后，本可以有天下；汤、武之代夏商固以其功与德，然汤、武皆帝喾后，亦本可以有天下"，全本之于秦汉间的伪史。④

在我们今天看来，顾氏对王氏的指责，显然是客观公允的。早在20世纪20年代，王氏弟子徐中舒亦针对王氏依据传统文献言及"虞、夏皆颛顼后，殷、周皆帝喾后"的论断提出不同意见："汉人所传之《世本》、《帝系姓》，谓殷、周同出帝喾之后。世远代湮，其说难征。"⑤"王静安先生谓殷以前帝王宅京，皆在东方，惟周独崛起西土，其界划至为明白。此东西两土之民族，是否为同一民族？此问题在人类学地质学未有新发见以前，吾人实不能加以证

---

① 王国维：《观堂集林》卷十《史林》，北京：中华书局，1959年，第451—452页。
② 顾颉刚编著：《古史辨》第一册《自序》，上海：上海古籍出版社，1982年，第51页。
③ 顾颉刚编著：《古史辨》第一册《自序》，上海：上海古籍出版社，1982年，第51页。
④ 顾颉刚编著：《古史辨》第一册《自序》，上海：上海古籍出版社，1982年，第51页。
⑤ 徐中舒：《从古书中推测之殷周民族》，《国学论丛》1927年第1号。

明。惟就其分布之迹论之，则似宜分为两种民族"①。徐氏并不赞同王氏据"虞、夏皆颛顼后，殷、周皆帝喾后"进行族类划分，相反，徐氏却据"周人称殷为夷"②、"周人称殷为戎"③、"殷、周畿内之地称夷"④、"箕子逊于朝鲜"⑤以证"殷、周非同种民族"⑥。这一被学术界称为"对于古代民族史研究确是个重大的启发"⑦的"确切不移之论"⑧，直接对傅斯年以《夷夏东西说》为中心的上古民族文化东西二系说产生了重要的影响。

综上可知，"受传统学说包围"下的王国维，虽然能够从地理角度区分出"虞、夏、商皆居东土，周独崛起西方"，但其始终未能跳出三皇五帝同出一源的古史体系及中国上古民族文化起源一系说的传统民族文化形成发展理论的圈圈。仅此而论，顾颉刚对传统的三皇五帝同出一源的古史体系及中国上古民族文化起源一系说的打破，较之王氏，的确向前迈进了一大步。然而值得注意的是，尽管胡适寄希望商代历史的研究应该向"甲骨文字的系统研究"里去寻史料，顾颉刚也积极主张"要建设真实的古史，只有从实物上着手的一条路是大路"⑨，但由于中国考古学刚刚起步，所能给古史研究提供的实物资料非常有限，顾氏的以上研究长期停留于"破坏伪古史系统方面"⑩。尽管顾氏也希望"破坏之后得有新建设，同时也可以用了建设的材料做破坏的工具"⑪，但是到20世纪30年代末，其对中国上古民族文化形成发展的理论建设，则似乎仍然沿着以上两个"打破"继续向前发展。

1937年6月，《禹贡》半月刊第七卷第六七期合刊发表了顾颉刚先生《九州之戎与戎禹》一文。顾氏注意到：

> 由戎居之九州，演化而为天下之代称之九州，更演化而为尧之十二

---

① 徐中舒：《从古书中推测之殷周民族》，《国学论丛》1927年第1号。
② 徐中舒：《从古书中推测之殷周民族》，《国学论丛》1927年第1号。
③ 徐中舒：《从古书中推测之殷周民族》，《国学论丛》1927年第1号。
④ 徐中舒：《从古书中推测之殷周民族》，《国学论丛》1927年第1号。
⑤ 徐中舒：《从古书中推测之殷周民族》，《国学论丛》1927年第1号。
⑥ 徐中舒：《从古书中推测之殷周民族》，《国学论丛》1927年第1号。
⑦ 顾颉刚：《当代中国史学》，上海：上海古籍出版社，2002年，第128页。
⑧ 丁山：《由三代都邑论其民族文化》，《国立中央研究院历史语言研究所集刊》1935年第五本第一分。
⑨ 顾颉刚编著：《古史辨》第一册《自序》，上海：上海古籍出版社，1982年，第50页。
⑩ 顾颉刚编著：《古史辨》第一册《自序》，上海：上海古籍出版社，1982年，第50页。
⑪ 顾颉刚编著：《古史辨》第一册《自序》，上海：上海古籍出版社，1982年，第50—51页。

州。由戎之先人所居之四岳，演化而为平分四方之四岳，更演化而为汉武帝之五岳。由戎之宗神禹，演化而为全土共戴之神禹，更演化而为三代之首君。①

根据以上观察，顾氏得出以下结论：

> 此皆向所视为纯粹之华文化者，而一经探讨，乃胥出于戎文化。且姬姜者向所视为华族中心者，禹、稷、伯夷者向所视为创造华族文化者也，今日讨探之结果乃无一不出于戎，是则古代戎族文化固自有其粲然可观者在，岂得牢守春秋时人之成见，蔑视其人为颛蒙梼昧之流乎？夫戎与华本出一家，以其握有中原之政权与否乃析分为二；秦汉以来，此界限早泯矣，凡前此所谓戎族俱混合于华族中矣。②

童书业先生在为该期《古代地理专号》撰写的序言对顾先生的"这……篇极重要的论文"的主要论点作了如是评介：

> 顾先生是以研究禹的传说著名的，他从前主张禹的传说起于南方民族，最近又提出一个禹的传说与戎族有关的新假定，虽然禹的来源到现在还不可确知，然而禹与戎族有关这个结论却是无疑问的事实。顾先生从古九州四岳的疆域推测禹传说的发展，联带把九州四岳起源的起源问题也相当解决了。这是一篇极重要的论文：据他的研究，九州是戎族的居住地，四岳是戎族的发源地，而禹的传说也就盛行于这个区域；九州四岳与禹本是夏族的传说，但同时也是戎族的传说，所以戎夏本出一源，禹迹的广被乃是戎夏民族合作的结果。这根本摧毁了旧日狭隘的夷夏观念而给予人们一个新印象！

顾氏从"戎族之迁徙"③角度对先秦时期民族构成进行新的解释，较为科学地揭示出华夏族形成之前先秦民族史的部分历史实际。然而在我们今天看来，戎夏一源说并非是一个合格的民族学命题。顾栋高《春秋大事表》卷三十九《春秋四裔表》说："四裔之中，戎种最杂乱难稽，或三名而为一族，或一

---

① 顾颉刚：《九州之戎与戎禹》，《禹贡》1937年第6—7期合刊。
② 顾颉刚：《九州之戎与戎禹》，《禹贡》1937年第6—7期合刊。
③ 顾颉刚：《九州之戎与戎禹》，《禹贡》1937年第6—7期合刊。

种而随地立名，随时易号至五六而未已。"① 和夷、蛮、狄、貊、闽等族称类似，先秦文献中的"戎"更多仍用作泛称、他称，显然其并不是一个稳定的人类共同体的称谓。因此，随着人类学、民族学的兴起与发展，顾氏"戎夏一源说"很少有学者再提及。

二、东西二分："夷夏东西说"与龙山、仰韶东西二元对立学说

20世纪30—40年代，以"夷夏东西说"和龙山、仰韶东西二元对立说为代表的中国民族文化东西二分论一度被视为不移之论，长期主导着中国学术界。此后，随着新石器时代考古工作的进一步展开与先秦史研究的逐步深入，中国上古民族文化东西二分论显然已不再具有合理性而日渐为学术界摒弃，但其学术史价值仍不容忽视。迄今为止，对中国上古民族文化东西二分论的学理探究与旨趣评析，仍是一个并不过时的学术史论题。

1. "夷夏东西说"的提出及旨趣

1930年，在徐中舒《从古书中推测之殷周民族》"殷周非同种民族"基础上，傅斯年根据《左传》、《国语》区分出西土、东土不同的两个古史系统②，详见图3-1。

```
西土的系统      虞 —— 夏                   周

东土的系统      太皞 —— 少皞 —— 商
               有济
```

图3-1 东西民族文化古史系统

徐亮工认为，傅氏以上东、西两个系统的区分，"或亦可看作是受此文（按：指《从古书中推测之殷周民族》）的影响"③。在我们今天看来，傅氏东、西两个民族文化系统的区分及以后夷夏东西说民族文化理论的建立，基本上可以看作是徐氏民族文化理论的进一步展开与深化。

---

① （清）顾栋高辑，关树平、李解民点校：《春秋大事表》，北京：中华书局，1993年，第2162页。
② 傅斯年：《新获卜辞写本后记跋》，《安阳发掘报告》第二期，北平：国立中央研究院历史语言研究所，1930年，第365页。
③ 徐亮工：《从书"里"到书"外"：徐中舒先生的学术与生平》，《古今论衡》2004年第11期。

随着殷墟科学发掘工作的逐步展开，徐中舒更加关注田野考古资料所揭示的上古民族文化信息，不久，他发表《再论小屯与仰韶》①一文，试图依据田野考古资料，阐述小屯文化与仰韶文化之间的关系。在徐氏之前，安特生曾连续发表《中华远古之文化》②和《甘肃考古记》③等文，从多个方面推断仰韶文化遗址的年代远在安阳（小屯）之前，并认为小屯文化与仰韶文化为一脉相承的文化。徐氏一方面表示，安氏所论实在是一个很值得研究的问题，同时又指出"对于安氏的原文也有重新估价的需要"④。从《再论小屯与仰韶》一文则可明显发现，徐氏并不赞同安氏依据陶器、粟鉴、豕骨等所作"仰韶人完全是过着东方式的生活"的推论："这诚然是带有丰厚的东方文化的色彩……这样的文化遗迹，关于中国文化的特殊点，如束发的笄，跪起的习惯，以及商周以来沿用的器物花纹，一点也寻不出。"⑤在高度关注田野考古资料所揭示的民族文化信息的同时，徐氏亦逐步自觉借鉴现代民族学理论，他指出："汉胡文化的区分，在中国史上不必系于种族的差异。其差异的所在只系于风俗、习惯、语言、文字的不同。匈奴、鲜卑、氐、羌的体质，其自相差异及与汉族的分别，现在仍是不曾解决的问题。"⑥徐氏强调"不用华夷而用汉胡二字"区分古代民族文化的原因："因为汉胡两个名词，形成于汉以后，有较明晰的概念。"⑦文中，徐氏对春秋以前的中国文化作了大致的区分：

> 春秋以前中国文化分布的区域只不过以齐鲁为中心，而延及宋、卫、晋、郑、二周而已。那时还有许多异文化的民族，杂居中国境内，这些民族在南方的，他们的文化无可称述，而东西北三垂，大致都支配在一种大

---

① 徐中舒：《再论小屯与仰韶》，《安阳发掘报告》第三期，北平：国立中央研究院历史语言研究所，1931年。

② （瑞典）安特生著、袁复礼译：《中华远古之文化》附图，北京：文物出版社，2011年。

③ （瑞典）安特生著、乐森璕译：《甘肃考古记》，北京：文物出版社，2011年。

④ 徐中舒：《再论小屯与仰韶》，《安阳发掘报告》第三期，北平：国立中央研究院历史语言研究所，1931年。

⑤ 徐中舒：《再论小屯与仰韶》，《安阳发掘报告》第三期，北平：国立中央研究院历史语言研究所，1931年。

⑥ 徐中舒：《再论小屯与仰韶》，《安阳发掘报告》第三期，北平：国立中央研究院历史语言研究所，1931年。

⑦ 徐中舒：《再论小屯与仰韶》，《安阳发掘报告》第三期，北平：国立中央研究院历史语言研究所，1931年。

相仿佛的异文化之下，这就是中国史上汉、胡文化的分限①。

在以上理论主导下，徐氏尝试性地提出，"仰韶文化是这种胡文化的前驱，其分布区域满洲貔子窝、沙锅屯、山西全境、河南西部迄甘新一带。这也是中国史上春秋前胡人分布之地"，并由此推断："小屯与仰韶两遗址的文化，必各有其源流。"②综合田野考古资料和文献记载，徐氏推断："仰韶似为虞夏民族遗址"③，该推测再次对"中国旧籍中向来就认虞、夏、商、周为一脉相承的文化"论断提出了强有力的挑战。徐氏以仰韶文化与小屯文化两地遗物上的纹饰和文字为证，以证"仰韶与小屯为两种不同的各自发展的文化"④。至于仰韶文化遗物具有东方式的三足的鬲与鼎，徐氏认为："则有由东向西传播的趋势，这不过在其固有文化中，输入一点东方的事物而已。"⑤在以上论述的基础上，徐氏结合文献记载和考古资料推论"仰韶为夏民族曾经居住之地""夏为胡化的民族""大月氏大夏为虞夏民族西徙后的名称"⑥。由于徐氏撰著《再论小屯与仰韶》之时，殷墟科学的发掘工作刚刚开始，由于资料的极端匮乏，关于小屯文化的来源，徐氏也只能仅仅从小屯文化遗物及传说方面加以推测："殷民族颇有由今山东向河南发展的趋势"，"秦、汉以前齐、鲁为中国文化最高区域，……小屯文化的来源，当从这方面去探求，环渤海一带，或者就是中国文化的摇床"⑦，和仰韶文化不同，"小屯文化无疑的是由别处移植来的"⑧。

---

① 徐中舒：《再论小屯与仰韶》，《安阳发掘报告》第三期，北平：国立中央研究院历史语言研究所，1931年。
② 徐中舒：《再论小屯与仰韶》，《安阳发掘报告》第三期，北平：国立中央研究院历史语言研究所，1931年。
③ 徐中舒：《再论小屯与仰韶》，《安阳发掘报告》第三期，北平：国立中央研究院历史语言研究所，1931年。
④ 徐中舒：《再论小屯与仰韶》，《安阳发掘报告》第三期，北平：国立中央研究院历史语言研究所，1931年。
⑤ 徐中舒：《再论小屯与仰韶》，《安阳发掘报告》第三期，北平：国立中央研究院历史语言研究所，1931年。
⑥ 徐中舒：《再论小屯与仰韶》，《安阳发掘报告》第三期，北平：国立中央研究院历史语言研究所，1931年。
⑦ 徐中舒：《再论小屯与仰韶》，《安阳发掘报告》第三期，北平：国立中央研究院历史语言研究所，1931年。
⑧ 徐中舒：《再论小屯与仰韶》，《安阳发掘报告》第三期，北平：国立中央研究院历史语言研究所，1931年。

第三章 20世纪上半期中国民族文化本土起源说的理论重构

当时中国田野考古工作刚刚起步，田野考古资料极其缺乏，在新石器时代及夏、商、周三代考古文化序列尚未建立的背景下，徐氏通过对仰韶文化与夏民族的关系及小屯文化来源的分析，"断定小屯文化与仰韶文化分属两个系统。这是第一次从考古学的角度证明东西二分的一个提议、一个推测。从殷、周东西二说到虞夏、殷商西东说，则新石器时代晚期东西二分即已出现"①。徐氏的以上论述，受到学术界的普遍重视。李济曾有类似的实事求是地评说："徐中舒教授和其他人在近来的研究中提出来比传统记载更多的确凿证据，他们考证仰韶文化即为夏朝。证据仍然不足，但他们的推测可能有助于解决中国古代史的一些其他问题。"②此后，亦有学者对徐氏的论述评论说："徐氏的看法有很多附会的地方，但他明确地提出的中国文化的摇床在东方的意见很可以代表古史界的认识。"③从中国现代学术史的发展脉络看，徐氏虞夏、殷商西东二分说的论证，对日后学术界普遍主张的我国上古民族文化多元论产生了深刻的影响，更直接为傅氏《夷夏东西说》奠定了较为坚实的理论基础。

1933年，傅斯年先生发表了著名的《夷夏东西说》④一文，"以东西地理角度来讨论三代时期的民族构成关系，揭示了夏商周三族的冲突与交替"⑤。文中傅氏阐发了自己独到的观点：

> 在三代时及三代以前，政治的演进，由部落到帝国，是以河、济、淮流域为地盘的。在这一片大地中，地理的形势只有东西之分，并无南北之限。历史凭借地理而生，这两千年的对峙是东西而不是南北。现在以考察古地理为研究古史的一个道路，似足以证明，三代及近于三代之前期，大体上有东西不同的两个系统。这两个系统，因对峙而生争斗，因争斗而起混合，因混合而文化进展。夷与商属于东系，夏与周属于西系。⑥

傅氏进一步铺张古代民族东西二系之说，他不仅认为周兴起于西土，夏也

---

① 徐亮工：《从书"里"到书"外"：徐中舒先生的学术与生平》，《古今论衡》2004年第11期。
② 李济：《李济文集》卷二《安阳殷墟发掘》，上海：上海人民出版社，2006年，第414页。
③ 陈星灿：《二元对立：30年代中国史前文化研究的新阶段》，《近代史研究》1993年第4期。
④ 李学勤：《夏商周与山东》，《烟台大学学报》（哲学社会科学版）2002年第3期。
⑤ 傅斯年：《夷夏东西说》，《傅斯年全集》第三卷，长沙：湖南教育出版社，2003年。
⑥ 傅斯年：《夷夏东西说》，《傅斯年全集》第三卷，长沙：湖南教育出版社，2003年。

兴起于西方；只有殷兴起于东方，傅氏据祖先神话传说证明殷与东北民族同出一源。至于虞夏商周的朝代系统只是周人的观念，东方人却另有其朝代观念，并由此断定："古代中国之有东西二元，是很自然的现象。"①"傅文一出，给予古史学界的影响更大，从此古代民族有东西二系的说法几乎成为定论"②。诸如，傅氏之后，姜亮夫《夏殷民族考》③、胡厚宣《楚民族起于东方考》④等文均从不同角度为古代民族东西二系说增加了不少证据。以后，杨宽在刘师培的基础上，进一步指出，殷即是盈，也即是依，更认为姬姓和姒姓也是一姓的分化，戎和蜀又是一声之转。殷、淮夷、徐戎、楚、郯、秦、赵为东系民族，周、羌、戎、蜀为西系民族；所谓华夏民族即此二系民族的混合体，一切古史传说亦皆由此二系民族之祖先传说交混错综而成⑤。再往后，童书业著《鸟夷》⑥、《姬姜与氐羌》⑦二文，补证傅、杨二氏殷为东夷之论，主张姬、姜二姓由氐羌而来。此后，东西二系民族之论，至20世纪40年代末，"差不多已渐臻家喻户晓的地步"⑧。

以傅氏《夷夏东西说》为中心建构起的古代民族东西二系说，在中国现代学术史上的价值已经得到学术界的充分肯定。如劳干评说："根据这个理论为推断殷、周两部族的来龙去脉，以及中国文化史的渊源与其分合，那就更显然如在指掌。"⑨张光直评说："《夷夏东西说》不是很长的一篇文章，但是有了这篇文章以后，历史学家看中国历史便有了一个与前不同的角度……他的东西系统成为一个解释整个中国大陆古史的一把总钥匙。"⑩王汎森更是从中国学术史角度言及："傅斯年的《夷夏东西说》，不只批判性地运用文献，而且

---

① 傅斯年：《夷夏东西说》，《傅斯年全集》第三卷，长沙：湖南教育出版社，2003年。
② 顾颉刚：《当代中国史学》，上海：上海古籍出版社，2002年，第128页。
③ 姜亮夫：《夏殷民族考》，《民族》1933年第11期。
④ 胡厚宣：《楚民族起于东方考》，《史学论丛》第一期，北京：北京大学出版社，1934年。
⑤ 杨宽：《中国上古史导论》，童书业、吕思勉编著：《古史辨》第七册上编，上海：上海古籍出版社，1982年。
⑥ 童书业：《伯夷考》附录《鸟夷》，《齐鲁学报》1941年第1期。
⑦ 童氏《姬姜与氐羌》一文，民国时期未见刊布，顾颉刚先生《当代中国史学》出版于1947年，书中提及童氏该未刊稿及论点。今日可从上海人民出版社1980年出版童氏《春秋左传研究》一书《姬姜与氐羌》一段文字中，还原童氏早年的论点。
⑧ 顾颉刚：《当代中国史学》，上海：上海古籍出版社，2002年，第129页。
⑨ 傅乐成：《傅孟真先生年谱》，《傅斯年全集》第七册，长沙：湖南教育出版社，2003年。
⑩ 张光直：《序》，韩复智主编：《傅斯年童作宾先生百岁纪念专刊》台北：中国上古秦汉学会，1995年。

深受当时考古新发现的影响，推论相当细密。"①综上可知，相对于早期传统的古代民族文化一元论，以傅氏《夷夏东西说》为中心的古代民族东西二系说的现代学术价值，越来越引起学术界的普遍重视。

迄今为止，学术界对傅氏《夷夏东西说》为代表的古代民族东西二系说的批判一直没有停止过。20世纪80年代，杨向奎开始对傅氏东西二系说再次提出质疑："本来东方西方是一个相对概念，不建立一个坐标点的话，是没法分东分西的，傅的方法先建立商代起于中国东北部以至河南东部的坐标，而夏在其西，于是有夷夏东西说。"②杨氏在文中还列举大量证据，对傅先生的论点进行了全面的批判："古代中国（三代）和中古近代不同，表现在政治中心所在并不是永远固定在一个点上，它是经常迁徙的，如果我们始终把夏、商、周的政治中心固定在某一点上，明显地违背历史事实……我们也不能说夏初的夷夏交争，是界划分明的斗争，他们是内部混战，夷夏杂处，已由对峙而趋于融合。"③近年来，李学勤在杨氏已有研究的基础上，进一步提出了"夏朝不是一个夷夏东西的问题，而是夷本身就在夏朝的范围之内"④的新说。李先生认为："夏朝应包括夷人区域……有穷氏、寒氏等，在当时应该是夏朝的重要支柱，夏朝的统治在相当程度上是建立在对夷人的统治基础之上，鲁西至潍坊一带是夏朝的重要地区。"⑤近年来，有的学者指出："夷夏东西说"是在特定的背景下从古史的角度提出的，对驳斥流行一时的中国民族文化西来说及促进考古发掘活动起了积极的作用，但同时它也导致了学者们对考古资料年代判断上的错误认识，以致在利用考古资料复原史前史以及三代文明史的过程中走了一些弯路⑥。前不久，笔者从语言学和民族学角度在对顾颉刚"戎夏一源说"深入分析的基础进一步推论："夷夏东西说"基本上可以视为是春秋时期的地理和民族观念，而与整个先秦时期的历史实际并不相符⑦。总之，随着考古学、文化人类学的蓬勃发展和先秦史研究的持续深入，以傅氏《夷夏东西

---

① 王汎森：《中国近代思想与学术的系谱》，石家庄：河北教育出版社，2001年，第264页。
② 杨向奎：《评傅孟真的〈夷夏东西说〉》，《夏史论丛》，济南：齐鲁书社，1985年。
③ 杨向奎：《评傅孟真的〈夷夏东西说〉》，《夏史论丛》，济南：齐鲁书社，1985年。
④ 李学勤：《夏商周与山东》，《烟台大学学报》（哲学社会科学版）2002年第3期。
⑤ 李学勤：《夏商周与山东》，《烟台大学学报》（哲学社会科学版）2002年第3期。
⑥ 王建华：《新夷夏东西说商榷》，《东方论坛》2004年第1期。
⑦ 周书灿：《戎夏一源说续论》，《中州学刊》2011年第5期。

说》为中心建构的古代民族文化东西二系说面临着越来越激烈的挑战与质疑。

2. 龙山、仰韶东西二元对立学说的形成

1930年，城子崖龙山文化的发现，"不但替殷墟一部分文化的来源找到一个老家，对于中国黎明期文化的认识我们也得了一个新阶段"①。因此，学术界普遍认为，龙山文化的发现是中国史前文化研究的一个里程碑。城子崖龙山文化发现不久，李济即指出：

> 城子崖的地点居这东北大平原的中心点，它不但出了石器，并且出了与西部北部新石器时代遗址完全不同样的贵重陶器。这种陶器是单色的，色黑发光像漆一样。这种石器时代的遗存，在中国内地是头一次发现，与中国商周铜器文化的关系很密切。它的重要性，是研究这类问题的人一看就知道的。②

不唯如此，李济进一步强调："这次在城子崖所发现的石器时代文化，十有六七是构成中国早期的正统文化一个重要成分，与中国西部的石器时代的文化却有好多不同的地方。"③"黑陶的遗址既散布在山东及河南的东部，中心地点大约总在山东一带。它与西北部及北部的彩陶文化对峙到若何程度，尚无从知悉。但他们是两个独立的系统，在各地方的发展有早晚的不同，却是很清楚的。"④至此，"仰韶文化与龙山文化二元对立的学说已经得到了初步认识"⑤。

此后，梁思永在通过对安阳后冈三叠层等一系列仰韶文化与龙山文化地层叠压关系研究的基础上对两种文化关系进行推断："（1）仰韶村本是彩陶文化的领土，被龙山文化侵入。（2）仰韶村本是龙山文化的领土，被彩陶文化侵入。……对于这两种文化的知识虽然还不允许我们绝对的采取一种解释，但是所有的证据都指向第一个，'仰韶本是彩陶文化的领土被龙山文化侵入'的解

---

① 李济：《李济文集》卷二《城子崖发掘》，上海：上海人民出版社，2006年，第209页。
② 李济：《李济文集》卷二《城子崖发掘》，上海：上海人民出版社，2006年，第203页。
③ 李济：《李济文集》卷二《城子崖发掘》，上海：上海人民出版社，2006年，第204页。
④ 李济：《李济文集》卷二《城子崖发掘》，上海：上海人民出版社，2006年，第210页。
⑤ 巩启明：《仰韶文化》，北京：文物出版社，2002年，第47页。

释。"①梁氏从古器物方面作出判断："仰韶彩陶文化自黄河上游向下游发展达到黄河北部的安阳县后冈和渑池县的仰韶村之后，自黄河下游向上游发展的龙山文化才侵入河南北部。它先到达后冈，占领了彩陶文化文化早期废弃的遗址，后到仰韶村，遇着发达已过了最高点的彩陶文化。"②陈星灿指出，梁思永的以上论述，其中有两点应引起注意："（1）在考古学上第一次提出仰韶文化自西向东发展，龙山文化自东向西发展，两者的中心分别位于黄河流域的偏西和偏东部分，实际上即是说在中国西部存在着仰韶文化与龙山文化二元对立的史前文化。（2）龙山文化与仰韶文化属于两个不同的系统。"③至此，经过梁氏的研究，龙山文化与仰韶文化东西二元对立学说逐渐形成较为完备的理论体系，开始在学术界广泛传播。

直到 20 世纪 50 年代，龙山、仰韶文化东西二元对立学说在学术界仍有一定的影响。如徐中舒在《试论周代田制及其社会性质——并批判胡适〈井田辨〉观点和方法的错误》④一文中专列《古中国高地农业与低地农业》一节，论述上古时期黄河流域两个农业中心区的总体形势：

> 近三十年来黄河流域新石器时代遗物的出土，在研究中国古史方面提供了极有价值的资料。根据这些资料使我们相信古中国的农业，是从两个中心区发展起来的。一个是仰韶文化区，这是泾、渭、汾、沁、河、洛，黄土层河谷高原地带，这里的土壤和河流灌溉，不可否认的对于农业发展具有远大的前途。一个是龙山文化区，这是围绕着泰山的许多小河谷丘陵高地，这里的土壤和河流灌溉，对于农业发展也提供了优惠的条件。⑤

> 在这两个文化区之间，现在是辽阔的冲积平原地带。但远在有史以前，这里还是一个内海，或是一个广大的低下的沮洳薮泽地带，把东西两个高地隔离起来，而且维持了很长时间没有交通的可能；因此，古中国才能有

---

① 梁思永：《梁思永考古论文集》，北京：科学出版社，1959 年，第 94 页。
② 梁思永：《梁思永考古论文集》，北京：科学出版社，1959 年，第 94—95 页。
③ 陈星灿：《中国史前考古学史研究（1895—1949）》，北京：生活·读书·新知三联书店，1997 年，第 221 页。
④ 徐中舒：《试论周代田制及其社会性质——并批判胡适〈井田辨〉观点和方法的错误》，《四川大学学报》（哲学社会科学版）1955 年第 2 期。
⑤ 徐中舒：《试论周代田制及其社会性质——并批判胡适〈井田辨〉观点和方法的错误》，《四川大学学报》（哲学社会科学版）1955 年第 2 期。

两个系统不同的文化。①

徐氏举证司马迁《史记·货殖列传》所举陶和三河两个"天下之中",其实"就是古中国两个高地区经济的中心,延续到西汉时代,还要继续发挥它的作用"②。综上所论,我们很容易看出低地农业区、高地农业区的界说和两个"天下之中"的表述,基本上可以看作是徐氏在新的学术背景下对龙山、仰韶东西二元对立学说的具体运用。

20世纪50年代中期,豫西庙底沟遗址发掘以后,新的考古资料开始增加,学术界开始对仰韶文化与龙山文化之间的关系进行新的思考和探索。安志敏对梁氏"龙山、仰韶混合文化说"提出质疑,推论龙山文化和仰韶文化之间是一种继承关系:

> 首先应该肯定在仰韶文化中确有一些器物好象具有龙山文化的特点,但这并不一定是受了龙山文化的影响以后才开始产生的。因为某些器形可能在较早的时期便已经萌芽,经过发展到晚期才成为成熟的定型。甚至于在制法上也是互不相同的。例如仰韶文化中的黑陶以及类似蛋壳陶的陶片都没有轮制的痕迹,圈足器在仰韶文化中也已经产生了,但不普遍。从上述现象或者可以说明具有所谓龙山文化特点的某些陶器,在仰韶文化中已经萌芽,到龙山文化中才成为成熟的定型,如果承认龙山文化是继承仰韶文化而进一步发展的文化,则在仰韶文化中所谓有龙山文化因素,也就不足为怪了。因此,混合文化的提法,也就值得再考虑了。③

此后,另有考古学家对安氏的观点做了以下补充:

---

① 徐中舒:《试论周代田制及其社会性质——并批判胡适〈井田辨〉观点和方法的错误》,《四川大学学报》(哲学社会科学版) 1955年第2期。

② 徐中舒:《试论周代田制及其社会性质——并批判胡适〈井田辨〉观点和方法的错误》,《四川大学学报》(哲学社会科学版) 1955年第2期。徐亮工认为,两个"天下之中"的看法也是傅斯年先生最早提出的。傅氏在《夷夏东西说》一文说,两个地理重心,"属于东平原区,是空桑,别以韦为辅。西高地者,是雒邑,别以安邑为次。"参见徐亮工:《从书"里"到书"外":徐中舒先生的学术与生平》,《古今论衡》2004年第11期,第140页下注93。在我们今天看来,徐中舒所论两个"天下之中"与傅氏两个"地理重心",显然有明显的差异,很难以此说傅氏对徐氏"两个中心"说有什么影响。

③ 安志敏:《中国新石器时代论集》,北京:文物出版社,1982年,第144—145页。安文原载中国科学院考古研究所编著:《庙底沟与三里桥》,北京:科学出版社,1959年。

关于仰韶文化和龙山文化的关系问题，我们同意作者提出的庙底沟龙山文化是继承仰韶文化而发展起来的，但问题在于作者只抽象地提出仰韶文化中有某些器物具有龙山文化的特点，来肯定它们之间是继承关系，不是影响关系（报告第110—111页和第116—118页）。我们认为，当考察两个文化是否有继承关系时，从器物上尤其从陶器上去分析是很有必要的（实际上报告也未深入地从这方面去分析），但仅止于此就显得不够了。例如，在研究这个问题时，我们还可以研究龙山文化的圆形住房和其它各地出土的方形房屋；墓葬中的仰身直肢葬；工艺制作技术；社会生产力的发展关系及其所反映的社会发展各阶段的紧密联系，等等。只有这样比较全面地去分析，才有可能比较切实地去阐明庙底沟龙山文化与庙底沟仰韶文化的继承关系的真正内涵。①

此外，也有学者批评梁氏"混合文化说"并"没有认识到发掘导致混乱的可能性"②。随着史前考古工作的进一步展开与研究的日臻深入，学术界关于仰韶文化和龙山文化之间的关系不断获得新的认识。如严文明并不同意以往的仰韶、龙山二元对立和文化混合的观点：

> 仰韶村五期的中原龙山文化同前四期的仰韶文化之所以有较大的差别，不是由于两者所属文化系统不同，而是同一文化系统的两大发展阶段使然。在从前四期发展为第五期的过程中虽然有外部因素的作用，但主要还是受同一文化系统内不同地区特征的影响，看不出其他文化的侵入，更看不出东方的龙山文化如何西进占领了仰韶文化的阵地。③

与此同时，严氏对学术界将仰韶文化与龙山文化视为继承关系的简单化倾向亦提出批评：

> 如果我们说相当于王湾三期那样的遗存是从仰韶文化的某个类型发展

---

① 吴汝祚、阳吉昌：《关于〈庙底沟与三里桥〉一书中的几个问题》，《考古》1961年第1期。
② 陈星灿：《中国史前考古学史研究（1895—1949）》，北京：生活·读书·新知三联书店，1997年，第221页。
③ 严文明：《从王湾看仰韶村》，《仰韶文化研究》，北京：文物出版社，1989年，第19—20页。严文写作于1963年，以上文字可以视为严氏20世纪60年代的观点。

而来,那当然是符合实际的。问题在于王湾三期并不等于整个的"河南龙山文化",而"河南龙山文化"同山东等地的龙山文化又不是一回事。如果不考虑这些情况,笼统地把龙山文化看成是仰韶文化的继承者,或者把所有继承仰韶文化发展起来的都划进龙山文化,那就值得商榷了。①

综上可知,自20世纪50年代以来,梁思永建立的龙山、仰韶东西二元对立说的合理性不断受到质疑,仰韶、龙山二元对立说的学理疑难不断被学术界一一揭发出来。随着考古学资料的增多,仰韶文化与龙山文化之间的复杂关系问题,尚有待于继续进行更为科学的阐明与理论概括,但龙山、仰韶东西二元对立说由于被证明是错误的而早已为学术界所摒弃。

三、蒙文通的"太古民族文化三系说"与徐旭生的"中国古代部族三集团说"

20世纪30—40年代,在夷夏东西说和仰韶、龙山文化二元对立说形成与"确立"的同时,蒙文通即较早将中国古代民族区分为"江汉民族""河洛民族""海岱民族",建立起"太古民族三系说"②。又如丁山并不认为姜亮夫"周为夏后"之说"尽信",但丁氏指出:"周与夏后遗民之关系,纵非同一血统,谓夏后遗民为周人征服,周人承袭夏后文化以为自身之文化,蛛丝马迹,不无可寻"③。丁氏考证说:"夏与殷周,实亦非同族类。""其制度文物,生活习惯,颇多不同。"在此基础上,丁氏分别将夏、商、周区分为"中原固有之民族""东北民族燕亳山戎之类""西北民族戎狄之类"④三系。以后,徐旭生则将中国上古民族区分为"华夏集团""东夷集团""苗蛮集团",建立起有别于上古民族文化东西二系说的"中国古代部族三集团说"⑤。蒙氏"太古民族三系说"和徐氏"中国古代部族三集团说"各有独到的学术旨趣与理论价值,也存在着诸多学理与逻辑疑难,均有待于在新的学术背景下,

---

① 严文明:《龙山文化和龙山时代》,《文物》1981年第6期。
② 蒙文通:《古史甄微》,上海:商务印书馆,1933年。蒙氏"太古民族三系"说,在今日看来,同样存在不少学术疑难。参见周书灿:《论蒙文通上古民族文化理论建构》,《人文杂志》2012年第2期。
③ 丁山:《由三代都邑论其民族文化》,《国立中央研究院历史语言研究所集刊》1935年第五本第一分。
④ 丁山:《由三代都邑论其民族文化》,《国立中央研究院历史语言研究所集刊》1935年第五本第一分。
⑤ 徐旭生:《中国古史的传说时代》,重庆:中国文化服务社,1943年。

作进一步的补充订正和完善。综上可知，随着学术研究的逐步深入，我国上古民族文化东西二系说不仅没有成为严格意义上的学术"定论"，而且遭遇的学术疑难越来越明显。兹重点对影响较大的蒙氏"太古民族三系说"和徐氏"三集团说"进行一番较为深入细致的考察。

1. 蒙文通"太古民族三系说"学理价值再审视

1933年，蒙文通探究我国传说时代及三代时期民族文化问题的学术名作《古史甄微》一书由商务印书馆出版。蒙氏在打破传统的三皇五帝体系的基础上，力求进一步探究上古时期的部分历史真相。蒙氏尝试性地提出了"太古民族三系说"。他将我国上古居民划分为三个民族部落集团，谓其分别分布于江汉、河洛、海岱三个地区，其姓氏、部落、经济、文化各具特点。

有的学者指出，蒙先生划分中国上古民族为三系的创说，有着多方面的意义。尤其蒙氏应用区系类型学的原理和方法研讨中国古史、古文化，强调上古部族、地域、文化三位一体的分布格局，对这一研究形式的建立有创始之功[1]。由此可见，蒙氏"太古民族三系说"的建立，对日臻科学的中国古史体系的建立是有开创之功的。然而更多学者则指出："蒙文通纯以山川地域为标准进行的划分，拿今天许多考古学家所做的工作来看，显然已经不符合新石器时代考古发现所揭示的考古学文化聚落所处的地域环境。"[2]自蒙氏"太古民族三系说"及徐氏中国古代部族"三集团说"相继提出以来，随着新石器时代田野考古工作的全面展开，学术界又陆续提出了五分说[3]、六大区域说[4]及九个人文地理区系说[5]，均在一定程度上从考古学角度对蒙氏"太古民族三系说"提出了不少新的疑问。

在我们今天看来，运用现代考古学的区系理论探究上古史时期尤其传说时代的历史，迄今仍有不少学理上的疑难。如目前的考古学资料表明，长江中游的新石器时代存在一种不同于黄河流域的自身有连续发展序列的文化系统。已

---

[1] 张富祥：《蒙文通与〈古史甄微〉》，《光明日报》2008年3月3日。
[2] 王晖：《古史传说时代新探》前言，北京：科学出版社，2009年。
[3] 邹衡：《夏商周考古学论文集》，北京：文物出版社，1980年，第293页。
[4] 苏秉琦：《关于考古学文化的区系类型问题》，《文物》1981年第5期。
[5] 邵望平：《〈禹贡〉"九州"的考古学研究》，苏秉琦主编：《考古学文化论集》第2集，北京：文物出版社，1989年。

知的三大阶段,每阶段都可以划分成好几个文化或类型。唐嘉弘先生指出,所谓这个文化的三大阶段,它们的绝对年代还说不准确,"缺环尚多";一些地区的文化,"自身的发展序列还联贯不起来""显然还有别的类型"。总之,所谓这个不同于黄河流域的文化系统,本身确实存在了许多问题,究竟其中有多少类型?各文化类型之间的关系如何?各类型与该文化系统之间的异同和归属如何?它们的主人是否同一族属的部落?各部落间的源流、演变和分化如何?文化类型之间的渗透、影响和混融情况如何?问题均无确切可靠的材料予以说明①。又如黄帝文化与考古学文化的关系,唐嘉弘先生曾提出二者之间不可对应说:"黄河中下游流域中原大地及华北冲积平原上的新石器时代文化中多元现象更为突出,肯定其中许多均为炎黄族群或其分支的文化,如果要定点判断某遗址为炎帝或黄帝氏族部落的文化,目前显然属于臆测,实在是可资论断的材料太少了。"②由此可以想见,有的学者断言,蒙氏在中国新石器时代考古学几为空白的情况下,对古代民族、文化之区系研究,"不但将纷繁纠结的上古史理出了一个头绪,使很多千百年来争讼不决的问题如桶底脱落,豁然而通;而且其科学性已经为近年来的考古学和人类学的新发现所证明",甚至誉其为"精密的考证,科学的预见"③,在我们今天看来,的确值得重新审视。

不唯如此,蒙氏"太古民族三系说"也日益遭遇现代民族学理论的挑战。严格地讲,先秦时期的人类共同体,见于文献记载的如戎、夷、蛮、狄、濮等,有许多还处于氏族部落的发展阶段。他们的社会尚处于"野蛮向文明的过渡、部落制度向国家的过渡、地方局限性向民族的过渡"④,在漫长的岁月里,氏族、部落之间的增殖裂变与迁徙混融一体。

自20世纪30年代以来,傅斯年、徐中舒先生均从语言学角度对"民"字进行了深入解析:

> 民、蛮、闽、苗诸字皆双声,似是一名之分化。

---

① 唐嘉弘:《楚与三苗并不同源》,《江汉论坛》1982年第11期。
② 唐嘉弘:《炎帝传说考述——兼论姜炎文化的源流》,《史学月刊》1991年第1期。
③ 童恩正:《精密的考证,科学的预见——纪念蒙文通老师》,《文史杂志》1986年第1期。
④ 中共中央马克思恩格斯列宁斯大林著作编译局:《马克思恩格斯选集》第一卷《德意志意识形态》,北京:人民出版社,2012年,第184页。

（人、黎、民）三词，由部落之类名成为人类之达名者，盖有同一之经历焉。其始为广漠之部族，曰人、曰黎、曰民，似皆为丁口众多之种类。①

氓和民是中国历史上最广大的土著部族。他们和历史上称为蛮或闽的人，都属同音同义的名称。在更古的年代里，他们就应属于同一族类的人群。

貉或作貊，从百，乃后起的形声字。貉、貊为入声字，古收K声。莫白切就是在氓民的尾音后面，加上了一个K的收声。貉如为形声字，它也只代表这个收声。据此言之，貉也应是氓、民的转音。因此貉族也就是从氓、民分化出来的一支。②

以上文字学解析显然对蒙氏"太古民族三系说"提出不少疑难。几乎与傅氏同时，1937年6月，顾颉刚先生提出著名的"戎夏一源说"③。徐中舒先生认为："经过长期的发展，夏人分为两支，一支是姜姓民族，这是周朝母系的祖先；一是羌族，后来变成了留居于四川、青海、甘肃一带的少数民族。"④与此同时，徐先生还曾提出过著名的"周人出于白狄说"⑤。因而这些尚处于不大稳定状态的共同体和秦汉以后形成的"有共同语言、共同地域、共同经济生活以及表现于共同文化上的共同心理素质的稳定的共同体"⑥的民族有很大的区别。显然，中国早期民族族系并非简单地依山川地域能够区分清楚的。在我们今天看来，蒙氏之后，著名历史学家徐旭生先生研究中国古史的传说时代，不用"民族"，而是用"集团"对上古族群进行区分，可见徐氏的研究较蒙氏增加了诸多科学的因素。

2. 徐旭生"中国古代部族三集团说"及学术旨趣

1943年，徐旭生《中国古史的传说时代》由中国文化服务社出版。以后该书增订后，分别由科学出版社（1960年）、文物出版社（1985年）、广西师范

---

① 傅斯年：《性命古训辨证》，《中国现代学术经典·傅斯年卷》，石家庄，河北教育出版社，1996年，第106页。
② 徐中舒：《巴蜀文化续论》，《四川大学学报》（哲学社会科学版）1960年第1期。
③ 顾颉刚：《九州之戎与戎禹》，《禹贡》1937年第6—7期合刊。
④ 徐中舒：《先秦史论稿》，成都：巴蜀书社，1992年，第24页。
⑤ 徐中舒：《西周史论述（上）》，《四川大学学报》（哲学社会科学版）1979年第3期。
⑥ 中共中央马克思恩格斯列宁斯大林著作编译局：《斯大林全集》第2卷，北京：人民出版社，1953年，第294页。

大学出版社（2003年）陆续再版。该书广西师范大学出版社2003年版内容提要中说：

　　本书主要从古代文献和考古发掘两方面入手，并结合相关民间传说，力图考证有文字记载历史之前的中国社会状况，包括当时的部落分布、彼此之间的关系、社会经济发展水平等。着重对于学术界聚讼纷纭的我国古族三集团、太古洪水、三皇五帝等问题进行独到的剖析。廓清了中国古史时代的迷雾，将古史传说时代的华夏民族的起源、发展兴旺之路形诸纸上。①

　　学者评价说，该书中"蕴含着他独到的学术见解"②的论述，"为我国古史传说的研究创立了一个新体系"③。

　　徐氏在1957年5月14日为《中国古史的传说时代》一书所写的序言中说：

> 我国古代部族的分野，大致可以分为华夏、东夷、苗蛮三个集团——仔细分析也未尝不可以分为六个部分，因为西北的华夏集团本来就分为黄帝、炎帝两大支，黄帝支居北，炎帝支居南。近东方的又有混合华夏、东夷两集团文化、自成单位的高阳氏（帝颛顼）、有虞氏（帝舜）、商人。接近南方的又有出自北方的华夏集团，一部分深入南方，与苗蛮集团发生极深关系的祝融等氏族。这三个亚集团，除了华夏分炎、黄两大支很清除外，其余两部分我经过相当长期的慎重考虑，觉得必须这样划分才能与古代情势适合。虽然如此，这三个亚集团是由原来的三集团中细分，不能同它们平列。这三个集团相遇以后，开始互相争斗，此后又和平共处，终结完全同化，才渐渐形成将来的汉族。我们战国及秦、汉时代的人民常自称为华夏是错误的，他们实在是华夏、东夷、苗蛮三族的混合。我们常常自称为"炎、黄裔胄"，其实这种说法不能代表我们，必须说是羲、皞、炎、黄裔胄，或炎、黄、羲、皞裔胄，炎、黄代表华夏，皞代表东夷，羲代表苗蛮，才可以代表我们全体的老汉族（今日的汉族又混杂了很多族是很清楚的）。④

---

① 徐旭生：《中国古史的传说时代》内容提要，桂林：广西师范大学出版社，2003年。
② 黄石林：《徐旭生先生在历史学上的贡献》，《考古》1981年第4期。
③ 黄石林：《徐旭生先生在历史学上的贡献》，《考古》1981年第4期。
④ 徐旭生：《中国古史的传说时代》，桂林：广西师范大学出版社，2003年，第4页。

应该强调的是，以上文字虽然出自 1957 年，但徐氏说得很清楚："这些意见于 1940 至 1941 两年中逐渐写出"①，因此，其基本上可以代表徐氏 20 世纪 40 年代的学术见解。

"中国古代部族三集团说"是徐氏《中国古史的传说时代》一书的中心论点。有的学者认为，徐氏"中国古代部族三集团说"与蒙文通的"太古民族三系说"之间存在一定的学术关联："蒙文通'江汉'、'河洛'、'海岱'三大部族的重要构想，对于徐旭生 1943 年撰《中国古史的传说时代》，提出我国古代'部族'的三集团说，即华夏集团、东夷集团和苗蛮集团，具有重要的启迪性"②。笔者以为，这一推论目前尚缺乏直接的证据。在《中国古史的传说时代》一书中，徐氏说得很清楚：

> 我个人于 1939 年开始研究我国传说时代的历史，工作了若干时候，才渐渐看出来我国古代的氏族分成三个不同的集团。以后，才听到友人说在我工作以前若干年，蒙文通、傅斯年已有相类似的说法，暗中摸索，大致相合，足以证明所得各条并非一人的私见。③

通读以上文字，不难获知，徐氏"中国古代部族三集团说"是其独立探索出来的，并未受到蒙文通"太古民族三系说"的影响。而较之蒙氏"太古民族三系说"，徐氏"中国古代部族三集团说"则呈现出某些独到的学术旨趣。如徐氏举例说：

> 蒙文通把炎帝、共工、蚩尤、祝融全分属于南方的江汉民族（就是本书内的苗蛮集团），而我把炎帝、共工分属于西北的华夏集团，把蚩尤分属于东方的东夷集团，虽也把祝融归于苗蛮集团，却指出他原来属于华夏集团，在禹完全征服三苗以后，才到南方去，此后除宗教外，他那族姓的习惯与语言才渐渐与苗蛮集团同化。④

---

① 徐旭生：《中国古史的传说时代》，桂林：广西师范大学出版社，2003 年，第 4 页。
② 路新生：《试论疑古史学对蒙文通的影响——以蒙文通的中国传说时代古史研究为例》，《齐鲁学刊》2010 年第 3 期。
③ 徐旭生：《中国古史的传说时代》，桂林：广西师范大学出版社，2003 年，第 139—140 页。
④ 徐旭生：《中国古史的传说时代》，桂林：广西师范大学出版社，2003 年，第 140 页。

除此之外，至少从以下几个方面可以看出，较之蒙文通的"太古民族三系说"，徐氏的"中国古代部族三集团说"的科学性进一步增强。

第一，徐氏使用"部族""集团""亚集团"等概念，显然较之于以往学者笼统地以"族""民族"等名称表述古代尚不稳定的人类共同体更为科学，也更接近先秦时期的历史实际。尤其是徐氏以族类、文化划分部族集团，较之蒙文通纯粹以山川地域划分太古三系民族，显然方法"更为缜密"①。

第二，徐氏注意到了史前时期因为战争、灾害等因素而导致人类共同体之间迁徙、混融、同化现象，避免了将纷繁复杂的历史问题简单化，因而其理论基础更加牢靠。

第三，徐氏通过对中国古代部族三大集团地理分布、相互关系和重大变化的系统研究，初步钩稽出中国文明起源的史前空间架构，为中华人民共和国成立后探寻考古学上的夏文化提供了大量可循的历史线索。

然而随着新石器时代田野考古工作的进一步展开，以及史前史研究的不断深入，徐氏"中国古代部族三集团说"所暴露的理论缺陷与逻辑疑难也日益引起学术界的高度关注。兹略举数例，加以申论。

首先，徐氏所用材料可靠性和证据充分性的问题。由于时代的局限，徐氏研究传说时代历史，基本靠的是口耳相传的古史材料。从《中国古史的传说时代》一书看，徐氏在极力矫正古史辨派学者的极端疑古倾向的同时，过于强调未经系统化的材料的价值。如徐氏认为："《山海经》虽《大荒经》以下为东汉人所增益，但因其所述古事绝非东汉所能伪作"②，从而将其列入"第一等"③史料。众所周知，《山海经》是陆续成书的集体之作，其中相当一部分属于神话传说。徐中舒、唐嘉弘综合《山海经》中直接记述黄帝的十六条史料，得出结论："《山海经》中关于'黄帝'的记述，显然他既是一个天神，具有非凡的神力；同时又是一位伟大的人王，子孙后嗣多是开国君王的祖先……他的子孙不仅是先秦史上许多帝王如夏、商、周的祖先，还是北狄、西戎和苗民的祖先。历史的实际……显然不是。它们和马克思主义的历史科学没

---

① 王晖：《古史传说时代新探》前言，北京：科学出版社，2009年。
② 徐旭生：《中国古史的传说时代》，桂林：广西师范大学出版社，2003年，第37页。
③ 徐旭生：《中国古史的传说时代》，桂林：广西师范大学出版社，2003年，第37页。

第三章　20世纪上半期中国民族文化本土起源说的理论重构

有共同之处。"①因而，早在20世纪40年代，就有学者对徐氏认为《山海经》里的传说并非向壁虚构，都有来历的意见提出批判："《山海经》将不同来源关于帝喾和帝舜的传说集在一起，却名为帝俊。同时，因为《山海经》作者不是一人，所以同书里又有帝喾与帝舜。徐先生一定要将不同的传说分别清楚，使之合理化，坚持帝俊必有其人，必属之于'黄炎集团'，仍旧是犯了将古代天神合理化，系统化了的毛病。"②此外，徐氏以《逸周书·尝麦解》篇"命蚩尤于宇少昊"的记载推论"蚩尤与少昊两氏族有很密切的关系"③，并据以断定"蚩尤属于东夷集团，实无疑义"④。杨宽指出：《逸周书·尝麦解》"就是用三段内容不同的断简连缀而成。第一段讲孟夏尝麦于太祖的祭典，用的是夏正的历法，当是东周以后的作品……第二段讲授给大正（官名）刑书的典礼，也可能是东周的作品"⑤。尽管此后李学勤、张怀通等学者分别认为《逸周书·尝麦解》篇"总体上是一篇制作于西周时代的文献"⑥或曰"是西周的篇章"⑦，但更多的学者则普遍认为，徐氏《逸周书·尝麦解》关于凤偃集团的讨论，"根本靠不住"⑧。

其次，徐氏"中国古代部族三集团"的划分，明显存在着学理的疑难与逻辑的混乱。诸如徐氏一方面说："我国人民有一部分从古代起，就自称诸多夏，又自称华夏，又或单称夏或华，到春秋战国以后，华夏族就成了我们种族的名称。他们对四外的民族就叫他们作夷、作狄、作戎、作蛮，或其他较以上四名含义略窄的名字"⑨；另一方面又说："把我国较古的传说总括起来看，华夏、夷、蛮三族实为秦汉间所称中国人的三个主要来源。"⑩以上两段文字通读起来，的确颇为费解。又如邹衡指出："结合考古材料来看，这样的三分

---

① 徐中舒、唐嘉弘：《〈山海经〉和"黄帝"》，中国《山海经》学术讨论会编：《〈山海经〉新探》，成都：四川社会科学院出版社，1986年，第96页。
② 赵光贤：《古史考辨》，北京：北京师范大学出版社，1987年，第28—29页。
③ 徐旭生：《中国古史的传说时代》，桂林：广西师范大学出版社，2003年，第55页。
④ 徐旭生：《中国古史的传说时代》，桂林：广西师范大学出版社，2003年，第61页。
⑤ 杨宽：《论〈逸周书〉——读唐大沛〈逸周书分编句释〉手稿本》，《中华文史论丛》1989年第1期。
⑥ 李学勤：《〈尝麦〉篇研究》，《古文献丛论》，上海：上海远东出版社，1996年，第87—95页。
⑦ 张怀通：《〈尝麦〉新研》，《社会科学战线》2008年第3期。
⑧ 赵光贤：《古史考辨》，北京：北京师范大学出版社，1987年，第27页。
⑨ 徐旭生：《中国古史的传说时代》，桂林：广西师范大学出版社，2003年，第43页。
⑩ 徐旭生：《中国古史的传说时代》，桂林：广西师范大学出版社，2003年，第44—45页。

法至少同夏、商、周的实际情况不完全相合，其中出入最大的是华夏集团。"①邹氏特别强调"华夏乃是一个发展的概念"②，另有学者指出："东夷集团的划分也同样存在着比较大的问题"③。事实上，在华夏族的形成过程中，各族群之间迁徙混融从未停止过，先秦时期并未形成严格固定的东夷、西戎、南蛮、北狄族群概念和夷夏五方格局、夷夏之防的文化观念，将华夏族与古代文献中所见夷、蛮、戎、狄、氐、闽、貊、氏、羌、濮、越、僚、胡等族群强为区分，不仅不符合先秦时期的历史实际，而且与经典作家所表述的"具有学术性、科学性和普遍性"的民族概念相去甚远④。

在古代文献中，夷并非东方民族的专称。周代及其以后的文献中除"东夷"外，亦屡有"西夷""南夷""北夷"等称谓。如《水经·清水注》引《竹书纪年》曰："周武王率西夷诸侯伐殷，败之于坶野。"《孟子·滕文公下》载："东面而征西夷怨。"《公羊传·僖公四年》说："南夷与北狄交，中国不绝若线。"《史记·天官书》云："故北夷之气如群畜穹闾。"尤其应强调的是，西周中期的秦族地处西陲，西周中期青铜器询簋铭文则有"秦尸（夷）"之称。直到司马迁撰《史记》、班固撰《汉书》、范晔撰《后汉书》，仍分别专列有《西南夷列传》、《西南夷传》，显然直至南朝刘宋时期，西南地区的一些族群亦被称为"夷"。又如蛮，先秦、秦汉时期文献中有百蛮⑤、群蛮⑥、南蛮⑦、北蛮⑧、荆蛮（蛮荆）⑨、楚蛮⑩等不同称谓，此外，战国、秦汉时期的文献中还屡有"八蛮"⑪、"六蛮"⑫等名称，由此可知，"南蛮，它种，从虫"及"南方曰蛮"⑬的族群观念与先秦、秦汉时期的历史

---

① 邹衡：《夏商周考古学论文集》，北京：文物出版社，1980年，第293页。
② 邹衡：《夏商周考古学论文集》，北京：文物出版社，1980年，第293页。
③ 王晖：《古史传说时代新探》前言，北京：科学出版社，2009年。
④ 周书灿：《上古族群称谓与先秦民族史重构》，《中州学刊》2014年第6期。
⑤《诗·大雅·韩奕》曰："以先祖受命，因时百蛮。"
⑥《左传·文公十六年》载："庸人帅群蛮以叛楚。"
⑦《吕氏春秋·召类》载："尧战于丹水之浦，以服南蛮。"
⑧《史记·匈奴列传》载："匈奴……居于北蛮，随畜牧而转徙。"
⑨《诗·小雅·采芑》载："蠢尔荆蛮（一作蛮荆），大邦为雠。"
⑩《史记·楚世家》载："熊绎当周成王之时，举文、武勤劳之后嗣，而封熊绎于楚蛮。"
⑪（清）阮元校刻：《十三经注疏》上册，北京：中华书局，1980年，第861页。
⑫（清）阮元校刻：《十三经注疏》下册，北京：中华书局，1980年，第2616页。
⑬（清）阮元校刻：《十三经注疏》上册，北京：中华书局，1980年，第1338页。

实际并不完全相符。因此，以华夏、东夷、苗蛮三集团区分中国古代部族，与先秦时期中国民族格局的历史实际相去甚远。

再次，随着考古工作的全面展开与古史研究的日趋深入，徐氏的某些论断由于失去考古材料的支持而被学术界摈弃。如徐氏赞同王国维《殷周制度论》、傅斯年《夷夏东西说》的观点，继续论及："商氏族起自东方，与东夷集团关系颇密"①，"商人本为东方的氏族"②。目前，更多的学者倾向于以"漳河类型"为中心的下七垣文化的主体（即该文化的第一期至第三期遗存）就是先商文化③。既然如此，徐氏的以上论点，就得重新商榷了。又如，徐氏推断："殷商的兵力还没有到达今日的两湖"④，也与殷商时期的历史实际不大符合。考古学资料表明，至迟在早商第二期、第三期，商族的政治、军事力量已经进入长江中游地区。从年代上看，盘龙城遗址商代文化遗存的第一期和第二期相当于早商文化的第二期、三期。盘龙城类型商代文化以湖北黄陂盘龙城为代表，主要分布于汉水以东，桐柏山以南，长江以北的地区⑤。1974年9—12月，湖北省博物馆和北京大学历史学系考古专业组成盘龙城考古发掘队，对盘龙城遗址进行大规模发掘，所开探方总面积1841平方米，并在城外发掘了五座墓葬。盘龙城城墙的营造技术、宫殿的建筑手法、埋葬的风俗、青铜工艺的作风、制玉工艺、制陶工艺六个方面和黄河流域二里冈时期的商代文化颇为一致，由此表明，盘龙城的商文化和黄河流域同期商文化之间显然存在着"高度的统一性"⑥。有的学者指出，盘龙城与二里冈所出青铜器，不论器形、纹饰、制作均相类似，这种文化上的统一性，没有政治、经济上很大程度上的统一是很难理解的⑦。显然，盘龙城类型早商文化反映的是殷商早期对长江中游

---

① 徐旭生：《中国古史的传说时代》，桂林：广西师范大学出版社，2003年，第138页。
② 徐旭生：《中国古史的传说时代》，桂林：广西师范大学出版社，2003年，第139页。
③ 中国社会科学院考古研究所编著：《中国考古学·夏商卷》，北京：中国社会科学出版社，2003年，第144页。
④ 徐旭生：《中国古史的传说时代》，桂林：广西师范大学出版社，2003年，第139页。
⑤ 杨权喜：《湖北商文化与商朝南土》，中国社会科学院考古研究所编：《中国商文化国际学术讨论会论文集》，北京：中国大百科全书出版社，1998年，第282页。
⑥ 湖北省博物馆、北京大学考古专业盘龙城发掘队：《盘龙城一九七四年度田野考古纪要》，《文物》1976年第2期。
⑦ 湖北省博物馆：《盘龙城商代二里冈期的青铜器》，《文物》1976年第2期。

地区的直接占领和控制的历史事实[①]。

最后，较之夷夏东西说、龙山、仰韶东西二元对立说及蒙文通的"太古民族三系说"，徐氏"中国古代部族三集团说"由于理论基础渐趋牢固，研究方法日臻缜密，学术视野更为开阔，学术思想亦呈现出全新的独到旨趣。然而由于时代的局限，中国新石器时代田野考古工作获得的第一手资料尚为有限，中国民族学尚处于起步阶段，徐氏"中国古代部族三集团说"仍存在着材料缺乏可靠，证据尚不充分等问题。"中国古代部族三集团说"所呈现出的一系列学理疑难与逻辑混乱表明，徐氏的中国上古民族文化理论尚有待于在新的学术背景下不断订正、补充和完善。

20世纪20—40年代，中国上古民族文化本土起源一系说被打破之后，中国民族文化本土起源说仍主导着中国学术界。历史学家和考古学家建立的夷夏东西说，龙山、仰韶东西二元对立说，"太古民族三系说"及"中国古代部族三集团说"异彩纷呈，较之20世纪20年代之前的中国民族文化外来说和中国民族文化本土一系说，均呈现出全新的理论内涵与时代特色。该阶段学术界对中国民族文化本土起源说的理论重构，大致反映出中国上古民族文化本土起源说从一元到多元的演变轨迹，初步奠定了中国民族文化多元说或多元一体说的理论基础。与此同时，李济等学者则对中国民族文化起源的外来因素予以充分关注，并建立另具特色的理论体系。

[①] 周书灿：《早商时期经营四土之考古学新证》，《考古与文物》2011年第1期。

第四章 李济对中国上古民族文化本土起源说的补正

20世纪20年代，李济试图在对更广阔的田野考古资料进行深度比较的基础上，逐步完成中国民族文化本土起源的考古学、人类学论定，并通过对中国民族文化形成发展过程中外来因素的探寻及复杂背景的分析，建立起独到完善的中国上古民族文化形成发展的理论体系。李济对中国上古民族文化形成发展理论的重建，克服了以往欧美学者和中国学者中国民族文化外来说和本土起源说中的绝对化、简单化倾向，进一步彰显了其以全人类为背景的"正当历史观"，科学建构中国上古民族文化形成发展理论体系的独到旨趣。李济对中国上古民族文化形成发展理论的建构，不仅开创了一种中外兼顾、综合研究的新的学术范式，建立起中国上古民族文化形成发展理论的崇高水准和崭新起点，更为中国上古民族文化形成发展的研究争取到国际学术背景下的中国话语权，促成了考古学"中国学派"的形成。

20世纪20年代，随着中国考古学的建立，被誉为人类学派古史学开山祖师[①]的李济积极倡导综合各种学科、兼顾中外的研究方式，试图在对更广阔的田野考古资料进行深度比较的基础上，在寻找中国上古文化的本土起源的同时，兼顾中国民族文化起源的多元线索，并由此建立起独具特色的中国上古民

---

① 张光直：《人类学派的古史学家——李济先生》，《历史月刊》1988年第9期。

族文化形成发展理论的中国话语体系。李氏对中国民族文化本土起源的探索和对中国上古民族文化起源外来因素的探寻，分别具有批判西方学者的偏见和中国学者的狭隘之双重旨趣。

一、以全人类为背景的"正当历史观"及中国民族文化形成发展空间背景的新观念

在20世纪30年代前后，国际学术界关于中国民族文化形成与发展问题的激烈辩论，呈现出更为鲜明的时代特点。随着中国现代考古学、人类学等学科的建立与发展，欧美学者的民族主义偏见与中国学者学术视野的孤陋狭隘，在新的学术背景下暴露无遗。在中国民族文化外来说与本土起源说的激烈交锋过程中，李济较早提出建立以全人类为背景的"正当的历史观"：

> 正当的历史观是以全体人类为一个单位，其中各个民族只能算这个全体的一个片面。由此说去，一个民族的历史只是人类历史的一个片面；它的演进全逃不出人类全体演进的范围。因此，要看清楚一个民族的历史，绝对抛不开全体人类的这段大背景。①

在日后的人类学、考古学学术实践中，李氏坚持以"正当的历史观"为指导，"把中国历史看作全部人类历史的一部分"②，科学探寻中国民族文化的早期源头与多元线索，以及不同文化之间相互交流影响的复杂关系，建立起独到完善的中国民族文化形成发展理论体系。

李氏力主"全部人类的历史不以地域来限制，在叙述人类发展史时，把文化本身当作全人类的一件事，把创造文化发明新事物视为人类共同努力的结果"③，"中国上古史须作为世界史一部分看，不宜夹杂地域成见"④：

> 没有一个区域的文化是完全孤立而独自发展成长的，吸收外来文化并不足奇。一个民族能吸收外来文化而作进一步的发展，这是有大希望的民

---

① 李济：《李济文集》卷一《古史研究一般》，上海：上海人民出版社，2006年，第330页。
② 李济：《李济文集》卷一《古史研究一般》，上海：上海人民出版社，2006年，第353页。
③ 李济：《李济文集》卷五《学术论谈》，上海：上海人民出版社，2006年，第28页。
④ 李光谟：《李济先生学行纪略》，李济：《李济文集》卷五《学术论谈》，上海：上海人民出版社，2006年，第475页。

族。相反的抱残守缺、对外来文化采深闭固绝态度者，终将落伍而受淘汰。大家作此想法，不仅有助于今日世界文化的交流，对于远古文化的发展也更易求得真实。①

以殷墟文化为例，李氏指出：

> 殷墟文化问题，不是单发掘殷墟所能完全解决的。比较法的应用，已经在史学上占了很重要的位置。我们现在不但要将中国全部的文化与国外的比，也要把国内各区域的文化相互的比。一个区域所得的材料，同时必须要各处发掘，才能认识各处各实物的真正价值。②

综观李济的人类学与考古学实践，不难发现，"正当的历史观"的主张贯穿其学术探索的始终。有的学者指出："李济提倡以全人类为背景的历史观，一方面批评西方学者的偏见，重视发掘中国文化的特点与起源线索，另一方面也批评中国学者的狭隘，相当关注在东亚及更广大的地理区域内文化之交流与异同，二者并行不悖。"③也有学者指出："李济之先生要追溯的问题是全部人类的发展史和全部人类文化的发展史。……他特别揭出中华民族的成长及中国境内人类文化的演化作为两大重点。由于全人类是他研究的背景，他研究中国历史时，可以真正做到不偏不倚、诚实地追寻古史的最可能接近真相的面目，不受偏见的蔽囿。"④以全人类为背景的"正当的历史观"的建立与科学实践，为李济中国上古民族文化形成发展理论的重构，奠定了坚实的理论基础。

李济这一"并行不悖""不偏不倚"的"正当的历史观"，直接带来另一个问题，那就是中国民族文化形成发展的特定空间背景问题。在中国历史长河中，人们对中国民族文化形成发展的空间认识一直存在偏差。例如，《史记·封禅书》云："三代之居皆在河洛之间。"《史记·货殖列传》云："昔唐人都河东，殷人都河内，周人都河南。夫三河在天下之中，若鼎足，王者所

---

① 李济：《李济文集》卷五《学术论谈》，上海：上海人民出版社，2006年，第28页。
② 李济：《李济文集》卷一《古史研究一般》，上海：上海人民出版社，2006年，第332—333页。
③ 查晓英：《"正当的历史观"：论李济的考古学研究与民族主义》，《考古》2012年第6期。
④ 许倬云：《寻求真理的李济之先生》，李光谟编：《李济与清华》，北京：清华大学出版社，1994年，第180页。

更居也，建国各数百千岁。"《汉书·贾捐之传》载："武丁、成王，殷、周之大仁也，然地东不过江、黄，西不过氐、羌，南不过荆蛮，北不过朔方。"由于这些古代文献的影响，在相当长的时期，学术界通常先入为主地将三代及更早时期中国民族文化形成发展的空间背景与黄河流域强行联系起来。在我们今天看来，由于有古代文献的"支持"而形成的这一观念，并非全无道理，但随着现代考古学、民族学等学科的建立与蓬勃发展，以上观念所带来的疑问也越来越引起学术界的关注。

早在20世纪20年代，李济较早使用了"中国本部"①（China proper）的概念，并且给中国人下了一个"试行的定义"：

> 中国人就是生活在，或其起源可以追溯到，被称为中国本部这片土地上的人民，并且他们自己也承认从一开始就与中国历史的形成有关。②

李氏举证说：

> 我们要是承认周口店山顶洞层的文化遗存，为中国旧石器时代晚期的中国文化，我们必须连带地承认，在这遗存中发现的人骨，也代表那时期构成中国民族的一分子。③

以后，李氏从人类学角度对中国民族文化之始提出如下新论：

> 假如我们对于构成中国民族人种成分没有预定的成见，我们对所有在中国境内存在的各色人等及他们在中国民族史上的地位，尤其是早期的，都应该予以同等的重视。……所谓"黄帝子孙"，我们可以认明，实在只是一种富于文化意义的传说，并不切合人种学的事实。④

如果李氏以上仅仅侧重从民族学角度立论，随着考古学的建立与蓬勃发展，李氏更加注意从考古学角度提出如下观点：

---

① 李济：《李济文集》卷一《中国人类学》，上海：上海人民出版社，2006年，第58页。
② 李济：《李济文集》卷一《中国人类学》，上海：上海人民出版社，2006年，第58页。
③ 李济：《李济文集》卷一《中国人类学》，上海：上海人民出版社，2006年，第279页。
④ 李济：《李济文集》卷一《中国人类学》，上海：上海人民出版社，2006年，第279页。

第四章 李济对中国上古民族文化本土起源说的补正

> 仰韶式及比仰韶较晚的彩陶遗址，经过二十余年田野工作人员的不断搜寻，已经证明，满布秦岭以北的黄河流域一带，由西而东，将近山东境界，转向北及东北，直达热河及南满洲。①

李氏结合考古学资料对中国史前文化的背景范围做出如下论定：

> 华北的新石器晚期文化受内蒙古新石器中早期文化的影响甚大，而内外蒙古——可能包括蒙古以北的贝加尔湖以及叶尼塞河流域——原是中国史前文化的摇篮地。所以孕育中国远古史的中心地带，没有疑问地固然在黄河流域的华北，但其全部背景，却不是长城与扬子江所能限制的。这一背景的范围，包括东亚的全部以及环太平洋人类足迹达到的地方。②

与此同时，李氏还认为殷商时代的中国文化"是一种普遍传播在太平洋沿岸的原始文化"③：

> 中国最早的文化，即在黄河流域发生的殷商文化，它的背景是一个广大区域，包括东经90°以东的一个大区域。如果进一步寻求殷商文化的来源，则所找到的范围不是长城以南、长江以北可以满足的，而必须向四面射到，包括了太平洋群岛，南北美洲，从北极到南极。这区域里一切考古学、民族学的资料，都是中国上古史的参考资料。如果把我们的眼光限制在长城以南、长江以北，则我们所了解的程度，也就比例地限制下去了。④

在此基础上，李氏对影响中国学术界两千年的旧的观念提出批判：

> 中国两千年来的史学家，上了秦始皇的一个大当。这就是说，中国的史学家把中国古史看作长城以南的事；长城不只是疆域的界限而且成为精神的界限；要找中国人的民族和文化的原始，在北方的一面，都被长城封锁了。从某一立场来看，以长城为中国文化北方的界限，不是完全没有理由，但都是汉朝以后的事。汉朝以前，我们中国人列祖列宗活动的范围，

---

① 李济：《李济文集》卷一《古史研究一般》，上海：上海人民出版社，2006年，第339页。
② 李济：《李济文集》卷五《学术论谈》，上海：上海人民出版社，2006年，第29页。
③ 李济：《李济文集》卷一《古史研究一般》，上海：上海人民出版社，2006年，第414页。
④ 李济：《李济文集》卷一《古史研究一般》，上海：上海人民出版社，2006年，第354页。

是否以长城为界限，是很有问题的。①

在长期的学术实践过程中，李济坚持以全人类为背景的"正当历史观"，在更为辽阔的中国民族文化形成发展的空间，积极探寻中国民族文化形成发展过程中的本土源头乃至与外来文化之间的纷繁复杂关系，从而在此基础上逐步完成对中国民族文化形成发展的理论重构。

二、中国民族文化本土起源的考古学、人类学论定

20世纪上半叶，拉克伯里的中国民族文化源于巴比伦说、安特生的仰韶文化西来说、毕士博中国民族文化外来多元论等观点一度对中外学术界产生过较为广泛和深刻的影响，甚至一度主导着20世纪20年代前后中国民族文化形成发展理论的走向。尽管在日后的考古学实践过程中，李氏对安特生的仰韶文化西来说从最初的质疑到明确地提出批判②，但在20世纪20年代，李济对中国民族文化外来说并未予以彻底否定。如在1926年4月，李氏谈到考古学上有研究价值的几个问题：

（1）国故是先前有的，还是受别的影响而成的呢？
（2）中国前代所用的"钱"，是否中国原有的，或是从别处仿来的？
（3）中国人民，是否为原来的，或是从别处迁入的呢？③

显而易见，此时李氏尚未对中国民族文化本土起源说明确表态。但随着一系列新的遗物、遗址的发现与发掘，李氏不断从多个角度为中国民族文化本土起源说寻找证据支持。如李氏虽尚未十分肯定中国人种起源的最后定论，但他通过中国境内的文化遗存的发现认为："人种来源问题……则以亚洲说为胜。"④其还以法人德日进在河套发现一万年前的旧石器时代遗物及北平发现与爪哇人同时的十几万年前的两颗人牙为据，以证"中国有旧石器时代"⑤，

---

① 李济：《李济文集》卷一《古史研究一般》，上海：上海人民出版社，2006年，第353页。
② 周书灿：《仰韶文化西来说的形成及论争——学术史视野下的考察》，《河北师范大学学报》（哲学社会科学版）2016年第4期。
③ 李济：《李济文集》卷一《古史研究一般》，上海：上海人民出版社，2006年，第321页。
④ 李济：《李济文集》卷一《古史研究一般》，上海：上海人民出版社，2006年，第324页。
⑤ 李济：《李济文集》卷一《古史研究一般》，上海：上海人民出版社，2006年，第324页。

"中国本地之有人类是在史前"①。尤其随着西阴村新石器时代遗址的发掘，尽管由于中国境内新石器时代的考古材料尚非常有限，诸如"这文化（按：指西阴村新石器时代文化）与后来的文化有没有关系？或是这时期的文化完全沦没了，后来的文化是另起的？这时期的文化与西方历史有何关系？又与甲骨文关系是并行的，还是一条线上原来的文化？"②等问题，虽然尚未做出准确判断，但其根据已有考古学材料完全确信："中国在有文字之史前已有文化，为固有文化。"③此后，济南城子崖龙山遗址发掘后，李氏在发现城子崖遗址包含的内容与仰韶文化"有重要的分别"④，诸如"（1）细陶的质料与形制。（2）龙山文化有骨卜的习惯，仰韶文化没有"⑤，并初步判断其"大约一方代表沿海岸育成的东方文化，一方代表与那更古的西方文化接触过的西北文化"⑥，但李氏判定："两文化似乎都直接一个更老的同样的中国背景。"⑦再往后，殷墟遗址科学发掘不久，李氏就较早意识到："殷墟文化有一部分很重要的成分是直接因袭龙山的"⑧，此后殷墟发现了黑陶坑，李氏由此进一步论定："它们的因袭关系差不多没有疑问了。"⑨综上可知，至迟于20世纪30年代前夕，李氏已经由中国境内石器时代田野考古资料探寻出中国民族文化本土起源的早期线索和"中国上古史最早的一个切面"⑩。

20世纪30年代后，随着中国田野考古工作的逐步展开，李济逐渐建立起"正当的历史观"⑪，主张以"以现代科学的立场谈中国古代的文化而论其原始"⑫。李氏指出，根据近半世纪发现的新资料，搜寻中国文化的原始与根据古史传说下来的资料相比，"不但较为可信，并且更有着落"⑬。李氏批评

---

① 李济：《李济文集》卷一《古史研究一般》，上海：上海人民出版社，2006年，第324页。
② 李济：《李济文集》卷一《古史研究一般》，上海：上海人民出版社，2006年，第324页。
③ 李济：《李济文集》卷一《古史研究一般》，上海：上海人民出版社，2006年，第324页。
④ 李济：《李济文集》卷一《古史研究一般》，上海：上海人民出版社，2006年，第327页。
⑤ 李济：《李济文集》卷一《古史研究一般》，上海：上海人民出版社，2006年，第327页。
⑥ 李济：《李济文集》卷一《古史研究一般》，上海：上海人民出版社，2006年，第327页。
⑦ 李济：《李济文集》卷一《古史研究一般》，上海：上海人民出版社，2006年，第327页。
⑧ 李济：《李济文集》卷一《古史研究一般》，上海：上海人民出版社，2006年，第329页。
⑨ 李济：《李济文集》卷一《古史研究一般》，上海：上海人民出版社，2006年，第329页。
⑩ 李济：《李济文集》卷一《古史研究一般》，上海：上海人民出版社，2006年，第330页。
⑪ 李济：《李济文集》卷一《古史研究一般》，上海：上海人民出版社，2006年，第330页。
⑫ 李济：《李济文集》卷五《学术论谈》，上海：上海人民出版社，2006年，第36页。
⑬ 李济：《李济文集》卷五《学术论谈》，上海：上海人民出版社，2006年，第37页。

西方的学者们常常"因地域偏见、国家观念而对所谈的问题故作畸重畸轻之论"①，呼吁"各国的历史学者首先要放弃国家地域的偏见"②，抱着"廓然大公的态度……保存历史真面目"③。李氏批评"不少外国学者，急于为我们找寻外来的痕迹。它们以为青铜是由西伯利亚输入，彩陶来自中亚，黑陶也是外来的。早期文化之接触当然是可能的，但在发掘未普遍、证据不齐全时，骤下结论，是不够科学的"④。兹从 1951 年李氏对毕士博 1933 年前后发表于伦敦《古物》（Antiquity）上的《中国之新石器时代》和 1940 年发表于该刊的《远东文化之原始》两篇文章重要观点的反驳，可见一斑。

毕士博《中国之新石器时代》一文认为，如果把中国的新石器时代文化与欧洲的新石器时代文化相比，中国的新石器时代文化显得非常贫乏，它的成分大多是外国已有的。譬如家禽、家兽方面，在欧洲有牛、山羊、绵羊、猪、狗，在中国只有猪和狗；家禽之中，鸡来自缅甸，麦、黍也都不是中国的东西。⑤其《远东文化之原始》一文表示，如果把北极附近地带画出一个圆圈，可以看出里面有几种共同的文化，如穴居、复弓；中国的这些，都是来自北方的。青铜时代的车战、版筑，在西方早于中国一千多年便有了。……中国早期的文化，不是来自西方，就是来自北方，没有任何成分是中国人自己发明、发展的⑥。毕士博的以上论点，统称为中国民族文化外来多元论，一度在 20 世纪 30—40 年代的欧美学术界产生过重大的影响。李氏对于以上带有狭隘民族偏见的论点，逐一予以驳斥。

李氏指出，毕士博用家畜为例，以证中国民族文化外来多元论，"是一个很不幸的例"⑦，并从以下几个角度反驳说：

（1）新石器时代遗址中发掘出来的兽骨，并没有经过详细的分析，作为现代科学标准；搜集一切兽骨加以鉴别的，除了历史语言研究所一部分

---

① 李济：《李济文集》卷五《学术论谈》，上海：上海人民出版社，2006 年，第 28 页。
② 李济：《李济文集》卷五《学术论谈》，上海：上海人民出版社，2006 年，第 28 页。
③ 李济：《李济文集》卷五《学术论谈》，上海：上海人民出版社，2006 年，第 28 页。
④ 李济：《李济文集》卷五《学术论谈》，上海：上海人民出版社，2006 年，第 28 页。
⑤ 转引自李济：《李济文集》卷一《古史研究一般》，上海：上海人民出版社，2006 年，第 357—358 页。
⑥ 转引自李济：《李济文集》卷一《古史研究一般》，上海：上海人民出版社，2006 年，第 358 页。
⑦ 李济：《李济文集》卷一《古史研究一般》，上海：上海人民出版社，2006 年，第 358 页。

工作外，尚没有别人。毕士博立论的根据，是1933年以前安特生所作一般性的说明；这种根据甚为薄弱。（2）山东城子崖发掘出来的兽骨，都经过专门的鉴定，其中不但有牛、羊，而且有马。最足以证明中国新石器时代有牛的，是城子崖下层出土的占卜所用的牛肩胛骨。城子崖的黑陶文化时期，尚没有龟版占卜；所用的以牛、羊与鹿的肩胛骨为普通。安阳的兽骨，在毕士博文章发表的前后，送请德日进和杨钟健两位先生鉴定。鉴定的结果，证明不但有牛有羊，在安阳附近还有很多的水牛和新种的殷羊；这种水牛和殷羊，已有古生物标本证明，完全是在华北完成其豢伏的；它们在华北，都有未经豢伏的更新统时代的老祖宗发现。①

针对毕士博《远东文化之原始》一文中的中国民族文化外来多元论，李氏结合新出考古资料反驳说：

> 在安阳出土物里，青铜占重要的地位。青铜文化的原始问题，由于缺乏新的资料，至今未能解决；就现有的资料推测，若干器物的确与西方有关，如矛、如空头斧；此外就难说了。中国大部分礼器在国外很少发现。最近讨论得很激烈的，是青铜刀子；它的作法，尤其兽头形的装饰，似乎与西伯利亚叶尼塞河一带以及西方的相似，所以使得一些美国的汉学家认为中国的青铜刀子与北方的有关系，而在时代上，中国的比西伯利亚的晚。……安阳出土的东西里面有与西伯利亚相似的，是个事实；但何以不能说西伯利亚的是从中国去的呢？除了刀子以外，安阳还有文字，这是西伯利亚所绝对没有的；在中国的境内，有不少青铜原料的产地，这是我们早想从事研究而新近被日本人发表了的问题。放射性碳素标定时代方法（radiocarbon dating）发表了以后，欧洲古代遗物的年代被向下拖，美洲和日本的反被提早；造成了先史学的革命时代，中国与西方的年代早晚问题，也不是像西人所想像的那样简单。安阳除了青铜以外，还有车，这是一个大问题；我们曾想将中国古代的车从汉代向上一步步复原出来，还没有完全作成。商代的车是不是中国人自己发明的？我们知道，中国早期的车有若干部分是和西方相似的。安阳又有版筑，中国用版筑营造，不但发现在

---

① 李济：《李济文集》卷一《古史研究一般》，上海：上海人民出版社，2006年，第358页。

殷代，可能开始于新石器时代的山东黑陶文化。①

李氏结合新出考古资料对毕士博的中国民族文化外来多元论予以正面回击：

> 中国文化之常常接受外国文化，是没有疑问的，而且是中国文化的一大优点；能接受才能发展。另一方面，如果一个文化的内容全部是外来的，则它在世界的文化史上，却也不能占一个重要的地位。②

李氏"举出若干不可争辩的在中国本土以内发明及发展的东西；从现代考古学的标准上说，为任何有偏见的科学家也不能不承认是中国所有的东西"③，对中国民族文化本土起源说予以补充完善：

> 第一件，我想举出的是骨卜。骨卜的习惯，在与殷商同时或比殷商更早的文化，如美索不达米亚、埃及以及较晚的希腊、罗马，都是绝对没有的；但在历史期间，即遍传于小亚细亚、欧洲与北非。第二件是丝蚕。中国的丝蚕业，清清楚楚，传入西方的时间最早在汉初的先后。据考古学的发现，中国本土，公元前1000年的商代，不但在文字里看得见它的存在，而且还发现过丝制包裹的遗迹。在山西西阴村的彩陶文化遗址里，我个人曾发掘出来半个人工切割下来的蚕茧。1928年，我把它带到华盛顿去检查过，证明这是家蚕（Bombyx mori）的老祖先。蚕丝文化是中国发明及发展的东西；这是一件不移的事实。第三件是殷代的装饰艺术（Decorative Art）。殷代的装饰艺术，铜器上的，以及骨器和木雕上的，聚集在一起作为一个整个的观察，完全代表一个太平洋沿岸的背景。在艺术的观念、装饰的方法和匠人的作风上，代表很早的太平洋一个传统。它向东北经过阿拉斯加传入北美西北海岸，向南传入现代太平洋的诸群岛，这些都没有西方影响在内。④

李氏强调说：

---

① 李济：《李济文集》卷一《古史研究一般》，上海：上海人民出版社，2006年，第358—359页。
② 李济：《李济文集》卷一《古史研究一般》，上海：上海人民出版社，2006年，第358页。
③ 李济：《李济文集》卷一《古史研究一般》，上海：上海人民出版社，2006年，第359页。
④ 李济：《李济文集》卷一《古史研究一般》，上海：上海人民出版社，2006年，第359页。

第四章 李济对中国上古民族文化本土起源说的补正

如果把安阳殷墟所显示的殷代文化内容勾画出一个全貌……除书体外，典型的东方因素有以下三种。这就是骨卜，养蚕业和装饰艺术。所有这三种成分都起源于华北并在这里发展，它们分别表现着周代以前早期中国人的宗教生活、经济生活和艺术生活——这样说该是无可置疑的。①

这三件，外国人讨论东方文化时，尽管可以不提，却不能不承认是远东独立发展的东西。骨卜代表当时精神生活的一部分，蚕丝代表物质生活的一部分，而装饰艺术代表他们的艺术生活。这三件东西，整个来看，代表一种自成一个单位、具有本性的文化；它以本身的文化为立足点，接收了外国的文化，正表现着它优美的弹性。②

在同时期的著述中，李氏对以上论点不断作如下补充："关于骨卜这种迷信习俗，需要着重指出的是：不论古代美索不达米亚人、希伯来人、埃及人，还是希腊人、伊特拉斯坎人、罗马人，全都不懂得；尽管在公元以后，这种习俗在欧洲和北非广泛流行。安阳遗址出土的许多卜骨上刻有中国古代的书体，而这种书体直到现今仍旧是现代考古学家所发现的中国早期文字的唯一来源；这件事实表明骨卜在这一时期文化生活发展中的重要地位。"③"正如骨卜术一样，华北地区纺丝和丝织业开始发展的时间可以上溯到新石器时代，并直至后来的历史时期，也始终是一种地道的中国式的文化复合体。它向西的传播已是有文字记载的历史期的事。"④"青铜器所代表的殷代装饰艺术，雕塑和骨刻，它们全都表现了把几种不同传统结合为一种风格的意图。这些传统中的主要成分，尽管在以往是多种形式的，但却是在以华北为中心的远东演变出来的。这种综合的结果，创造并发展了一种在构图上协调均衡、在风格上极其独特的艺术体系；这种艺术风格不仅在周代进一步演变，并促成了整个环太平洋地带不同区域的许多地方性的艺术发展。"⑤经过不断地补充完善，李氏的论点由于建立在坚实的考古学材料的基础之上，从而逐渐得到学术界的首肯。

---

① 李济：《李济文集》卷四《殷商文化研究》，上海：上海人民出版社，2006年，第507页。
② 李济：《李济文集》卷一《古史研究一般》，上海：上海人民出版社，2006年，第359页。
③ 李济：《李济文集》卷四《殷商文化研究》，上海：上海人民出版社，2006年，第507页。
④ 李济：《李济文集》卷四《殷商文化研究》，上海：上海人民出版社，2006年，第508页。
⑤ 李济：《李济文集》卷四《殷商文化研究》，上海：上海人民出版社，2006年，第508页。

李氏始终以近代考古学的发现为基础,将"中华民族的原始及其形成"①与"中国文明的性质及其成长"②两个在近代科学影响下酝酿出的"息息相关"③的两类问题作为探寻的重点。李氏对魏敦瑞、虎滕、步达生等学者的研究成果长期予以高度关注,在中国境内人类社会早期的考古学、人类学材料并不充分,李氏明确指出:"近代的考古学家尚未能提供任何材料藉以研究中国原人(Proto-Chinese)的出现,也未能提供任何资料来说明从原始蒙古人种到历史期间中国人这一阶段的蒙古人种演进程序"④,但根据已有的考古学和人类学材料可以判定:

> 近代的考古学和人类学共同发现了一件事项,即是在远东区域从更新世早期到现在,人科的演进虽可分为几个阶段,但一成不变的是:箕形上门齿的出现从未间断。这一区域的这一现象是特有的,我们尚未能在别的区域发现类似的情形。中国人的祖先和蒙古人种有密切的关系,似已不成问题了;而且以现有的证据论,蒙古人种起源于乌拉尔山东部。以此背景作为可用的假说,我们对早期中国历史的解说就有了更好的基础。⑤

李氏继续指出:"讨论早期的中国历史应自新石器时代开始,因为只有从这时期开始我们才有信而可徵(按,应为征)的资料"⑥,其从已出土的彩陶的花纹和形制推论:

> 以目前所得的知识,大约足以肯定:不论西北从甘肃到新疆,或东北由河北至辽东半岛,直到现在仍未发现有比河南省北部的后岗更原始更简单的彩陶文化。⑦

李氏对小屯文字体系的起源做出明确的判断:

---

① 李济:《李济文集》卷一《古史研究一般》,上海:上海人民出版社,2006年,第367页。
② 李济:《李济文集》卷一《古史研究一般》,上海:上海人民出版社,2006年,第367页。
③ 李济:《李济文集》卷一《古史研究一般》,上海:上海人民出版社,2006年,第367页。
④ 李济:《李济文集》卷一《古史研究一般》,上海:上海人民出版社,2006年,第369页。
⑤ 李济:《李济文集》卷一《古史研究一般》,上海:上海人民出版社,2006年,第370页。
⑥ 李济:《李济文集》卷一《古史研究一般》,上海:上海人民出版社,2006年,第370页。
⑦ 李济:《李济文集》卷一《古史研究一般》,上海:上海人民出版社,2006年,第370页。

第四章　李济对中国上古民族文化本土起源说的补正

众所周知，小屯的文字体系比最早的苏美尔文字约晚了一千六百年至一千八百年；在这一段时间里，保存书写记载的观念可能会由幼发拉底河和底格里斯河流域移植到黄河流域来。然而这仍不能解释具有二千多个单字且结构颇复杂的，与楔形文字一无相似之处的甲骨文，会突然出现在中国的土地上的原因。我们要记住，在公元前一千多年时，在乌拉尔山和印度半岛以东，华北是太平洋沿岸唯一具有文字的所在。纵使是最热心的文化传播论者，也得在华北平原与美索不达米亚之间找到证据，才能支持他们移植的假设。就我个人而言，我认为今日或过去所有伟大文明的发生都是由于文化接触的结果；但在应用此种理论于某一特殊文明之前，我们必须不惜余力搜集资料来详细考察文明实际成长中的每一个细节。截至目前为止，中国仅有一小部分地域曾适当的予以发掘，而即使连这一小地区工作也仅做了不到一半。①

李氏并不否认"商的文化是一个多方面的综合体，融汇了很多不同文化源流"②这一客观事实，但其仍十分肯定地指出：

安阳的历次发掘提供了大量证据，说明殷代的中国文明已具备了一些最基本的东方特征。经过安阳的几次发掘，有一点已经愈渐清楚了：中国早期历史文化基本上是中国北部的产物。③

殷文化之基础深植于甚早的史前时期；稻米文化的发展及附着于此一文化之整体，说明了殷商帝国之经济基础是典型东亚的，并且是在原地发展起来的。此一事实为许多卓越的田野工作者，如安特生、德日进及杨钟健等指出，又由甲骨文得到了实证。④

李氏还从类型学角度论及：

殷代的青铜器物——戈只是其中之一细件——也是与华北地区的石器

---

① 李济：《李济文集》卷一《古史研究一般》，上海：上海人民出版社，2006年，第372页。
② 李济：《李济文集》卷一《古史研究一般》，上海：上海人民出版社，2006年，第381页。
③ 李济：《李济文集》卷四《殷商文化研究》，上海：上海人民出版社，2006年，第503页。
④ 李济：《李济文集》卷一《古史研究一般》，上海：上海人民出版社，2006年，第381页。

时代文化联系着的。安阳发现的许多大型青铜器物，其形状可以从新石器时代的器物中找到原型：青铜容器的形制仿照陶料和木料容器，青铜器用具和武器则如实地沿用石制用具和武器。不同质料器物显示的形状的连续性，提供了又一条线索，说明殷文化与石器时代文化之间的密切关系。①

此后，李氏继续从铸造技术、礼器的形制和装饰青铜的主体花纹论及："中国青铜时代的问题……的三个方面，可以说完全是中国历史演绎出来的产物"②，殷商时代的青铜礼器，"就它们的形制与文饰看，它们代表远东区域很久远的传统。差不多所有礼器的形制都承袭了华北新石器时代的陶器、石器或木器的形制；装饰这些礼器的花纹，尤其表现十足的东方色彩和构想。青铜器花纹的组织、母题的选择以及纹饰成分的配置，完全是黄河流域的原始发展"③。李氏将殷墟青铜器与西伯利亚所出青铜器进行比较后，他认定："西伯利亚与中国在青铜文化期纵有密切的关系，那方向只能说是由东到西的"④，"与殷墟青铜文化最有密切关系的西伯利亚青铜文化，要比殷墟迟若干时，而在欧洲所出的类似殷墟的青铜实物又散在各处，所以说这种青铜器完全是欧洲或西伯利亚传到中国的，都说不通"⑤。李氏从类型学角度对殷墟青铜器源流的分析，对中国民族文化本土起源说起到了重要的补正作用。

1962年，李氏继续阐述中国民族文化的本土起源问题：

> 因为地下材料的发现，现代中国民族最重要的一个成分，可以说在黄河流域一带，已经具有远到新石器时代的历史了。就是说，在华北一带，新石器时代文化的创造者，他们的体质，与现代华北的中国人是没有什么分别的。……蒙古种的形成，也许就在东亚这个区域，地域上与中国很接近。他们早期的形成，也就构成了中国民族早期最重要的一段历史。⑥

中国的历史文明既不是完全由西方送来的礼物，也不是从哪个不为人知的源头突然发展起来的。正像其他旧世界文化一样，它是从长达数十万

---

① 李济：《李济文集》卷四《殷商文化研究》，上海：上海人民出版社，2006年，第506页。
② 李济：《李济文集》卷四《殷商文化研究》，上海：上海人民出版社，2006年，第574页。
③ 李济：《李济文集》卷四《殷商文化研究》，上海：上海人民出版社，2006年，第573页。
④ 李济：《李济文集》卷三《小屯及豫北等铜器研究》，上海：上海人民出版社，2006年，第455页。
⑤ 李济：《李济文集》卷三《小屯及豫北等铜器研究》，上海：上海人民出版社，2006年，第456页。
⑥ 李济：《李济文集》卷一《古史研究一般》，上海：上海人民出版社，2006年，第411页。

年的史前时期逐渐演变过来的。①

综上可知，在以全人类为背景的"正当历史观"主导下，李氏对中国民族文化形成发展的探索，学术视野日趋开阔，理论体系亦日臻完备，但其始终认定中国民族文化是本土起源的。中国民族文化本土起源论构成李氏中国民族文化形成发展的理论基础。

三、对中国民族文化形成发展过程中外来因素的探寻及复杂背景的分析

20世纪30年代后，李氏探寻中国民族文化起源由重点追寻中国早期文化的本土因素，转向强调多元线索，并随着新材料的持续发现与研究的不断深入，不断对中国民族文化本土起源论予以补充完善。

李氏反复强调："中国早期文化的成分中有多少是外来的，有多少是土著的？这些都是讨论中国上古史的中心问题。如果对它们不能说出一个清楚的立场，则上古史是没法写的。"②李氏始终认为："中国最早的历史文化不是孤立的发展，实在承袭了若干来自不同方向的不同传统，表现了一种综合性的创造能力。"③以彩陶为例，李氏指出：

>中国的彩陶，似乎与中亚、小亚细亚及多瑙河流域一带的遗址所出的类似陶器有些不可忽视的关系；这虽是些未定的推测，彩陶文化的国际性是很显然的。④
>
>仰韶文化与中亚细亚及东欧的彩色陶器文化有相当的关系，这是大部分的考古学家所承认的。⑤

随着殷墟科学发掘工作的全面展开，李氏对殷商文化中的外来因素继续予

---

① 李济：《李济文集》卷一《中国人类学》，上海：上海人民出版社，2006年，第305页。
② 李济：《李济文集》卷一《古史研究一般》，上海：上海人民出版社，2006年，第354页。
③ 李济：《安阳发掘与中国古史问题》，《李济文集》卷四《殷商文化研究》，上海：上海人民出版社，2006年，第561页。
④ 李济：《中国古物学的新基础》，《李济文集》卷一《古史研究一般》，上海：上海人民出版社，2006年，第339页。
⑤ 李济：《殷墟铜器五种及其相关问题》，《李济文集》卷三《小屯及豫北等铜器研究》，上海：上海人民出版社，2006年，第456页。

以关注。早在1933年，李氏即充分认识到"殷墟文化来源的复杂"①：

> 殷墟文化是多元的。……出土品中确可指为原始于东方的为：骨卜、龟卜、蚕桑业、文身技术、黑陶、戈、瞿、戚、璧、瑗、琮等。确与中亚及西亚有关者为：青铜业、矛、空头锛等。显然与南亚有关者，为：肩斧、锡、稻、象、水牛等。这些实物都是构成殷墟文化的重要成分，已与那时人民的日用及宗教生活发生了密切的关系，不是短时间的一个凑合。②

李氏颇为肯定地指出：商文化"通过与境外国家的交往而吸收了一切有用的文化因素，同时对新石器时代末期已在世界各地传布开来的新思想采取了接纳的态度。"③"安阳发掘的成功……从这些青铜器、玉器、建筑遗迹、日用器具、艺术品以及鸟兽的头骨，我们不但发现在我国古代的艺术中早有雕刻的存在，同时还发现许多材料，可以认清中国古代的文化与西方、南方的关系。"④李氏结合殷墟考古发掘资料屡屡指出：

> 从小屯出土的一些器物上可以断定：从殷代乃至更早一些的时候起，中国就已经跟外部世界有着多方面的接触了。在青铜器中，有带插口的斧和带插口的矛头；在陶器中，有喇叭形的罐和圜底的罐；在石器中，有丁字形的斧和凿子；——所有这些显然都是文化移植造成的结果，是说明中国早在公元前第二千年就同远西地区有交往的重要佐证。⑤

> 殷代在中国早期除了融合最初在中国北方、内蒙古和满洲南部发展起来的三种不同的传统之外，同时还含有存在于中亚和更远的西部的其他文化的因素，在创造并发展了的太平洋地区艺术传统的那些文化成分中，也可以在其中找到它们的痕迹。⑥

李氏结合考古资料判定殷商时代的中国文化，"有些部分显然曾透过中亚

---

① 李济：《李济文集》卷三《小屯及豫北等铜器研究》，上海：上海人民出版社，2006年，第458页。
② 李济：《李济文集》卷二《安阳殷墟发掘》，上海：上海人民出版社，2006年，第289页。
③ 李济：《李济文集》卷四《殷商文化研究》，上海：上海人民出版社，2006年，第503页。
④ 李济：《李济文集》卷一，上海：上海人民出版社，2006年。
⑤ 李济：《李济文集》卷四《殷商文化研究》，上海：上海人民出版社，2006年，第507页。
⑥ 李济：《李济文集》卷四《殷商文化研究》，上海：上海人民出版社，2006年，第516页。

第四章 李济对中国上古民族文化本土起源说的补正

一带的游牧民族,受了两河流域及小亚细亚一带的影响",并推论殷商文化"受西方影响最显明的例为杀人殉葬的习惯"①。殷墟文化中的"一部分的文化显然受过西方的影响,同时带着浓厚的地方色彩。如文字,一部分的农业及陶业"②;"一部分来自南亚,如水牛、稻及一部分艺术"③。李氏另举证说:"殷墟出土的青铜器与欧洲青铜文化晚期的实物,有极相似的地方。"④"青铜的原料除了铜之外,还有锡;这锡从哪里来,是值得我们研究的。玉器在中国没有出产,它的来龙去脉,也是应当研究的。还有在这些鸟兽的骨头中,孔雀不但安阳没有,就是中国也没有。犀牛也是一样;安阳没有犀牛,连水牛都没有,因为河南北部不出产水牛,只有南部才有"⑤。综合以上大量考古学证据,李氏较为明确地说:"要说这种文化完全是中国自己演化出来的,我们……没有一点可靠的证据。"⑥

随着田野考古资料的日渐丰富,李氏不断以全人类为背景,探寻以小屯为中心的中国上古文化的接触范围。李氏由殷商时代青铜礼器花纹的组织、母题的选择和纹饰成分的配置发展"延伸影响所及,到了全太平洋区域,包括北、中、南美洲及太平洋全部——北达阿拉斯加,南及新西兰"⑦。此外,李氏还注意到:"T形斧可以溯源到埃及、西伯利亚及秘鲁,蛾眉凿见于北欧的石器时代,锤斧于公元前2000年以前在黑海区域出现,靴形斧遍布东南亚。"⑧李氏在对大量中外考古学资料进行深度比较的基础上,积极探寻中国民族文化形成发展过程中外来因素,科学地揭示出中国民族文化形成发展的道路和中国上古民族文化的真实面目,在新的学术背景下,从而逐渐丰富和完善了自成一系的中国上古民族文化形成发展论点体系。

和此前欧美学者极力鼓吹的中国民族文化外来多元论有着本质的不同,李氏积极探寻中国民族文化形成发展过程中的外来因素,力求避免在考古学资料

---

① 李济:《李济文集》卷四《殷商文化研究》,上海:上海人民出版社,2006年,第575页。
② 李济:《李济文集》卷三《小屯及豫北等铜器研究》,上海:上海人民出版社,2006年,第458页。
③ 李济:《李济文集》卷三《小屯及豫北等铜器研究》,上海:上海人民出版社,2006年,第458页。
④ 李济:《李济文集》卷三《小屯及豫北等铜器研究》,上海:上海人民出版社,2006年,第456页。
⑤ 李济:《李济文集》卷一《我与中国考古工作》代序一,上海:上海人民出版社,2006年。
⑥ 李济:《李济文集》卷三《小屯及豫北等铜器研究》,上海:上海人民出版社,2006年,第456页。
⑦ 李济:《李济文集》卷四《殷商文化研究》,上海:上海人民出版社,2006年,第573页。
⑧ 李济:《李济文集》卷三《石、玉、骨器研究》,上海:上海人民出版社,2006年,第354页。

尚不充分、文化背景尚不明确的情况下将纷繁复杂的问题简单化。如李氏注意到："由安阳发掘所看到的中国早期文化与民族的事实是很丰富的……有的成分可以肯定地说明它的性质，有些还是问题；只有等将来的发掘才能解决。"①李氏指出："今日或过去所有伟大发明的发生都是由于文化接触的结果；但在应用此种理论于某一特殊文明之前，我们必须不惜余力搜集资料来详细考察文明实际成长中的每一个细节。"②李氏对极力鼓吹小屯文字自两河流域楔形文字"移植"而来的文化传播论者提出批判：

> 小屯的文字比最早的苏美尔文字约晚了一千六百年至一千八百年；在这一段时间里，保存书写记载的观念可能会由幼发拉底河和底格里斯河流域移植到黄河流域来。然而这仍不能解释具有二千多个单字且结构颇复杂的，与楔形文字一无相似之处的甲骨文，会突然出现在中国的土地上的原因。……在公元前一千多年时，在乌拉尔山和印度半岛以东，华北是太平洋沿岸唯一具有文字的所在。纵使是最热心的文化传播论者，也得在华北平原与美索不达米亚之间找到证据，才能支持他们的移植的假设。③

李氏反对简单地用文化移植理论解释外来文化对中国民族文化的影响："殷代确实引进了许多在任何早期遗存中未曾见过的新的成分……这些新成分中，有些需要作进一步综合的、认真的逐项研究，才能对其开端和这一时期在中国的突然出现，对殷人在其引进中所起作用的规模和程度，得出肯定的看法。"④又如，李氏还对商代装饰艺术和陶器的形制的外来影响进行较为细致的探究。李氏指出，侯家庄帝王陵墓 HPKM1001 大墓的椁顶拓写下来的"肥遗"怪兽图案，"比中东和近东出现的晚了一千年。所以它的原始可以追溯到美索不达米亚地区，非常可能和埃及的盖伯尔·塔里夫（Gebel el Tarif）包金手把上交缠的蛇形有关"⑤；另一个在木雕残片中发现的英雄擒兽主体的母题，"是美索不达米亚原母题的变形"⑥；安阳出土的青铜方彝，每一侧面都

---

① 李济：《李济文集》卷一《古史研究一般》，上海：上海人民出版社，2006年，第359—360页。
② 李济：《李济文集》卷一《古史研究一般》，上海：上海人民出版社，2006年，第372页。
③ 李济：《李济文集》卷一《古史研究一般》，上海：上海人民出版社，2006年，第372页。
④ 李济：《李济文集》卷四《殷商文化研究》，上海：上海人民出版社，2006年，第506—507页。
⑤ 李济：《李济文集》卷一《古史研究一般》，上海：上海人民出版社，2006年，第377页。
⑥ 李济：《李济文集》卷一《古史研究一般》，上海：上海人民出版社，2006年，第377页。

像一块雕刻的木板,每一侧面的整面雕刻都以一个兽面或连体兽面为主要的母题,"这种效果和鲍亚斯(Franz Boss)的《原始艺术》一书中所记录的瓜求达鲁(Kwakiut)的房前绘画几乎完全一样"①;一件像花盆一样中央有一根突起的阴茎状柄的陶罐的盖子,"同样的也在杰姆德纳刹(Jemdet Nasr)和莫汗久达鲁(Mohenjo-daro)地方发现过"②。李氏认为:"上述的各种证据,只是说明近东和远东存在文化接触的实例而已。这种文化接触的性质甚难由上述之例证予以推断;可能是起于部份的模仿,但看起来关系终究甚远。"③李氏仍确信:"商文化的真正基础,仍在亚洲东部。这个地区孕育并且影响了整个太平洋沿岸主要艺术的传统,这文化很可能在失去了的中国古代木雕艺术中找到根源。"④与此同时,随着殷墟科学考古工作的全面展开与商代考古研究的日趋深入,到1955年,李氏根据胡厚宣对甲骨文的解释推知:"商人不但熟悉种植稻米,而且以驯养的水牛拖犁都已开始应用。"⑤德日进、杨钟健也认为:"安阳的圣水牛(Bubalus Mephistopheles)代表一类土生的品种,人类驯养而繁殖,而非引进的。"⑥这些推论对此前殷墟出土品中,"显然与南方关者,为:肩斧、锡、稻、象、水牛等"⑦的观点提出新的见解。以水稻种植为例,李氏指出:"稻米虽然似乎是源于南方,但却可能在黄河流域经过一番改良和培育。"⑧综合以上证据,李氏认为中国上古民族文化绝不是简单抄袭西方的,"中国文化是经了若干时间,集合了很多的成分一步一步创造出来的"⑨。

其次,李氏强调:"对一定的文化形式如何确定其准确的时期,或如何选择一个肯定的历谱,借以确定各种发明创造最先出自哪一地区。"⑩李氏认定,在中国上古民族文化形成发展过程中,中外文化的交流与影响是双向的:

---

① 李济:《李济文集》卷一《古史研究一般》,上海:上海人民出版社,2006年,第378页。
② 李济:《李济文集》卷一《古史研究一般》,上海:上海人民出版社,2006年,第377页。
③ 李济:《李济文集》卷一《古史研究一般》,上海:上海人民出版社,2006年,第378页。
④ 李济:《李济文集》卷一《古史研究一般》,上海:上海人民出版社,2006年,第378页。
⑤ 胡厚宣:《卜辞中所见之殷代农业》,《甲骨学商史论丛》二集,成都:齐鲁大学国学研究所,1945年,第81页。
⑥ 德日进、杨钟健:《安阳殷墟遗址之哺乳动物群》第1册,北平:实业部地质调查所、国立北平研究院地质学研究所,1936年。
⑦ 李济:《李济文集》卷二《安阳发掘报告》,上海:上海人民出版社,2006年,第289页。
⑧ 李济:《李济文集》卷一《古史研究一般》,上海:上海人民出版社,2006年,第380页。
⑨ 李济:《李济文集》卷五《学事忆旧》,上海:上海人民出版社,2006年,第183页。
⑩ 李济:《李济文集》卷四《殷商文化研究》,上海:上海人民出版社,2006年,第507页。

"由史前到秦的统一，中国这一地区的人类曾经从四面八方接收不少别处人类的文化业绩，也曾经向四面八方放射出不少对别处人类的影响。"①"我们不能否认中国文化可能受西方的影响，同时西方文化在若干时代也可能受中国文化的影响"②。诸如李氏举证，商代青铜器装饰艺术融合了许多传统，其中包括了很多成分只见于太平洋区域所发展的装饰艺术。殷商时代的青铜器，即是这一传统最早的代表作。"分布在太平洋区域各地，几个民族所受殷商装饰艺术的影响，是可以推知的"③。随着新的考古资料的不断出现与中外文化交流史研究的深入，李氏以上推论不断受到学术界的高度重视。如李氏前已论及，蚕桑业乃中国本土起源，是"为任何有偏见的科学家也不能不承认"的。家蚕有中国的一、二化性种，日本的一、二化性种，中亚、欧洲一化性种与热带多化性种的地理种。丝绸专家认为："这些地理种来源于中国一化性种，在时间与空间的演变过程中分化。即是说，在中国某个地区生息的蚕桑，逐渐驯化为家蚕，家蚕就是从野蚕驯化后再逐渐向各地传播的。"④植物学家认为，粟和黍起源于华北，在史前时期已由亚欧大陆的草原传入东欧、中欧等地区⑤。青铜器专家则以确凿的考古材料为据推论，分布于中亚部分地区的卡拉苏克文化，"是当地文化因素受古老殷商文化的强烈影响，两者相结合的产物"⑥，"是明显受殷商文化影响、与中国北方民族发生密切关系的中亚原始文化的典型代表"⑦。

综上可知，李氏在积极探寻中国上古民族文化形成发展过程中外来因素影响的同时，亦高度重视中国上古民族文化不断向外传播并对域外文化面貌产生深刻影响这一客观事实，并在此基础上，科学分析中国上古民族文化形成发展过程中双向互动的复杂背景，最大限度地克服了以往欧美学者和中国学者对中

---

① 李济：《李济文集》卷五《序跋致辞》，上海：上海人民出版社，2006年，第152页。
② 李济：《李济文集》卷五《学事忆旧》，上海：上海人民出版社，2006年，第183页。
③ 李济：《李济文集》卷四《殷商文化研究》，上海：上海人民出版社，2006年，第559页。
④ 日本学者吉武成美观点。转引自蒋猷龙、吉武成美：《家蚕的起源和分化研究》，朱予新主编：《中国丝绸史（专论）》，北京：文物出版社，1997年，第30页。
⑤ 瑞士植物学家狄堪道（Alphonse de Candalle）的观点。转引自石兴邦：《下川文化的生态特点与粟作农业的起源》，《考古与文物》2000年第4期。
⑥ 李琪：《史前东西民族的迁移运动——关于卡拉苏克文化的思考》，《西北民族研究》1998年第2期。
⑦ 李琪：《史前东西民族的迁移运动——关于卡拉苏克文化的思考》，《西北民族研究》1998年第2期。

国民族文化外来说和本土起源说中的绝对化、简单化倾向，进一步彰显了李济坚持以全人类为背景的"正当历史观"，科学建构中国上古民族文化形成发展理论体系的独到旨趣。

四、李济上古民族文化形成发展理论的学术史价值

自20世纪20年代至70年代末，在长达半个世纪的学术实践中，李济始终坚持以全人类为背景的"正当历史观"，科学运用多学科资料，在广阔的国际学术视野下，长期对中国民族文化的形成发展问题进行不懈的补充完善，并在此基础上建立起自成一系、旨趣独到的理论体系。较之20世纪20年代以来风靡一时的中国民族文化外来说和本土起源说，李氏中国上古民族文化的理论价值，受到国内外学者的格外重视与高度首肯。

首先，开创了一种中外兼顾、综合研究的新的学术范式。李氏的中国上古民族文化形成发展理论对20世纪20年代以来的中国民族文化外来说和本土起源说并非简单地采取绝对肯定或否定的态度，相反，其对来自国内外学术界的各种不同意见予以高度重视，并在此基础上建立起综合各种学科资料、兼顾中外的新范式。如李氏晚年曾评价步达生关于华北人遗骸的体质特征的研究"质量高"[1]，"至今仍是常被引用的关于中国人的体质人类学的论文之一"[2]；其盛赞德日进20世纪40年代出版的《中国原人》是"这期间中国出版的所有科学名著中的经典之作"[3]。此外，亦有学者从李济对安特生甘肃考古工作正反两个方面的评论，强调"李济对于安特生学术遗产的重视和珍视"[4]。显然，李济对于中国上古民族文化形成发展的研究，建立在对前人已有研究成果的批判继承、兼收并蓄的基础之上，这也正如张光直所说，李济的考古学所具有的特点，"是广博的，不是狭隘的、专业化的；是重比较、向外开放的，不是闭关自守的"[5]。正是在此基础上，李济的中国上古民族文化形成发展理论建构，是有别于前人的一种综合性、开放式的全新学术范式。

---

[1] 李济：《李济文集》卷二《安阳殷墟发掘》，上海：上海人民出版社，2006年，第347页。
[2] 李济：《李济文集》卷二《安阳殷墟发掘》，上海：上海人民出版社，2006年，第347页。
[3] 李济：《李济文集》卷二《安阳殷墟发掘》，上海：上海人民出版社，2006年，第350页。
[4] 陈星灿、马思中：《李济与安特生——从高本汉致李济的三封信谈起》，《考古》2007年第2期。
[5] 张光直：《中国考古学论文集》，北京：生活·读书·新知三联书店，1999年，第424页。

其次，建立起中国上古民族文化形成发展理论的崇高水准和崭新起点。较之以往中国民族文化外来说与本土起源论者，李氏严格遵循"中国历史学和考古学研究中所能达到的最高的科学标准"①，"力图借助科学来彰显民族，突出国史，把'人类学的中国问题'汇入世界体系，然后从中国立场去补充人类的科学、参与人类学的整体叙事"②。李氏对中国上古民族文化形成发展的理论建构，最大限度地克服了以往学者的民族主义狭隘偏见与种种非学术因素的干扰，每一个学术论断"都是建立在许多坚实可靠的事实之上"③，"使前此一向对中国古代文化抱怀疑态度的西方学者，哑然无语"④。如有的学者评说李氏《中国民族的形成》一书的价值："著者虽未使用'国族'（Nation）一词，但他已经注意到了这种'多元一体'的进程。因此，'我群'与'你群'之分并无丝毫偏见或大民族主义。"⑤近期有的学者由此充分肯定李氏《中国民族的形成》一书的开创价值和里程碑意义："李济的博士学位论文最初只是用英文在美国发表，很晚才以汉译本的形式返回汉语世界，使得它的影响未能在中国本土及时产生，不然社会各界讨论中国民族与文化多样性格局时，就不会仅以直到很久以后才出现的'多元一体'论（费孝通）与'满天星斗'说（苏秉琦）为起点了。"⑥众所周知，20世纪50年代以后，李济的考古学研究逐渐远离了中国考古学的主流，但其对中国上古民族文化形成发展的理论建构，长期未被学术界超越。到20世纪80年代，张光直仍然认为："就中国考古学说来，我们仍旧生活在李济的时代"⑦，"在当代中国考古学的许多领域还留有他的影子"⑧。

最后，为中国上古民族文化形成发展的研究争取到国际学术背景下的中国

---

① 张光直：《怀念李济（1896—1979）》，李光谟：《从清华园到史语所——李济治学生涯琐记》，北京：清华大学出版社，2004年，第5页。
② 徐新建：《科学与国史：李济先生民族考古的开创意义》，《思想战线》2015年第6期。
③ 张光直：《李济》，李光谟编：《李济与清华》，北京：清华大学出版社，1994年，第177页。李济在《中国上古史》编辑大旨中强调："以可靠的材料为立论依据，材料必须是经过考证及鉴定的文献史料和以科学方法发掘及报道的考古资料。"参见李济：《李济文集》卷五《序跋致辞》，上海：上海人民出版社，2006年，第153页。
④ 李济：《李济文集》卷一《古史研究一般》，上海：上海人民出版社，2006年，第362页。
⑤ 李济：《李济文集》卷一《中国人类学》，上海：上海人民出版社，2006年，第52页。
⑥ 徐新建：《科学与国史：李济先生民族考古的开创意义》，《思想战线》2015年第6期。
⑦ 张光直：《张光直考古学论文集》，北京：生活·读书·新知三联书店，1999年，第27页。
⑧ 张光直：《张光直考古学论文集》，北京：生活·读书·新知三联书店，1999年，第25页。

话语权，促成了考古学"中国学派"的形成。张光直曾经指出："1950 年以前，中国考古学最主要的特征是民族主义"①，与此同时，他又强调说："民族主义考古学是全世界每一个国家都有的，最常见的就是'文明的起源'这一类的主张。"②自 20 世纪 20 年代起，李济就积极呼吁："中国人类学家不仅要使科学去欧洲化（to de-Europeanize science），还要使自己去民族化（to denationalize himseif），尤其在那些'自我'（ego）因素起了很大作用的带人文特性的科学工作中。……中国人类学家最迫切的任务是超越自身的民族界限。"③有的学者指出，若仔细分析李济对文化源流的研究，以及他本身针对"民族主义"进行的表述，都可看出，"民族主义"正是李济极力想要避开的意识形态限制④。李济去世后，有的学者提出了考古学的"中国学派"⑤的概念。此后，有的学者进一步强调："从实际出发的比较分析、综合概括，则是'中国学派'出现的催化剂。"⑥在科学的考古学理论指导下，李济长期进行的去欧洲化和去民族化的学术实践，正遵循了"从实际出发的比较分析、综合概括"的原则，建立起一整套与以往汉语经典截然不同的中国话语体系，为考古学"中国学派"的形成奠定了坚实的理论基础。

---

① 张光直：《考古学专题六讲》，北京：生活·读书·新知三联书店，2010 年，第 170 页。
② 张光直：《考古学专题六讲》，北京：生活·读书·新知三联书店，2010 年，第 171 页。
③ 李济：《李济文集》卷五《未译论著》，上海：上海人民出版社，2006 年，第 305 页。
④ 查晓英：《"正当的历史观"：论李济的考古学研究与民族主义》，《考古》2012 年第 6 期。
⑤ 苏秉琦：《建国以来中国考古学的发展》，《史学史研究》1981 年第 4 期。
⑥ 俞伟超、张忠培：《探索与追求》，《文物》1984 年第 1 期。

第五章　凌纯声中国民族文化起源与传播假说再思考

　　凌纯声先生是我国现代著名的民族学家、人类学家。20世纪30年代，凌氏曾对松花江下游的赫哲族、湘西苗族、浙江畲族、云南彝族进行过广泛深入的学术调查。20世纪40年代，其学术兴趣转向对新疆民族问题和边政建设问题的研究。移居台湾后，凌氏由调查台湾少数民族的社会文化进而探讨中国古代民族文化与环太平洋地区土著民族文化之间的关系，发表了大量有价值的论著，产生了广泛的国际学术影响。凌氏在国际学术视野下通过民族调查和比较研究，对中国民族文化起源及中国古代民族文化与环太平洋地区土著民族文化之间的关系问题的深入探讨，为20世纪后半期中国上古民族文化形成和发展的理论建构树立了一个杰出的典范，其研究中所呈现出的民族主义情怀与方法理论方面的局限与缺失也不断受到中外学术界的质疑与批判。显然，这一备受中外民族学、历史学、考古学、民俗学、语言学等多学科专家普遍关注和高度重视的国际学术命题，还有待于多学科专家在较长时间内继续作更为周密的论证和补充完善。

一、人类学视野下中国民族文化多元起源论的阐发

　　早在中国人类学、考古学兴起之前的20世纪20年代初期，受胡适先生

"宁疑古而失之，不可信古而失之"①的影响，1923年6月，顾颉刚先生在《答刘胡两先生书》一文较早发布了推翻非信史方面的四项标准，尤其提出了"打破民族出于一元的观念"和"打破地域向来一统的观念"②。顾氏的以上两个"打破"从根本上动摇了自战国至秦汉以来中国古代史学家建立起来，并在长期流传过程中日渐建设得牢不可破的中国上古民族文化起源本土一系说。此后，随着中国考古学、人类学、民族学等学科的蓬勃兴起，中国民族文化起源本土多元论逐渐成为中国绝大多数学者的共识。

从现代人类学视角探讨中国民族之始，大体上是从李济先生开始的。早在1923年，李氏在《中国的若干人类学问题》（Some Anthropological Problems of China）一文中，使用中国人人体测量数据、史书里有关城邑建造的资料、姓氏起源资料、人口资料以及其他历史文献资料，分析出参加构成现代中国人的黄帝的后裔、通古斯群、孟—高棉语群、掸语群和藏缅语群五个大的民族单位，并依靠上述五套资料从时间和空间两方面十分详尽地勾画了上述五个族群的迁徙状况③。他的这一观点在其1923年写定，1928年哈佛大学出版社印行的《中国民族的形成——一次人类学的探索》一书中作了更为缜密系统的论证。在我们今天看来，尽管该书中一些提法与当今研究结论明显不同，但这是第一部研究中国人类学，也是第一部中国人写的现代人类学著作，其已经初步揭示出中国民族形成的"多元一体"进程④。

随着中国考古学、人类学、民族学的兴起和先秦史研究的深入，徐中舒先生较早列举"周人称殷为夷""周人称殷为戎""殷、周畿内之称夷者""箕子逊于朝鲜"⑤四条证据以证"殷周非同种民族"⑥，傅斯年先生提出了著名的"夷夏东西说"⑦。20世纪40年代，人类学家提出的"中国诸民族原

---

① 胡适：《自述古史观书》，顾颉刚编著：《古史辨》第一册上编，上海：上海古籍出版社，1982年，第22页。
② 顾颉刚编著：《古史辨》第一册中编，上海：上海古籍出版社，1982年，第99—100页。
③ 该文原文为英文，详见 Chi Li, Some Anthropological Problems of China, *The Harvard Graduates Mgazazine*, Vol.31, No.123, 1923, pp.346-351；汉语译文参见李济：《李济文集》卷一《中国人类学》，上海：上海人民出版社，2006年，第4页。
④ 李济：《李济文集》卷一《中国人类学》，上海：上海人民出版社，2006年，第52页。
⑤ 徐中舒：《从古书中推测之殷周民族》，《国学论丛》1927年第1号。
⑥ 徐中舒：《从古书中推测之殷周民族》，《国学论丛》1927年第1号。
⑦ 傅斯年：《夷夏东西说》，《傅斯年全集》第三卷，长沙：湖南教育出版社，2003年。

属多数族系，因在历史上相互接触，互相混合，最后竟有渐趋统一之势"①观点逐渐为学术界所接受。

20世纪50年代，凌纯声已较为明确地指出："现代的中国民族，包含复杂的种族与文化成分，其来源是多元而非一元的。"② "中国文化是多元的，文化的形成是累积的"③。

凌氏从现代人类学的视角论及：

> 把中国民族当作整个现代人类的一员，而说北京人是我们的祖先则可，若说现代中国民族属于北京人一脉相传的后裔，因为认为中国民族自五十万年前便占居中国的土地，从而演变至今，则是我们从事人类学者所不能苟同的。……从北京人演变到现代人类，诚然在时间上是一条连续的线，但在讨论作为一个文化单位的现代中国民族的起源问题上，要看我们从这条线上的那一点，摘下来那以后的历史，算是"中国民族"的历史。④

为进一步论定以上推断，凌氏结合中国境内的古人类学资料讲道：

> 两万多年以前，在中国的北方，偏东部的一带，也许活跃着三种主要的人群：古亚洲人、原始蒙古人和黑种的美拉尼亚人。这是我们所知中国民族历史上最早的"土著"，而由周口店上洞的遗骸所代表。⑤

凌氏用简要的文字对现代中国民族形成的基础做出如下推断：

> 等到采用汉藏系语言的民族从西北方大量移住中国以后，这三种土著

---

① 蒋炳钊、吴春明主编：《林惠祥文集》中卷第二辑《中国民族史》，厦门：厦门大学出版社，2012年，第11页。按：林氏《中国民族史》于1939年11月由上海商务印书馆首次出版。
② 凌纯声：《中国边疆民族》，《中国边疆民族与环太平洋文化》上册，台北：联经出版事业公司，1979年，第6页。
③ 凌纯声：《中国古代海洋文化与亚洲地中海》，《中国边疆民族与环太平洋文化》上册，台北：联经出版事业公司，1979年，第335页。
④ 凌纯声：《中国边疆民族》，《中国边疆民族与环太平洋文化》上册，台北：联经出版事业公司，1979年，第6页。
⑤ 凌纯声：《中国边疆民族》，《中国边疆民族与环太平洋文化》上册，台北：联经出版事业公司，1979年，第7页。

人群，有的被同化，有的向东北或南方迁徙。中国民族最古的一段历史，便是他们互相间争斗、同化与混合的经过。这种以采用汉藏语的华夏民族为主要成份并混合有大量三种土著人群的血液的民族遂逐渐发展，而成为现代中国民族形成的基础。①

与此同时，凌氏强调：

> 所谓"中国民族"，主要是一个文化上的名词，中国民族的形成历史，主要是中国民族文化的形成史。②

凌氏根据古人类学材料所揭示的信息断言，远古时期中国境内的人群是多元的，中国文化也是多元的：

> 在中国这块广大的国土上，在数十万年前已有人类居住而创造文化，所以中国文化因时间悠久是多元的，其形成是累积的。③

在以上基础上，凌氏对中国民族文化多元起源理论进行补充完善：

> 中国之民族，以人种言，十分之九为黄种人；黑白人种之成分甚少。其中汉人血统最杂，乃华夏系不断扩大的结果；边疆民族血统稍纯，然亦久经交流，种属成分，早非一语所括。④

> 以语言及文化言，则中国民族之文化，乃由南亚、南岛、古亚、汉藏及金山各系文化累积而成，非一人一族旦夕之力。⑤

较之顾颉刚的"打破民族出于一元的观念"和"打破地域向来一统的观

---

① 凌纯声：《中国边疆民族》，《中国边疆民族与环太平洋文化》上册，台北：联经出版事业公司，1979年，第7页。
② 凌纯声：《中国边疆民族》，《中国边疆民族与环太平洋文化》上册，台北：联经出版事业公司，1979年，第6页。
③ 凌纯声：《太平洋上的中国远古文化》，《中国边疆民族与环太平洋文化》上册，台北：联经出版事业公司，1979年，第409页。
④ 凌纯声：《中国边疆民族》，《中国边疆民族与环太平洋文化》上册，台北：联经出版事业公司，1979年，第19页。
⑤ 凌纯声：《中国边疆民族》，《中国边疆民族与环太平洋文化》上册，台北：联经出版事业公司，1979年，第19页。

念",凌氏从人类学视角出发,在更长的时段和更为辽阔的地域范围内论定中国民族文化多元起源,学术视野更为广阔,理论基础也更为坚实。众所周知,在中华文明形成之前,早已有古老的人类生活在祖国的土地上。中国境内古人类的历史可以追溯至上百万年。"谁是我们最早的祖先,他们怎样生活在中国这块土地上,寻求这些答案一直是中国旧石器时代考古学者在20世纪孜孜不倦的追求"①。考古学家从中国旧石器时代文化具有土著性、连续发展性和多元性的特点判定,"中国古代文化的根已经不仅可以追溯到农业出现的新石器时代,也应该到中国的旧石器时代文化里去寻找"②。凌氏开始从人类学视野积极阐发中国民族文化起源多元论的20世纪50年代,中国的古人类学与旧石器时代考古学是在较为封闭的环境下进行的,由于海峡的阻隔,此后在对中国民族文化多元起源理论进行探讨的相当长时期内,凌氏对大陆学者的研究成果和长足的进展缺乏了解,自然也谈不上学术上的取长补短与相互交流,这在一定程度上制约着凌氏中国上古民族文化起源研究向着更高的学术水准推进。

二、边疆、华夏民族的界定与旨趣独到的华夏民族三集团划分

凌氏较早从文化的形态和地理的分野上,将现代的中国民族"别为华夏和边疆二群"③。凌氏对边疆民族进行了专门界定:"所谓边疆民族,指华夏民族四周外,开化程度较低之民族而言。"④20世纪80年代以来,学术界就华夏民族形成问题进行过长期激烈论争。唐嘉弘先生认为:"古代黄河流域的中原文化就是以夏商周三代为核心的华夏文化。"⑤与此同时,唐先生亦强调:"华夏族在形成过程中,除与'诸夏'进行渗透融合外,还和杂居的以及周边的异族渗透融合。他们之间在文化上、血缘上、社会上、经济上、政治上均有

---

① 王幼平:《旧石器时代考古》,北京:文物出版社,2000年,第2页。
② 陈星灿:《中国古人类学与旧石器时代考古学五十年》,《考古》1999年第9期。
③ 凌纯声:《中国边疆民族》,《中国边疆民族与环太平洋文化》上册,台北:联经出版事业公司,1979年,第7页。
④ 凌纯声:《中国边疆民族》,《中国边疆民族与环太平洋文化》上册,台北:联经出版事业公司,1979年,第10页。
⑤ 唐嘉弘:《关于华夏族——汉族先民的形成问题》,《先秦史新探》,开封:河南大学出版社,1988年,第85页。

千丝万缕的联系。"①在我们今天看来，唐先生的以上论述是符合先秦时期华夏民族形成发展的历史实际的。当下积极倡导族群边缘研究的学者，同样"不是将族群视为一个有固定疆界的人群"②，而是从民族学视角解释历史上的"中国边缘"，"是指时间上的边缘、地理上的边缘，也是认同上的边缘"③。凌氏亦注意到民族的形成是一个长期的运动、发展、变化的过程，其并未有将华夏民族和边疆民族界划分明，如其屡屡论及："华夏民族既不断扩大，边疆民族亦不断向外推移并渐减少，将来当有全部涵化的可能"④，"在中国民族成形的历史上，华夏民族和边疆民族的范围是时时刻刻地在推移，变动"⑤，"盖现代边疆民族并非自古即为边疆民族"⑥。如果说以下所论凌氏的华夏民族三集团划分，仅为一家之言，然其从文化形态和地理分野上对边疆民族和华夏民族所作动态的划分，基本上做到了持之有故、言之成理。

凌氏将华夏民族的形成过程置于一个较长的时期并作动态考察：

> 中国民族史上最早的华夏民族，为汉藏语族的一支，在当时实在地处边疆。汉藏语族入主中原，主要经过三次的波动，最早的华夏民族跟着第三次的波动来到中原以后，将最早的土著同化或迫迁，华夏民族遂作第一次的扩大，而土著变成为边疆民族。华夏范围后日复逐渐扩大，以至于今。⑦

凌氏结合人类学材料对汉藏语族三次迁入的情形作了较为系统的考察：

> 其迁入先后主要分为三支：苗傜系最早，掸泰系次之，汉语系（即最

---

① 唐嘉弘：《关于华夏族——汉族先民的形成问题》，《先秦史新探》，开封：河南大学出版社，1988年，第85页。
② 王明珂：《华夏边缘：历史记忆与族群认同》，台北：允晨文化实业股份有限公司，1997年，第77页。
③ 王明珂：《华夏边缘：历史记忆与族群认同》，台北：允晨文化实业股份有限公司，1997年，第13页。
④ 凌纯声：《中国边疆民族》，《中国边疆民族与环太平洋文化》上册，台北：联经出版事业公司，1979年，第10—11页。
⑤ 凌纯声：《中国边疆民族》，《中国边疆民族与环太平洋文化》上册，台北：联经出版事业公司，1979年，第7页。
⑥ 凌纯声：《中国边疆民族》，《中国边疆民族与环太平洋文化》上册，台北：联经出版事业公司，1979年，第19页。
⑦ 凌纯声：《中国边疆民族》，《中国边疆民族与环太平洋文化》上册，台北：联经出版事业公司，1979年，第7页。

早的华夏）最晚。三支的关系，正如后浪推前浪，次第南下。他们在中国历史上，称为"三皇"；依次为伏羲、神农及黄帝。①

在此基础上，凌氏建立具有独到旨趣的华夏民族三集团说：

> 迁入的汉藏语族，依时代先后及部众区分，可分为三个集团，即伏羲集团、神农集团及黄帝集团，分别代表苗徭、掸泰及最早的华夏三系。②
>
> 汉藏民族入居中原的苗徭、泰掸和汉族等三支，先后构成了中国早期历史上的三个民族集团，这三个集团假如与我国古史上所传说的伏羲、神农、黄帝三个帝皇相对照，他们活动的事迹恰可以相扣合，所以我们可以称苗徭系为伏羲集团，泰掸系为神农集团，汉族或华夏系则是轩辕之后的黄帝集团。③

凌氏强调，其结合人类学、民族学、考古学和历史学资料所建立的华夏民族三集团说，"指汉藏系迁入中原的三支，与旧说完全无涉"④。凌氏所说的"旧说"，即前文所举20世纪30—40年代傅斯年、蒙文通、徐旭生等先生所建立的夷夏东西说和将中国古代民族区分为"江汉民族""河洛民族""海岱民族"的"太古民族三系说"，以及将中国上古民族区分为"华夏集团""东夷集团""苗蛮集团"的"中国古代部族三集团说"等中国民族文化形成和发展的种种假说。凌氏对傅氏、蒙氏、徐氏等学者的旧说提出批判：

> 我国古史学者所提倡之三集团，虽似与当时情势大致相符，但对当时各族间之关系，及各族时代与系统的层序，并未爬梳清楚。如徐炳昶氏所称之风偃集团，或蒙文通氏所谓之海岱集团，亦即傅斯年氏所谓之夷，实包括南北二系，北属古亚，南则为印尼土著及汉藏系中苗徭及掸泰二系混

---

① 凌纯声：《中国边疆民族》，《中国边疆民族与环太平洋文化》上册，台北：联经出版事业公司，1979年，第8页。
② 凌纯声：《中国边疆民族》，《中国边疆民族与环太平洋文化》上册，台北：联经出版事业公司，1979年，第10页。
③ 凌纯声：《中泰民族之关系》，《中国边疆民族与环太平洋文化》上册，台北：联经出版事业公司，1979年，第46—47页。
④ 凌纯声：《中国边疆民族》，《中国边疆民族与环太平洋文化》上册，台北：联经出版事业公司，1979年，第10页。

合民族之一部；徐氏所称苗蛮集团及蒙氏所谓江汉集团则包括印尼土著，苗傜及掸泰遗民三种不同层次之成分；至于徐氏所称炎黄集团及蒙氏所谓河洛集团，亦即傅氏所谓之夏，仅为汉藏系统中最晚的一支。质而言之，三集团说仅为中国民族史上某一阶段情况之混称，并非中国古代民族史的全貌。①

从中国现代学术史的视角而论，凌氏对蒙氏、徐氏旧说的批判，基本上做到了有的放矢，诸如凌氏批判旧说"对当时各族间之关系，及各族时代与系统的层序，并未爬梳清楚。""三集团说仅为中国民族史上某一阶段情况之混称，并非中国古代民族史的全貌"，亦颇为符合历史实际。随着先秦史、民族史研究的不断深入，傅斯年的夷夏东西说，蒙文通的太古民族三系说等，由于存在着诸多学理上的缺陷不断受到学术界的质疑②，由此进一步彰显出凌氏对旧说进行批判的理论价值和其建立新三集团说的独到旨趣。

凌氏的华夏民族新三集团说在克服了以往旧说的种种学理缺陷和逻辑疑难的同时，也暴露出了若干明显的新问题。首先，在文献材料运用上，凌氏将古史传说中的伏羲集团、神农集团、黄帝集团与人类学上的苗傜系、掸泰系、汉语系简单地对号入座，缺乏对三皇五帝古史传说发生、衍变的过程进行科学的分析，一味的信古泥古，将纷繁复杂的中国民族文化起源问题简单化、绝对化，其所作结论必然与远古时期的历史真相相去甚远乃至大相径庭。其次，华夏民族的起源与形成等若干重大理论问题，自20世纪80年代以来，虽然历经长时期的学术论争，然迄今尚未形成共识。费孝通先生指出："新石器时期各地不同的文化区可以作为我们认识中华民族多元一体格局的起点"③，"华夏文化就是以黄河中下游不同文化的结合而开始的"④，"夏商周三代正是汉族前身华夏这个民族集团从多元形成一体的历史过程"⑤。陈连开先生亦认为，

---

① 凌纯声：《中国边疆民族》，《中国边疆民族与环太平洋文化》上册，台北：联经出版事业公司，1979年，第10页。
② 杨向奎：《评傅孟真的〈夷夏东西说〉》，《夏史论丛》，济南：齐鲁书社，1985年；李学勤：《夏商周与山东》，《烟台大学学报》（哲学社会科学版）2002年第3期；王建华：《新夷夏东西说商榷》，《东方论坛》2004年第1期；周书灿：《论蒙文通上古民族文化理论建构》，《人文杂志》2012年第2期。
③ 费孝通：《中华民族的多元一体格局》，《北京大学学报》（哲学社会科学版）1989年第4期。
④ 费孝通：《中华民族的多元一体格局》，《北京大学学报》（哲学社会科学版）1989年第4期。
⑤ 费孝通：《中华民族的多元一体格局》，《北京大学学报》（哲学社会科学版）1989年第4期。

华夏民族的起源，是以黄河中、下游两大部集群的融合为中心，同时吸收四方优秀成分的基础上形成了夏人、商人、周人三支；经夏、商、西周，三支融为一体在西周已形成华夏民族的雏形；经春秋战国时期民族的大迁徙、大融合，在战国已实现华夏民族的大认同，华夏民族已形成了稳定的民族共同体。①笔者以为，费、陈二氏的以上观点，大体上符合先秦时期华夏民族形成的历史实际。由此可知，凌氏的华夏民族新三集团说"仅为中国民族史上某一阶段情况之混称"，而凌氏划分华夏民族新三集团的"某一阶段"，大体相当于民族学家所说的华夏民族形成的"起点"时期，自然其很难准确反映出华夏民族形成的过程和面貌。

总之，随着先秦史、考古学和中国民族史研究的不断深入，凌氏华夏民族新三集团说学理上的矛盾和逻辑上的疑难，越来越引起学术界的高度关注。建立在考古学区系类型理论基础之上的中国文明起源"条块"说②、"满天星斗"说③，中国史前文化"重瓣花朵式"的多元一体格局理论④，不断为中华民族的多元一体格局⑤说提供更为坚实的理论和材料支持。与此同时，凌氏华夏民族新三集团说在学理上的合理性日臻受到学术界的质疑与批判。应该强调的是，上举考古学、民族学上的中国史前文化及中华民族多元一体新说提出之时，已经距凌氏去世过去了数个春秋。因此，凌氏华夏民族新三集团说的局限，在某种意义上讲，更应视为是特定时代的局限。

三、中国古代南方土著文化与东南亚文化之间渊源关系的推定

凌纯声先生从事民族学研究长达四十余年，其学术研究的重点从中国的东北而西南，又从西北而东南，进而扩展到整个环太平洋区域。20世纪50年代，其研究的重点逐渐由中国土著民族的科学民族志的重建而扩展到中国古代南方文化与东南亚文化的渊源关系，并扩大至中国古代文化与环太平洋区域土著文化的传播关系。

地理学上的东南亚主要指亚洲东南部的中南半岛和马来群岛两大部分。中

---

① 陈连开：《中华民族研究初探》，北京：知识出版社，1994年，第300页。
② 苏秉琦：《中国文明起源新探》，北京：生活·读书·新知三联书店，1999年，第34—99页。
③ 苏秉琦：《中国文明起源新探》，北京：生活·读书·新知三联书店，1999年，第100—127页。
④ 严文明：《中国史前文化的统一性与多样性》，《文物》1987年第3期。
⑤ 费孝通：《中华民族的多元一体格局》，《北京大学学报》（哲学社会科学版）1989年第4期。

南半岛位于中国和南亚次大陆之间，开发历史悠久，民族众多，为东南亚古代灿烂文化的摇篮。中外学术界普遍认为，中南半岛民族与中国古代南方民族有着较为密切的渊源关系。越南民族的主体民族越族（京族）的祖先，"是起源于中国华南地区'百越'族群的一个分支——骆越"①。"柬埔寨现在的高棉族原出自中国古代的昆明族，也叫吉蔑和昆仑族"②。"老族来自古代中国西南地区，经过与其他民族的融合和发展而形成。最早迁入老挝的是越裳人。越裳人是古代中国南方百越族群的一个分支，即汉代的掸人"③。泰国的苗瑶语族的苗族和瑶族，"主体都在中国"④。据其苗族的传说，"他们的祖先在4000年前从中国西南迁来。……其远古先民居于黄河以南、长江以北地区，汉代移居湘、黔，清代迁入云南，有的继续南迁，到达今泰国北部"⑤。瑶族的先民"是秦汉时期长沙'武陵蛮'的一部分，以后不断向西南迁徙，约在清代迁至泰国"⑥。

在漫长的时间和辽阔的空间背景下，凌氏结合历史文献和人类学、民族学材料对中南半岛民族和中国古代南方民族之间民族文化渊源关系作了详密系统的考察：

> 自从华夏系民族成为中原的盟主之后，泰掸族人即随苗傜族移居于南方，而与较早的土著印度尼西亚系民族杂处共居，并互相影响，互相同化，因而构成了中国南方文化的主流。⑦

---

① 覃圣敏主编：《东南亚民族：越南、柬埔寨、老挝、泰国、缅甸卷》，南宁：广西民族出版社，2006年，第3页。
② 覃圣敏主编：《东南亚民族：越南、柬埔寨、老挝、泰国、缅甸卷》，南宁：广西民族出版社，2006年，第62页。
③ 覃圣敏主编：《东南亚民族：越南、柬埔寨、老挝、泰国、缅甸卷》，南宁：广西民族出版社，2006年，第105页。
④ 覃圣敏主编：《东南亚民族：越南、柬埔寨、老挝、泰国、缅甸卷》，南宁：广西民族出版社，2006年，第172页。
⑤ 覃圣敏主编：《东南亚民族：越南、柬埔寨、老挝、泰国、缅甸卷》，南宁：广西民族出版社，2006年，第172页。
⑥ 覃圣敏主编：《东南亚民族：越南、柬埔寨、老挝、泰国、缅甸卷》，南宁：广西民族出版社，2006年，第172页。
⑦ 凌纯声：《中泰民族之关系》，《中国边疆民族与环太平洋文化》上册，台北：联经出版事业公司，1979年，第48页。

凌氏推测，《尚书·牧誓》《逸周书·王会解》中的"所谓濮或百濮，可能即是泰掸族人"①，"就是产里和九菌等国也应是泰掸族系"②。凌氏对泰掸族原居地及历史时期的迁徙路线进行了大致钩稽：

> 泰掸族人的原居地也是在中国大陆长江流域的上游地区，后来才逐渐迁移，散居于我国西南广西、贵州、云南各省，以及中南半岛的暹罗、缅甸、寮国、安南甚至印度的阿萨姆各地。③

在此基础上，凌氏提出了汉、泰"出于同源"说：

> 汉藏族原可分为三大系：即汉掸系、苗傜系和藏缅系，泰掸支族便是属汉藏族中的汉掸系，也就是说汉掸系包括汉人和泰掸二群，由此可见泰族人与汉族人的关系，实是出于同源的兄弟族。④

凌氏进一步论及泰掸族文化与中华民族文化是一种互相孕育、同化的关系：

> 泰掸族人之发源、迁徙、定居以及其建国立朝，无不与吾中华民族息息相关，而泰族之文化，亦无不与我中华民族互相孕育、同化；一部泰民族之历史，无论自上古以至于近世，实不能与中华民族的历史分开的。⑤

不唯如此，凌氏还判定泰国境内许多非泰族土著，"也大都和我国西南各省的边民属于同一系统"⑥，"也大都是从中国境内迁徙而去者，他们与西南各

---

① 凌纯声：《中泰民族之关系》，《中国边疆民族与环太平洋文化》上册，台北：联经出版事业公司，1979年，第48页。
② 凌纯声：《中泰民族之关系》，《中国边疆民族与环太平洋文化》上册，台北：联经出版事业公司，1979年，第49页。
③ 凌纯声：《中泰民族之关系》，《中国边疆民族与环太平洋文化》上册，台北：联经出版事业公司，1979年，第46页。
④ 凌纯声：《中泰民族之关系》，《中国边疆民族与环太平洋文化》上册，台北：联经出版事业公司，1979年，第46页。
⑤ 凌纯声：《中泰民族之关系》，《中国边疆民族与环太平洋文化》上册，台北：联经出版事业公司，1979年，第53页。
⑥ 凌纯声：《中泰民族之关系》，《中国边疆民族与环太平洋文化》上册，台北：联经出版事业公司，1979年，第53页。

省的土著族类，更无疑的是同源同种的"①。

在对汉泰民族文化之间的渊源关系做出系统考察的基础上，凌氏进一步将考察范围扩大至整个中南半岛和南洋地区。凌氏从人类学角度论及：

> 中南半岛的历史，在先史的石器时代，据已知的资料，最早旧石器时代的人种有原澳洲人（Proto-Australoid）和米拉尼西安人（Melanesian），至新石器时代则有印度尼西安人（Indonesian），又有小黑人（Negrito），这四种人除原澳洲人种外，其余三种可能多是由中国大陆南下的。如北平周口店的山顶洞中就找到米拉尼西安的人骨，印度尼西安人就是中国南方的獠越，小黑人在中国史志称之为木客。②

与此同时，凌氏结合相关材料从南洋土著的体质、语言和文化等方面力证：

> 南洋的土著，和我们南方的中国人，有亲密的系裔关系。……现代南洋的土著，大部分是来自中国大陆，中国古籍上记载的百越民族，便代表现代南洋土著之古代在大陆上的祖先。③

> 中国古代的百越系民族（包括东南之越与西南之獠二大支）与现代南洋的印度尼西亚系土著民族，是同一文化系统的民族；后者可能即前者南迁后的苗裔。……现代南洋的印尼土著，其祖先起源于中国的大陆。④

综上可知，凌氏用民族迁徙对中国南方民族文化与东南亚民族文化在诸多特质上的一致性所进行的解释，不失为一种大胆的推断。而且这一大胆的推断总体上是以一定的客观历史事实为基础，包含有若干可信的历史信息，因而其以上不少观点已逐渐成为人类学家的共识。如中南半岛民族和中国南方民族之间的关系，芮逸夫先生也屡屡指出："越南民族十、九和中国东南的百越或百

---

① 凌纯声：《中泰民族之关系》，《中国边疆民族与环太平洋文化》上册，台北：联经出版事业公司，1979年，第54页。
② 凌纯声：《中南半岛》，《中国边疆民族与环太平洋文化》上册，台北：联经出版事业公司，1979年，第56页。
③ 凌纯声：《南洋土著与中国古代百越民族》，《中国边疆民族与环太平洋文化》上册，台北：联经出版事业公司，1979年，第389页。
④ 凌纯声：《南洋土著与中国古代百越民族》，《中国边疆民族与环太平洋文化》上册，台北：联经出版事业公司，1979年，第407页。

粤及西南的土著的大部分族类为同源，大概是无可置疑的"①；泰人和掸人原为中国西南土著民族之一，"这已是一般学人所公认，也是泰国人士自己所承认的史实"②，"泰国境内的藏、缅系人，多由中国云南迁徙而来"③，"（苗傜系）的大本营在中国西南，尤以贵州省为多"④；"缅甸民族十、九和中国西南民族同源，实无可置疑"⑤。又如林惠祥先生《世界人种志》将世界人种分别区分为大陆蒙古利亚种、海洋蒙古利亚种——马来种、美洲土人、高加索种、非洲尼格罗种、海洋尼格罗种及系统不明的人种⑥，并认为海洋蒙古利亚种的马来种乃"南方蒙古利亚种自大陆南下散布于各岛屿，和原有的土人混合而生出新种"⑦，并从体质、文献记载和考古发现等方面寻找证据，极力发挥"马来人与中国东南方人同源说"⑧。显然，凌氏对中国南方民族和东南亚民族之间的渊源关系的推测，并非毫无根据的大胆想象和随意假设，其完全能够在人类学方面寻找到一些具有一定说服力的证据。

在对中国古代南方民族和东南亚民族之间的渊源关系进行系统考察的同时，凌氏通过对民族迁徙路线和文化传播路径进行研究，对东南亚文化和中国古代南方文化的一致性做出推测。如凌氏将中国古代南方和东南亚的崖葬资料进行综合比较后推断：

> 中国崖葬文化在古代广布十省；今虽什九成为遗迹，但在台湾尚存此种葬式。在此广大地域中的西獠和东越均有此种文化特质，后汉藏系（或

---

① 芮逸夫：《中华民族及其文化论稿》上集贰陆《中国民族与越南民族》，台北：台湾大学人类学系，1972年，第585页。
② 芮逸夫：《中华民族及其文化论稿》上集贰柒《泰国民族》，台北：台湾大学人类学系，1972年，第591页。
③ 芮逸夫：《中华民族及其文化论稿》上集贰柒《泰国民族》，台北：台湾大学人类学系，1972年，第599页。
④ 芮逸夫：《中华民族及其文化论稿》上集贰柒《泰国民族》，台北：台湾大学人类学系，1972年，第600页。
⑤ 芮逸夫：《中华民族及其文化论稿》上集贰捌《缅甸民族》，台北：台湾大学人类学系，1972年，第613页。
⑥ 蒋炳钊、吴春明主编：《林惠祥文集》上卷《世界人种志》，厦门：厦门大学出版社，2012年，第143—223页。
⑦ 蒋炳钊、吴春明主编：《林惠祥文集》上卷《世界人种志》，厦门：厦门大学出版社，2012年，第156页。
⑧ 蒋炳钊、吴春明主编：《林惠祥文集》中卷《马来人与中国东南方人同源说》，厦门：厦门大学出版社，2012年，第663—668页。

称 Sinitio 中国系）民族的南下，致使獠越系民族向南迁移，所以崖葬文化或经中南半岛，或由浙闽渡海，而远达南海诸岛。①

又如凌氏推测，广泛流行于东南亚乃至环太平洋区域的洗骨葬的起源地"是长江中游的洞庭湖区"②，"同时其他东南亚古文化特质如干栏、龙船、铜鼓多起源于此"③。在中外学者已有研究的基础之上，凌氏推断，计有五十种乃至更多古文化特质的东南亚古文化，"起源大陆，向南迁移，初到一地，与当地原有文化混合"④。在我们今天看来，由于凌氏所作中国古代南方民族和东南亚古代民族之间渊源关系的推测，具有一定的人类学证据。因此，上举凌氏对中国古代南方民族文化与东南亚古代文化之间相互传播影响关系的推断，自然亦具有一定合理性。

四、中国古代文化与环太平洋区域土著文化之间传播关系的比较

中国古代文化与环太平洋区域土著文化之间的关系是凌氏长期关注的重要问题之一。凌氏提出了一个亚洲地中海的概念，并明确指出："亚洲的北地中海为中国文化或东亚文化甚至环太平洋古文化发生和成长之地。"⑤凌氏较早从人类学角度对早期中国古人类迁徙路线进行过钩稽：

> 原始的类蒙古、类美拉尼西亚和类埃（按，应为爱）斯基摩三种不同的人种，这是现在我们所能知道的三种最早亚洲地中海沿岸的土著。以后自西北来的华夏民族，如伏羲、神农、黄帝等集团，相继移居沿海，这土著大部接受同化，一部被迫迁移。类埃斯基摩的一种向亚洲东北移动，留在今西伯利亚东北的有古亚洲人，再经白令海峡而至北美。类美拉尼西亚

---

① 凌纯声：《中国与东南亚之崖葬文化》，《中国边疆民族与环太平洋文化》上册，台北：联经出版事业公司，1979年，第723页。
② 凌纯声：《东南亚之洗骨葬及其环太平洋的分布》，《中国边疆民族与环太平洋文化》上册，台北：联经出版事业公司，1979年，第776页。
③ 凌纯声：《东南亚之洗骨葬及其环太平洋的分布》，《中国边疆民族与环太平洋文化》上册，台北：联经出版事业公司，1979年，第777页。
④ 凌纯声：《东南亚古代文化研究发凡》，《中国边疆民族与环太平洋文化》上册，台北：联经出版事业公司，1979年，第330页。
⑤ 凌纯声：《中国古代海洋文化与亚洲地中海》，《中国边疆民族与环太平洋文化》上册，台北：联经出版事业公司，1979年，第335页。

和类蒙古两种，则南下自中国南部渡海而至南洋。……再有小部份由南太平洋移至南美。①

至此，凌氏研究中国古代民族文化起源与域外迁徙传播，研究视野进一步扩大。通过对更为广阔的区域文化之间的比较，凌氏深信："环太平洋的古文化，起源于中国大陆东岸，同时也是中国文化即……中原文化的基层文化。"②此后，凌氏继续强调：

> 中国最古的基层文化似是起源和成长在亚洲的北地中海的沿岸，尤其是在华北沿海地区。这中国的远古文化，在先史时代早向大陆和海洋各方发展和分布。……其空间西抵乌拉尔和喜马拉亚（按，应为雅）山脉之东；东经太平洋而达南北美洲。在这广大区域之中，近代在考古学上发掘出的古物，和民族学上发现的文物制度，可说有十之七八，是起源于中国的。③

凌氏结合文献等资料判定，在太平洋上至今尚保有原始的固有的桴排、方舟（Double Canoe）、戈船（Outrigger Canoe）、楼船四种航海的交通工具"都是起源于中国的。"④他还认为："在古代住在亚洲地中海及中国沿海的九夷与百越之民，发明上面四种航海工具，所以能把中国远古文化传播至太平洋上。"⑤此外，凌氏还举证："在今太平洋上各民族所用的武器或工具，有几种是源于中国的"⑥；"太平洋上现有几种乐器，与现在中国孔庙的雅乐器相同的，不过保存其更原始的形式"⑦；"今太平洋上的树皮布（Tapa）文

---

① 凌纯声：《中国古代海洋文化与亚洲地中海》，《中国边疆民族与环太平洋文化》上册，台北：联经出版事业公司，1979年，第336页。
② 凌纯声：《中国古代海洋文化与亚洲地中海》，《中国边疆民族与环太平洋文化》上册，台北：联经出版事业公司，1979年，第344页。
③ 凌纯声：《太平洋上的中国远古文化》，《中国边疆民族与环太平洋文化》上册，台北：联经出版事业公司，1979年，第410页。
④ 凌纯声：《太平洋上的中国远古文化》，《中国边疆民族与环太平洋文化》上册，台北：联经出版事业公司，1979年，第410页。
⑤ 凌纯声：《太平洋上的中国远古文化》，《中国边疆民族与环太平洋文化》上册，台北：联经出版事业公司，1979年，第411页。
⑥ 凌纯声：《太平洋上的中国远古文化》，《中国边疆民族与环太平洋文化》上册，台北：联经出版事业公司，1979年，第411页。
⑦ 凌纯声：《太平洋上的中国远古文化》，《中国边疆民族与环太平洋文化》上册，台北：联经出版事业公司，1979年，第412页。

化亦起源于中国"①；分布几遍太平洋区域的社庙，"对于鬼神的分类，墠坛的建筑，植立的社树与石主，与中国的社庙之制相同"②，而且在玻利尼西亚、美拉尼西亚二地的祭地名称，"竟与中国庙社的名称完全相同"③；分布广及整个太平洋区域的犬祭文化，"或亦起于中国"④。此外，"其他如嚼酒、乡饮、乡射诸礼，玄鸟、太昊、羲和等传说，龟祭、过火、伸舌等俗，这许多在太平洋上现存的文化，多能在中国的古史、考古、民俗、民族学等材料中，都能找到其源流"⑤。

尤其强调的是，凌氏曾将中国古代与南美西岸七种水运工具进行比较后指出："这七种南美土著的水运工具，在中国的文献上和民族学、民俗学现有的材料上都可以找到。我们不敢说南美的水运工具都源于中国，但是土著的水运工具都类似中国古代的航行工具，这是很值得我们注意的。"⑥凌氏对东亚和南美帆筏的构造和航法进行比较后发现："东亚和南美的帆筏，不仅桅之构造、驾驶，而连名称都相同"⑦，并由此推断："两地之筏是同源的"⑧；"夷越之民能利用桴筏、戈船、双舟与楼船的航海工具在远古之时，早已航行太平与印度两洋之上"⑨。此外，凌氏还对大洋洲的龟祭文化曾作系统的考察与比较研究，其对台湾本岛、太平洋群岛和亚洲大陆东岸地区的民族文化关系做出推断："台湾本岛、太平洋群岛跟亚洲大陆东岸地区的民族，在中国上古时代

---

① 凌纯声：《太平洋上的中国远古文化》，《中国边疆民族与环太平洋文化》上册，台北：联经出版事业公司，1979年，第413页。
② 凌纯声：《太平洋上的中国远古文化》，《中国边疆民族与环太平洋文化》上册，台北：联经出版事业公司，1979年，第413—414页。
③ 凌纯声：《太平洋上的中国远古文化》，《中国边疆民族与环太平洋文化》上册，台北：联经出版事业公司，1979年，第414页。
④ 凌纯声：《太平洋上的中国远古文化》，《中国边疆民族与环太平洋文化》上册，台北：联经出版事业公司，1979年，第414页。
⑤ 凌纯声：《太平洋上的中国远古文化》，《中国边疆民族与环太平洋文化》上册，台北：联经出版事业公司，1979年，第414页。
⑥ 凌纯声：《中国远古与太平印度两洋的帆筏戈船方舟和楼船的研究》，台北："中央研究院"民族学研究所，1970年，第26页。
⑦ 凌纯声：《中国远古与太平印度两洋的帆筏戈船方舟和楼船的研究》，台北："中央研究院"民族学研究所，1970年，第97页。
⑧ 凌纯声：《中国远古与太平印度两洋的帆筏戈船方舟和楼船的研究》，台北："中央研究院"民族学研究所，1970年，第90页。
⑨ 凌纯声：《中国远古与太平印度两洋的帆筏戈船方舟和楼船的研究》，台北："中央研究院"民族学研究所，1970年，第227页。

皆统称之东夷。这三个区域，同属一民族的分化，我们自不必惊异于他们文化传统的类似。"①

凌氏用民族迁徙来解释中国古代南方民族文化和东南亚土著文化的类似性，他同样用比较的方法，以民族迁徙来解释中国古代文化和环太平洋区域文化在诸多特质上的一致性，其立论似乎亦有一定的人类学根据，并非纯属想象的凭空臆断。以印第安人和印第安文化的起源为例，由于美洲迄今尚未有发现旧石器时代早、中期的人类化石，经过学术界长期的争论，绝大多数考古学家普遍赞同，"美洲早期人类和文化起源于亚洲的观点已经为人们普遍接受"②；同样，今天的人类学家也大都同意，"美洲印第安人是史前亚洲文明的后裔，他们源自蒙古，是'原始蒙古人'"③。迄今为止，更多学者认为："印第安人的来源和起源问题，其最后的解决虽尚有待地下考古发掘的新成果和新进展，但从目前已有的多学科资料看，这一问题肯定与中国大陆上的人类有着直接的密切关系。"④综上可知，凌氏用民族迁徙理论对中国古代文化与环太平洋区域土著文化之间传播关系的比较，应当有若干可信的考古学和人类学依据，似大体可自成一说。

五、凌氏环太平洋文化理论与方法若干问题的质疑、商榷与批判

综上所述，凌氏广泛结合中国古代文献、考古学、人类学、民俗学、民族学等多学科材料，兼收并蓄，融会贯通，以民族迁徙和文化传播理论对中国古代南方文化和东南亚土著文化之间的渊源关系及中国古代文化与环太平洋区域土著文化之间若干特质的相似性做出了多重论证与独到推断，并在此基础上建立起贯通勾连的论点体系。有的学者指出："凌纯声先生治学受欧陆文化史派人类学的影响，喜欢从大处着眼，尤其是来台以后，凌先生对东南亚、环太平

---

① 凌纯声：《中国与海洋洲的龟祭文化》，台北："中央研究院"民族学研究所，1972年，第117页。
② 中国大百科全书总编辑委员会编：《中国大百科全书·考古卷》，北京：中国大百科全书出版社，2002年，第322页。
③ 迈克尔·格尔：《美洲印第安人——亚洲的移民》，《民族译丛》1981年第3期。
④ 李朝远：《印第安人来源于中国大陆吗？——墨西哥中国学研究一爪》，《华东师范大学学报》（哲学社会科学版）1996年第5期。

洋文化史的研究，更是表现出他的那种宽广架构的文化史观。"①凌氏的东南亚、环太平洋文化史研究对于20世纪下半叶中国上古民族文化形成发展的理论建构具有一定的借鉴价值和启发意义。然而随着历史学、考古学、人类学、民俗学、民族学、语言学等多学科研究的不断深入，凌氏中国民族文化域外传播的研究，不断引起国际学术界的高度关注与普遍重视。与此同时，也不断受到学术界的质疑、商榷与批判。因此，很有必要在国际学术视野下，从现代多学科学术史视角，对凌氏中国古代民族文化域外传播的理论体系做一番缜密细致的考察与重新审视。

早在20世纪80年代，邱克先生就以缝合船为例，对凌氏《中国远古与太平印度两洋的帆筏戈船方舟和楼船的研究》一书的诸多不足之处提出过严厉的批评②。诸如邱氏屡屡批评凌氏引郁永河《裨海纪游》断言中国古代也有南美洲的缝板船，即舢板或三板，这一说法"似为望文生义"③；邱氏指出，毛板船只是一种有隔仓板的单桅，以松木用铁搭、竹篾制成，显然与南美的缝板船完全不同，其批评凌氏认为湖南宝庆地区近代尚存的毛板船"制作材料和方法，尚有些与缝板船相似"，这一点"也不确切"④，凌氏只是根据调查者回执的草图进行推测，并未找到进一步的旁证，所得结论"似乎是不够严谨的"⑤；凌氏列举法国学者F.E.帕里（F.E.Paris）1841年所发表的越南顺化的缝合船材料与南美的缝板船作比较，"这种推测既不准确，其资料也不尽全面"⑥，"利用一两件民族学材料生硬地将之与南美造船传统联系在一起，势必会将不同地区、新与旧、原本传统与历经改进的技术混淆在一起，其结论必定是难以

---

① 李亦园：《凌纯声先生的民族学》，杜正胜、王汎森主编：《新学术之路》下册，台北："中央研究院"历史语言研究所，1998年，第741页。
② 邱克：《评〈中国远古与太平印度两洋的帆筏戈船方舟和楼船的研究〉》，《海交史研究》1987年第2期。
③ 邱克：《评〈中国远古与太平印度两洋的帆筏戈船方舟和楼船的研究〉》，《海交史研究》1987年第2期。
④ 邱克：《评〈中国远古与太平印度两洋的帆筏戈船方舟和楼船的研究〉》，《海交史研究》1987年第2期。
⑤ 邱克：《评〈中国远古与太平印度两洋的帆筏戈船方舟和楼船的研究〉》，《海交史研究》1987年第2期。
⑥ 邱克：《评〈中国远古与太平印度两洋的帆筏戈船方舟和楼船的研究〉》，《海交史研究》1987年第2期。

令人信服的"①;邱氏批评凌氏断然指出:"日本……和越南的缝合船都与南美智利的缝板船有关……而丝毫未提这种造船技术怎样起源并扩展到世界各地的?各地有无独立发明的可能性?这些分析在全书是不见踪影的,事实上也不太切题。"②

总之,邱氏认为:"本书论及问题既相当专门,又非常广泛和有系统。举凡古人远洋航行的关键问题,他都各方搜寻中西史料,认真加以排比,提出了许多令人深思的观点。"③他在肯定"凌氏有机地将文献史料与考古学、民族学、语言学资料结合在一起,或自零篇断简之中寻绎头绪,或旁征博引作精微之考证"④都很值得我们借鉴的同时,也用了大量篇幅批评凌氏的比较方法"很难摆脱先假设后求证的窠臼"⑤,"势必成为考古研究中简单的类型学的排比,而失去了历史学比较研究的最根本宗旨"⑥。此外,邱氏还批评凌氏"所引第一手资料(即考古发掘报告)就显得不甚充足"⑦,对中国古籍的某些理解"过于简单"⑧,全书"失之空泛,未能击中要害"⑨。在我们今天看来,邱氏批评凌氏对于不同文化进行先入为主式的比较,并对中国古籍的理解过于简单,总体上做到了持之有故、有的放矢,以上批评也的确击中了凌氏在史料运用和方法论方面的某些要害。

凌氏在史料运用和不同民族文化比较方法的缺失,显然并非仅仅表现在缝

---

① 邱克:《评〈中国远古与太平印度两洋的帆筏戈船方舟和楼船的研究〉》,《海交史研究》1987年第2期。
② 邱克:《评〈中国远古与太平印度两洋的帆筏戈船方舟和楼船的研究〉》,《海交史研究》1987年第2期。
③ 邱克:《评〈中国远古与太平印度两洋的帆筏戈船方舟和楼船的研究〉》,《海交史研究》1987年第2期。
④ 邱克:《评〈中国远古与太平印度两洋的帆筏戈船方舟和楼船的研究〉》,《海交史研究》1987年第2期。
⑤ 邱克:《评〈中国远古与太平印度两洋的帆筏戈船方舟和楼船的研究〉》,《海交史研究》1987年第2期。
⑥ 邱克:《评〈中国远古与太平印度两洋的帆筏戈船方舟和楼船的研究〉》,《海交史研究》1987年第2期。
⑦ 邱克:《评〈中国远古与太平印度两洋的帆筏戈船方舟和楼船的研究〉》,《海交史研究》1987年第2期。
⑧ 邱克:《评〈中国远古与太平印度两洋的帆筏戈船方舟和楼船的研究〉》,《海交史研究》1987年第2期。
⑨ 邱克:《评〈中国远古与太平印度两洋的帆筏戈船方舟和楼船的研究〉》,《海交史研究》1987年第2期。

合船和南美洲的缝板船比较这一具体问题上。在以民族迁徙和文化传播现象推定中国古代南方文化和东南亚土著文化之间的渊源关系，以及中国古代文化与环太平洋区域土著文化传播关系的比较过程中，凌氏在材料运用和比较方法方面的缺失，呈现得颇为明显和普遍。另如，石钟健先生指出，凌氏对于我国和东南亚及南太平洋群岛的悬棺葬所作介绍，"显然不够全面"①。他批评凌氏："仅据文献资料，不曾作实地调查，缺乏感性认识，特别对于与悬棺葬有关事物遗迹的注意不够，看不到遗迹同悬棺葬的密切关系，这便不能据以做出正确的判断，并提出深刻的理解。"②又如，黄应贵先生批评凌氏环太平洋文化研究"呈现出太多文化传播论的缺点"③。诸如黄氏屡屡批评凌氏："用纹身、缺齿拔毛、口琴、贯头衣、腰机纺织、父子连名、猎首、灵魂崇拜、室内葬、崖葬等列举式文化特质来证明台湾土著属于东南亚古文化是无法说服人的，因为文化特质很容易采借"④；"东南亚古文化的民族包含许多不同的民族与语系……有极复杂的种族与极纷歧的语言，而台湾土著只是南岛民族，两者范围不同，不能任意划等号"⑤；"即使断定'台湾土著族在远古来自中国大陆'，也不能就此断定'整个原马来族是由亚洲大陆南迁至南海群岛'"⑥。

除邱氏、石氏、黄氏所举以上数例外，兹还可以约略另举以下几例，加以说明。诸如，凌氏先入为主地断定："《山海经》乃是以中国为中心，东及西太平洋，南至南海诸岛，西抵西南亚洲，北到西伯利亚的一本古代亚洲地志，记述古亚的地理、博物、民族、宗教许多丰富宝贵的资料。"⑦这一观点颇为大胆新奇，但通读凌氏论著，却丝毫找不到一条极具说服力的证据。又如，凌氏屡屡据拉克伯里的中国民族文化西来说及丁谦的《〈穆天子传〉考证》推

---

① 石钟健：《论悬棺葬的起源地和越人的海外迁徙》，《贵州社会科学》1983年第1期。
② 石钟健：《论悬棺葬的起源地和越人的海外迁徙》，《贵州社会科学》1983年第1期。
③ 黄应贵：《光复后台湾地区人类学研究的发展》，《人类学的评论》，台北：允晨文化实业股份有限公司，2002年，第18—19页。
④ 黄应贵：《光复后台湾地区人类学研究的发展》，《人类学的评论》，台北：允晨文化实业股份有限公司，2002年，第19页。
⑤ 黄应贵：《光复后台湾地区人类学研究的发展》，《人类学的评论》，台北：允晨文化实业股份有限公司，2002年，第19页。
⑥ 黄应贵：《光复后台湾地区人类学研究的发展》，《人类学的评论》，台北：允晨文化实业股份有限公司，2002年，第19页。
⑦ 凌纯声：《昆仑丘与西王母》，《中国边疆民族与环太平洋文化》下册，台北：联经出版事业公司，1979年，第1577页。

测："（公）元前二十七世纪，昆仑和表圭文化同时传入中国"①及"西王母三字是苏膜语（按：苏美尔语）月神 si-en-nu 音译而来"②，显然均系建立在毫无科学价值的第二手材料基础之上，其所作结论自然经不起严格的推敲。再如，凌氏不加分析地引用英国泛埃及主义学派代表人物埃利奥特·史密斯（Elliot Smith）和 W.J.佩里（W.J.Perry）巨石文化起于古文明中心（埃及）由海路传至马来群岛经太平洋至复活岛（Easter Island）再东达美洲大陆③的荒谬的空想传播主义论调，以及商代的甲骨文字和龙山文化的黑陶均是由里海东岸在公元前两千年时传入中国④等"虽颇新奇，证据则极为薄弱"⑤的观点。由于凌氏在材料理解和运用方面存在一系列严重缺失，这自然影响到其中国古代民族文化域外传播假说的立论基础。

不唯如此，凌氏用民族迁徙、文化传播现象解释中国古代南方文化与东南亚土著文化间的渊源关系和中国古代民族文化与环太平洋区域土著文化之间的相似性，在理论方法方面也存在诸多学理上的疑问和逻辑上的疑难。文化人类学家认为："传播主义只是解释文化现象的一种方法，但不能将一切文化现象都牵强附会地用传播主义去解释，更不能臆造。"⑥除了传播，文化之间还有借用，即一个群体、社会借取文化要素并把它融合到自己的文化要素中。文化借用在民族学中可以找到很多例证。诸如北魏孝文帝"恶本俗之陋，欲以华风变之"⑦，积极推行汉化政策，"断诸北语，一从正音"⑧，"革衣服之制"⑨，

---

① 凌纯声：《昆仑丘与西王母》，《中国边疆民族与环太平洋文化》下册，台北：联经出版事业公司，1979年，第1599页。
② 凌纯声：《昆仑丘与西王母》，《中国边疆民族与环太平洋文化》下册，台北：联经出版事业公司，1979年，第1601页。
③ 凌纯声：《台湾与东亚及西南太平洋的石棚文化》，台北："中央研究院"民族学研究所，1967年，第126—127页。
④ 凌纯声：《台湾与东亚及西南太平洋的石棚文化》，台北："中央研究院"民族学研究，1967年，第127页。
⑤ 张光直：《中国新石器时代文化断代》，《中国考古学论文集》，北京：生活·读书·新知三联书店，1999年，第55页注释。
⑥ 黄淑娉、龚佩华：《文化人类学理论方法研究》，广州：广东高等教育出版社，1998年，第77页。
⑦ （清）赵翼撰，王树民校正：《廿二史札记校证》卷十四《魏孝文迁洛》，北京：中华书局，1984年，第307页。
⑧ （北齐）魏收撰：《魏书》卷二十一《咸阳王禧传》，北京：中华书局，1974年，第536页。
⑨ （北齐）魏收撰：《魏书》卷七《高祖纪下》，北京：中华书局，1974年，第176页。

"诏改姓为元氏"①。鲜卑族接受汉族文化，显然是通过政策性的改革来完成的，而与民族迁徙并无关系。同样，民族迁徙与人群流动，亦未必发生明显的文化传播。诸如，《史记·越王勾践世家》记载："越王勾践，其先禹之苗裔，而夏后帝少康之庶子也。封于会稽，以奉守禹之祀。文身断发，披草莱而邑焉。"越王勾践的先祖为夏少康之苗裔，其到越地后并没有将夏文化广泛传播到越地，相反却接受了越人"文身断发"的固有的习俗。同样，《史记·吴太伯世家》记载太伯、仲雍奔吴，也未将周文化广泛传播到吴地，同样也接受了吴地土著"文身断发"的习俗。《史记·西南夷列传》和《汉书·西南夷传》亦并皆记载，庄蹻"以其众王滇，变服，从其俗，以长之"。庄蹻王滇，同样没有将楚文化广泛传播到滇地。以上发生在越、吴、滇等地外族统治者入乡随俗的传说，在具有浓厚地方民族特色的考古学文化中也得到了极有说服力的印证。既然如此，凌氏用民族迁徙、文化传播现象解释中国古代南方文化与东南亚土著文化间的渊源关系和中国古代民族文化与环太平洋区域土著文化之间的相似性，在理论方法上的确存在诸多疑问和疑难。

有的学者指出，自20世纪下半叶以来，台湾的民族学普遍存在"无论在理论架构、分析角度或描述内容上都以政治上既有的或企图建立的国境线为范围，以溯源的方式来了解'异己'，以'礼失求诸野'或'活化石'的理由来合法化'异己'的研究"②的国族主义风气。这一学风在凌氏中国民族文化起源与环太平洋文化研究中，呈现得尤为明显。因此，不少学者普遍认为，在传播学派理论的深刻影响下，凌氏对中国民族文化起源和环太平洋区域文化研究的背后，暴露出强烈的国族主义的思想。由于该问题已经远离了本章研究的主题，故在此不作更为深入系统的论述。

---

① （北齐）魏收撰：《魏书》卷七《高祖纪下》，北京：中华书局，1974年，第179页。
② 何翠萍：《从少数民族研究的几个个案谈"己"与"异己"的关系》，徐正光、黄应贵主编：《人类学在台湾的发展：回顾与展望篇》，台北："中央研究院"民族学研究所，1999年，第388页。

第六章　中国三代民族文化因革关系的论争——以周代初期制度建设与文化变迁为中心的考察

西周王朝建立后，建立起分封制、宗法制和同姓不婚等一系列崭新制度，殷周之际思想观念和礼的精神随之发生一系列明显深刻的变化。商人天帝崇拜观念逐渐淡去，重人轻天思想日臻突显，"亲亲""尊尊"的原则渗透了周礼的方方面面。殷周文化之间是继承和发展的关系，以往学者所论殷周文化"一脉相承"说、"大同小异"说与"旧文化废而新文化兴"的深刻"剧变"说，多疏于对殷、周之际制度建设与文化变迁作系统缜密考察，各执一端，顾此失彼，证据偏颇，结论武断。

《汉书·地理志》追述周朝历史："昔周公营洛邑，以为在于土中，诸侯蕃屏四方，故立京师。……其后五伯更帅诸侯以尊周室，故周于三代最为长久，八百余年至赧王，乃为秦所灭。"事实上，在我们今天看来，周代在中国古代历史上的地位，并非仅仅如班固所说的"周于三代最为长久"。如著名历史学家夏曾佑说："有周一代之事，其关系于中国者至深，中国若无周人，恐今日尚居草昧。盖中国一切宗教、典礼、政治、文艺，皆周人所创也。"[①]在

---

① 夏曾佑：《中国古代史》，石家庄：河北教育出版社，2000年，第34—35页。

第六章 中国三代民族文化因革关系的论争——以周代初期制度建设与文化变迁为中心的考察

我们今天看来，夏氏的以上说法，未免过于绝对，将"中国一切宗教、典礼、政治、文艺"皆视为"周人所创"并不完全符合中国古代历史实际，但其所论周代之事"关系于中国者至深"，则并非毫无根据地信口乱说。夏氏之后，许倬云教授亦评说，西周"开八百年基业，肇华夏意识端倪，创华夏文明本体，成华夏社会基石，是中国古代历史上一个重要阶段"[①]；杨宽先生强调，西周的政治文化，"影响很是深远"[②]；李学勤先生在第二次西周史学术研讨会暨中国先秦史学会成立10周年大会的开幕词中表示，西周之制度文化奠定了中国传统文化的基石。综上可见，长期以来，不少学者均对西周时期的制度建设与制度文化的历史价值予以充分肯定。20世纪新史学兴起以来，王国维[③]、郭沫若[④]、徐中舒[⑤]等名师大家，已经自觉结合新旧材料，对这一繁难问题分别从不同角度进行过缜密细致的探讨，但迄今为止，学术界就以上诸多重大问题不仅并未形成统一认识，相反分歧却仍然存在。显然，本章所讨论的问题仍是一个需要继续关注并有待深入探讨且并不过时的论题。

一、商周文化制度因革关系问题的论争

早在春秋时期，杰出的思想家孔子在《论语·为政》说："殷因于夏礼，所损益可知也；周因于殷礼，所损益可知也。"按照孔子的理解，殷礼对夏礼，周礼对于殷礼，均既有继承，又有增减；在《论语·八佾》中，其又说："周监乎二代，郁郁乎文哉！"在孔子看来，周礼借鉴夏、商二代的礼仪制度，内容完备，文辞秀美。在我们今天看来，周礼对夏礼、殷礼，并非仅仅是简单的继承和增减，显然还包含不少新的因素。

周朝继承了夏、商时期哪些文化与制度，又有哪些新的发展，孔子并未直接言及。较早论及这一问题的，是著名历史学家徐中舒先生。1931年，徐氏在《殷周文化之蠡测》一文重申"殷周似属两种民族"[⑥]，强调殷、周历法和亲族

---

① 许倬云：《西周史》增订本，北京：生活·读书·新知三联书店，1994年，扉页。
② 杨宽：《西周史》前言，上海：上海人民出版社，1999年，第1页。
③ 王国维：《观堂集林》卷十《史林二·殷周制度论》，北京：中华书局，1959年，第451—480页。
④ 郭沫若著作编辑出版委员会编：《郭沫若全集·历史编》第一卷《中国古代社会研究》，北京：人民出版社，1982年。
⑤ 徐中舒：《殷周文化之蠡测》，《国立中央研究院历史语言研究所集刊》1931年第二本第三分。
⑥ 徐中舒：《殷周文化之蠡测》，《国立中央研究院历史语言研究所集刊》1931年第二本第三分。

制度确有不同之处外，还结合考古学资料从七个方面对殷、周文化进行比较：

（1）由周代铜器款识与殷虚甲骨文字相较，知殷周两代同用一种文字。（看罗振玉《殷虚书契考释》。）

（2）殷虚发现骨笄，骨枞甚多。（见《殷虚古器物图录》第三叶，本所也得了不少。）可见中国人的束发，在殷商时代已是如此。

（3）甲骨文字及铜器中画人坐者皆作▨形，可见席地而坐，是殷周一致的习惯。

（4）饪器中之尊、罍、觚、爵、鼎、鬲等，殷周两代形制皆同。本所此次在安阳发掘所得铜范极多，其花纹与周代铜器并无差别。（按：古代青铜器中饪食器主要包括鼎、鬲、甗三种，而尊、罍、觚、爵等属于酒器。）

（5）兵器如矛、戈、刀、弓之类，甲骨文矛字偏旁作▨，戈作▨，刀作▨，弓作▨，与铜器上见者绝无二致。本所所得有矛，有刀，形亦与周器无别。

（6）周代所盛行的编简，字作▨，这在甲骨里也曾见过，字作▨。

（7）殷周都用贝朋为货币，贝朋字常见于甲骨文及铜器中，殷虚并有出土之穿孔货贝，及仿制骨贝。①

徐先生由以上被认为殷周两代与人类生活有密切关系的"人类文化的表征"方面之完全一致，"断定周之代殷，不但承袭其统治权，并其文化都完全承袭了"②。20世纪50年代，徐氏据"殷代帝乙以后的世系，都是父子相继而不是兄终弟及"③推论："殷代的末期已经是走入了家族的宗法社会了"④；他又结合相关资料推论："周代的昭穆制是抄袭殷代的。"⑤这似乎侧证西周时期的某些制度亦是直接从殷商那里继承来的。

20世纪50年代初期，严一萍先生对徐氏殷周文化"完全承袭"说提出不同意见。首先，严氏对徐氏用以支持"殷周非同种民族"的四条证据，逐一予以反驳，力证"徐氏以殷周为两民族之根据，似皆未能成立"⑥。其次，他对徐

---

① 徐中舒：《殷周文化之蠡测》，《国立中央研究院历史语言研究所集刊》1931年第二本第三分。
② 徐中舒：《殷周文化之蠡测》，《国立中央研究院历史语言研究所集刊》1931年第二本第三分。
③ 徐中舒：《论殷代社会的氏族组织》，《工商导报（学林副刊）》1951年1月17日。
④ 徐中舒：《论殷代社会的氏族组织》，《工商导报（学林副刊）》1951年1月17日。
⑤ 徐中舒：《论殷代社会的氏族组织》，《工商导报（学林副刊）》1951年1月17日。
⑥ 严一萍：《夏商周文化异同考》，《严一萍先生全集》甲编1《萍庐文集》第3辑，台北：艺文印书馆，1990年，第34页。

氏周人完全承袭殷商文化之观点提出批判："若在克殷以前，（周）素无文字、任器、兵器、束发、席地等等者，不无成见也。"①再次，徐氏所论殷周亲族制度和历法不同，严氏也一一提出批判。严氏指出，徐氏据以论证殷周亲族制度不同的保定三戈"出于伪造也"②，"证物既伪，殷周异制之论自难成立"③。最后，严氏还根据董作宾、新城新藏等学者的研究判定："（周）其先终文王之世，固皆奉殷正朔。至克殷以后，又颁周正于天下。故殷周历法之异，原因政治，其基本推算之法，同为古四分术，实无不同也。"④从总体上而论，严氏并未否定殷周之间文化与制度上的继承性，只是其从另一角度彰明"周人文化并不低于殷商，亦非克殷以后，始承袭前代"⑤这一事实。因此，从学理逻辑上讲，严氏的旨趣很明显在于进一步申论"综观三代文化，固有异同之处，未逾损益相因；寻其本则一脉相承，未尝有变焉"⑥的观点。

1978年，张光直先生据新旧文字史料推断夏商周三代的文化"大同而小异"⑦，又从社会组织的特性和发达程度判定夏商周似乎都具有一个基本的共同点："即城邑式的宗族统治机构。"⑧三代在政治继承制度即王制上和在国家的政治构筑形态上，"是属于同一发展阶段的，即是介于部落（史前时代）与帝国（秦汉）之间的王国阶段"⑨。时隔六年，张氏再次论及夏商周都城制度及三代文化的异同问题。张氏举证《论语·八佾》云："夏后氏以松，殷人

---

① 严一萍：《夏商周文化异同考》，《严一萍先生全集》甲编 1《萍庐文集》第 3 辑，台北：艺文印书馆，1990 年，第 35 页。
② 严一萍：《夏商周文化异同考》，《严一萍先生全集》甲编 1《萍庐文集》第 3 辑，台北：艺文印书馆，1990 年，第 33 页。
③ 严一萍：《夏商周文化异同考》，《严一萍先生全集》甲编 1《萍庐文集》第 3 辑，台北：艺文印书馆，1990 年，第 33 页。
④ 严一萍：《夏商周文化异同考》，《严一萍先生全集》甲编 1《萍庐文集》第 3 辑，台北：艺文印书馆，1990 年，第 36 页。
⑤ 严一萍：《夏商周文化异同考》，《严一萍先生全集》甲编 1《萍庐文集》第 3 辑，台北：艺文印书馆，1990 年，第 36 页。
⑥ 严一萍：《夏商周文化异同考》，《严一萍先生全集》甲编 1《萍庐文集》第 3 辑，台北：艺文印书馆，1990 年，第 11 页。
⑦ 张光直：《从夏商周三代考古论三代关系与中国古代国家的形成》，屈万里先生七秩荣庆论文集编委员会编：《屈万里先生七秩荣庆论文集》，台北：联经出版事业公司，1978 年。
⑧ 张光直：《从夏商周三代考古论三代关系与中国古代国家的形成》，屈万里先生七秩荣庆论文集编委员会编：《屈万里先生七秩荣庆论文集》，台北：联经出版事业公司，1978 年。
⑨ 张光直：《从夏商周三代考古论三代关系与中国古代国家的形成》，屈万里先生七秩荣庆论文集编委员会编：《屈万里先生七秩荣庆论文集》，台北：联经出版事业公司，1978 年。

以柏，周人以栗"说："三代都有社祭，都用木表，只是所用木材有异"①，"这种分别只是大同下的小异"②；又举《孟子·滕文公》载："夏曰校、殷曰序、周曰庠，学则三代共之"及《礼记》各章三代文化的比较，重申严一萍先生三代文化"一脉相承，未尝有变"③的论点。不唯如此，张氏还结合三代考古资料申论"夏商周三代文化在物质上的表现，其基本特点是一致的"④：

（1）三代考古遗物所显示的衣食住一类的基本生活方式都是一样的。三代都以农耕为主要产业，以粟黍为主要作物，以猪狗牛羊为家畜；衣料所知的有麻丝；在建筑上都是茅茨土阶，以夯土为城墙与房基。房基的构造都是长方或方形的，背北朝南。

（2）三代贵族都以土葬为主要埋葬方式，尸体的放置以仰身直肢为常，墓坑都是长方形或方形竖穴墓都有棺椁。这种共同的埋葬方式表现共同的宗教信仰，尤其是对死后世界的信仰。三代也都有卜骨，表现借占卜沟通生死的习惯。

（3）在器物上看三代文化虽有小异，实属大同。陶器皆以灰色印纹陶为特征，器形以三足和圈足为特。常见的类型如鼎、鬲、甗等表示相似的烹饪方式。铜器中皆以饮食器为主，表示在祭祀上饮食的重要。酒器中都有觚爵一类成套的器物。⑤

通过以上三个方面的比较，张氏认为"三代的文化是相近的"⑥，"三代都是有独特性的中国古代文明的组成部分，其间的差异，在文化、民族的区分

---

① 张光直：《夏商周三代都制与三代文化异同》，《"中央研究院"历史语言研究所集刊》1984年第五十五本第一分。

② 张光直：《夏商周三代都制与三代文化异同》，《"中央研究院"历史语言研究所集刊》1984年第五十五本第一分。

③ 严一萍：《夏商周文化异同考》，《严一萍先生全集》甲编1《萍庐文集》第3辑，台北：艺文印书馆，1990年，第11页。

④ 张光直：《夏商周三代都制与三代文化异同》，《"中央研究院"历史语言研究所集刊》1984年第五十五本第一分。

⑤ 张光直：《夏商周三代都制与三代文化异同》，《"中央研究院"历史语言研究所集刊》1984年第五十五本第一分。

⑥ 张光直：《从夏商周三代考古论三代关系与中国古代国家的形成》，屈万里先生七秩荣庆论文集编委员会编：《屈万里先生七秩荣庆论文集》，台北：联经出版事业公司，1978年。

上的重要性是次要的"①。

20世纪末期，葛兆光先生对殷商、西周时期的祭祀传统，象征性的厌胜、禁忌仪式，对"帝"或"天"的尊崇进行了系统比较后，从思想史角度立论："西周的思想世界与殷商的思想世界，实际上同多而异少。"②

总的来看，随着夏商周三代考古工作的逐步展开与先秦史研究的不断深入，历经半个多世纪，学术界对夏商周三代文化之间关系的判定，从"完全承袭""一脉相承"到"大同小异""同多而异少"，科学与理性的因素不断增强，并从总体上呈现出渐趋缜密严谨的态势。经过专家的不断深入探讨，夏商周文化之间存在着明显的因革损益关系，亦即继承和发展的关系，已基本上得到学术界绝大多数专家的普遍认可③。既然如此，殷周文化"完全承袭"说、三代文化"一脉相承"说似乎均仅仅强调了三代文化之间的继承关系，而忽略或淡化了三代文化之间的发展关系。然而三代文化之间的关系究竟是以"因"，亦即继承为主；抑或是以"革"，亦即发展为主，则似乎是一个并不大容易说得清楚的问题，显然，三代文化"大同小异"说，同样存在着不少学理上的疑问和逻辑上的疑难。

事实上，早在徐中舒先生《殷周文化之蠡测》一文发表之前，一代学术大师王国维先生早已发表《殷周制度论》之经典力作。王氏列举"周人之制度大异于商者"④的"立子立嫡之制"⑤及由此衍生的"宗法及丧服之制"⑥、"封建弟子之制"⑦、"君天子臣诸侯之制"⑧、"庙数之制"⑨和"同姓不婚之

---

① 张光直：《夏商周三代都制与三代文化异同》，《"中央研究院"历史语言研究所集刊》1984年第五十五本第一分。
② 葛兆光：《七世纪前中国的知识、思想与信仰世界》，《中国思想史》第一卷，上海：复旦大学出版社，1998年，第107页。
③ 著名历史学家晁福林先生指出，孔子所说的"损益"，"实质上是一种批判继承"。"商周两代文化之间，应当是继承和发展的关系。没有继承就谈不到损益，没有损益也就谈不到发展。"参见晁福林：《序二》，王晖：《商周文化比较研究》，人民出版社，2000年，第3—4页。
④ 王国维：《观堂集林》卷十《史林二·殷周制度论》，北京：中华书局，1959年，第453页。
⑤ 王国维：《观堂集林》卷十《史林二·殷周制度论》，北京：中华书局，1959年，第453页。
⑥ 王国维：《观堂集林》卷十《史林二·殷周制度论》，北京：中华书局，1959年，第453页。
⑦ 王国维：《观堂集林》卷十《史林二·殷周制度论》，北京：中华书局，1959年，第453页。
⑧ 王国维：《观堂集林》卷十《史林二·殷周制度论》，北京：中华书局，1959年，第453页。
⑨ 王国维：《观堂集林》卷十《史林二·殷周制度论》，北京：中华书局，1959年，第453页。

制"①等制度，以证"中国政治与文化之变革，莫剧于殷周之际"②。换言之，在王氏看来，殷周之际乃"旧制度废而新制度兴，旧文化废而新文化兴"③的历史剧变时期。迄为今止，王氏以上所论，尽管存在很大争议，仍然是目前具有相当大影响力的一种学术观点。

无独有偶，在徐氏《殷周文化之蠡测》一文发表之前，郭沫若先生在《中国古代社会研究》一书中也论及周吞灭商"完成了一个新的社会"④；《周易》时代⑤社会，"当呈一变革之现象"⑥；"《易经》是由原始公社制变为奴隶制时的产物"⑦，这一变革"是在殷、周之际达到完成"⑧。和王氏不同，较早接受了唯物史观的郭沫若，从社会形态转变的角度区分殷周之际的文化与社会变革。1947年，郭氏修改其此前的观点，重新提出"殷代与西周在生产方式与文化水准上并无多大区别"⑨新的见解。

2000年，王晖先生在前人已有研究成果的基础之上，将此学术界长期争讼不止且观点悬殊的繁难问题再次提出，从神权崇拜、思想文化、制度礼仪文化、习俗文化和文化渊源等方面对商周文化进行比较后认为："商周文化异大于同。"⑩

迄今为止，历经整整一个世纪，学术界关于商周文化制度"大同小异"与"异大于同"的争论仍未结束。在新的学术背景下，反思以往学术界争讼的焦

---

① 王国维：《观堂集林》卷十《史林二·殷周制度论》，北京：中华书局，1959年，第454页。
② 王国维：《观堂集林》卷十《史林二·殷周制度论》，北京：中华书局，1959年，第451页。
③ 王国维：《观堂集林》卷十《史林二·殷周制度论》，北京：中华书局，1959年，第453页。
④ 郭沫若著作编辑出版委员会编：《郭沫若全集·历史编》第一卷《中国古代社会研究》，北京：人民出版社，1982年，第24页。
⑤ 郭氏最初认为《周易》制作的时代在殷周之际，后修正为战国前半軒臂子贡所作。参见郭沫若著作编辑出版委员会编：《郭沫若全集·历史编》第一卷《中国古代社会研究》，人民出版社，1982年，第45页下注。
⑥ 郭沫若著作编辑出版委员会编：《郭沫若全集·历史编》第一卷《中国古代社会研究》，北京：人民出版社，1982年，第45页。
⑦ 郭沫若著作编辑出版委员会编：《郭沫若全集·历史编》第一卷《中国古代社会研究》，北京：人民出版社，1982年，第90页。
⑧ 郭沫若著作编辑出版委员会编：《郭沫若全集·历史编》第一卷《中国古代社会研究》，北京：人民出版社，1982年，第90页。
⑨ 郭沫若著作编辑出版委员会编：《郭沫若全集·历史编》第一卷《中国古代社会研究》，北京：人民出版社，1982年，第31页。
⑩ 王晖：《商周文化比较研究》，北京：人民出版社，2000年，第459页。

点和症结，继续对该繁难问题进行新的审视，仍显得颇为必要。

二、文化概念的界定及其与制度的逻辑关联

文化是中外学术界使用频率极高的词汇。早在19世纪70年代，英国人类学家E.B.泰勒（E.B.Tylor）曾给文化下过一个经典性的定义："文化，就其在民族志中的广义而言，是个复合的整体，它包含知识、信仰、艺术、道德、法律、习俗和个人作为社会成员所必需的其他能力及习惯。"[1]E.B.泰勒的这一文化定义，"至今仍为人类学界所普遍接受"[2]，因而颇为值得重视。迄今为止，文化尚未有一个十分准确或精确的统一的定义。在不同的语境下，文化具体所指悬殊颇大。诸如考古学界通常认为，夏文化是指夏代在其王朝统辖地域内夏族（或以夏族为主体的人群）创造的物质文化和精神文化遗存，核心内容是关于夏王朝（国家）的史迹。夏文化、商文化同后来的宗周文化、秦文化、楚文化一样，是历史时期考古学文化的名称，属于考古学与历史学整合层面上提出的命名[3]。诸如邹衡先生即正是据文化特征的不同，断定夏文化、商文化"二者泾渭分明，断然是两种不同的文化"[4]。然而在中国考古学建立之前的20世纪初期，王国维先生则视都邑为"政治与文化之标征"[5]，并据此推论"夏商二代文化略同"[6]。正由于王、邹二氏对夏、商文化的理解的不同，所以二者得出的结论大相径庭。同样，上举诸家在对商周文化与制度进行比较时，或用"殷周之际"[7]，或用"殷周两代"[8]（按，当指西周），而王晖先生则明确解释，其所进行的商周比较，是指整个商代与整个周代的比较，"周"不仅包括西周，而且也包括东周时期，即春秋战国时期在内的一段时间[9]。由于相互比较的对象不同，得出不同的结论，自然一点也不足为奇。

---

[1] E.B.Tylor, *The Origins of Culture*, New York: Harper and Brothers Publishers, 1958, p.1.
[2] 黄淑娉、龚佩华：《文化人类学理论方法研究》，广州：广东高等教育出版社，1998年，第25页。
[3] 中国社会科学院考古研究所：《中国考古学·夏商卷》，北京：中国社会科学出版社，2003年，第8页。
[4] 邹衡：《试论夏文化》，《夏商周考古学论文集》，北京：文物出版社，1980年，第140页。
[5] 王国维：《观堂集林》卷十《史林二·殷周制度论》，北京：中华书局，1959年，第451页。
[6] 王国维：《观堂集林》卷十《史林二·殷周制度论》，北京：中华书局，1959年，第452页。
[7] 王国维：《观堂集林》卷十《史林二·殷周制度论》，北京：中华书局，1959年。
[8] 徐中舒：《殷周文化之蠡测》，《国立中央研究院历史语言研究所集刊》1931年第二本第三分。
[9] 王晖：《商周文化比较研究》，北京：人民出版社，2000年，第15页。

制度一词在使用过程中往往也存在不少歧义。《左传·襄公二十八年》载:"且夫富,如布帛之有幅焉,为之制度,使无迁也。"《易·节》云:"天地节,而四时成。节以制度,不伤财,不害民。"孔颖达疏:"王者以制度为节,使用之有道,役之有时,则不伤财,不害民也。"以上所说的"制度",均指一定历史条件下形成的礼俗或制定的法规。随着时代的变迁,现代学者对制度一词不断做出更为详细的解释。如美国著名经济学家道格拉斯·C.诺斯(Douglass C.North)在《制度、制度变迁与经济绩效》一书中开篇即讲道:制度"是为解决人们的相互关系而人为设定的一些制约"[1],制度变迁"决定了社会演进的方式"[2],"是理解历史变迁的关键"[3]。此外,他还将制度区分为"正规制约(如由人类设定的规则)及非正规制约(如习俗和行为准则)"[4]两类。根据古今中外学者的解释,制度既然是一定的历史条件下人为制定的法律、礼仪,那么此前学术界所做的殷周制度史研究中涉及的不少"制度",就颇为值得重新检讨了。诸如有的学者一方面强调"古代氏族部落自身分裂分化而成的邦族组织,与周天子封建子弟而作为周室屏蕃的诸侯完全不同"[5];另一方面又十分肯定地说:"殷代有分封制"[6],更有学者在作商代"分封制度"的专题研究。又如有的学者一方面断言:"商代女子不以古姓相称"[7]是"无可辩驳的事实"[8],"在甲骨刻辞中也找不到可与周代之'姓'含义等同的文字"[9];另一方面又用大量文字详论殷商时期"姓氏制度"的特征[10]。诸如此类的例子还有很多。如有的学者用大量证据力证"'国野'之制

---

[1] (美)道格拉斯·C.诺斯著,刘守英译:《制度、制度变迁与经济绩效》,上海:生活·读书·新知三联书店,1994年,第3页。
[2] (美)道格拉斯·C.诺斯著,刘守英译:《制度、制度变迁与经济绩效》,上海:生活·读书·新知三联书店,1994年,第3页。
[3] (美)道格拉斯·C.诺斯著,刘守英译:《制度、制度变迁与经济绩效》,上海:生活·读书·新知三联书店,1994年,第3页。
[4] (美)道格拉斯·C.诺斯著,刘守英译:《制度、制度变迁与经济绩效》,上海:生活·读书·新知三联书店,1994年,第4页。
[5] 王晖:《商周文化比较研究》,北京:人民出版社,2000年,第322页。
[6] 王晖:《商周文化比较研究》,北京:人民出版社,2000年,第322页。
[7] 陈絜:《商周姓氏制度研究》,北京:商务印书馆,2007年,第50页。
[8] 陈絜:《商周姓氏制度研究》,北京:商务印书馆,2007年,第50页。
[9] 陈絜:《商周姓氏制度研究》,北京:商务印书馆,2007年,第50页。
[10] 陈絜:《商周姓氏制度研究》,北京:商务印书馆,2007年,第193—215页。

作为一种国家行政制度，从来就没有在西周春秋时期的历史上存在过"①。与此同时，又有学者在对西周"国野制度"作深入系统的研究。此外，中国现代学术史上的泛"图腾"论、泛"宗法制度"论以及早已被证伪的殷周"五等爵制"研究等，均给蓬勃发展的先秦制度史研究造成不小的混乱。

　　一般认为，制度和文化之间则存在着颇为密切的逻辑关联。不少学者往往将文化区分为物质文化、制度文化和精神文化三个层面。制度文化的变迁经常会引发文化三个子系统出现整体互动式的变迁。因此，文化的变迁也可以看成是一种制度文化的变迁。所有文化进行传播的过程都首先以制度变迁的形式发生。对于文化变迁和文化发展来说制度文化的变迁和发展是位居首要的。缺少了制度文化的变迁和发展，就不存在文化的变迁和发展。照此区分，则制度似乎应包含在广义的文化概念之内。如英国功能学派人类学家马林诺夫斯基曾把文化分为制度、风俗和器物多个方面②，并"以社会制度为文化的真正要素"③。马林诺夫斯基还屡屡指出："社会制度是构成文化的真正组合成分"④；"文化的真正单位是'制度'"⑤。显然，在马林诺夫斯基看来，制度本身就是构成文化的一个重要方面和构成文化的真正单位。正因为此，美国人类学家菲利普·巴格比认为，要想彻底了解一种文化，"必须选择一些有足够重要性、规模和持久性的制度，它们能够涵盖诸如宗教、艺术和政治、经济以及社会组织等社会生活的主要方面。如果这些制度通常在一些不同地方的共同体中一起出现，特别是如果它们与一种共同语言、一个共同的政治联盟相联系，我们就可以用它们把一种文化与另一种文化分别开来，而且，我们还可以通过观察这些特性中的大部分出现与否，来限定我们的文化在时间和空间上的界线"⑥。既然如此，耗费巨大精力和遥遥无期的时间无休止地争论商周文化制度"大同小异"与"异大于同"的问题，倒不如在新的学术背景下对周代初期的制度建设

---

① 徐亮工：《"国人"新解》，唐嘉弘主编：《先秦史论集——徐中舒教授九十诞辰纪念论文集》，郑州：中州古籍出版社，1989年，第127页。
② （英）马林诺夫斯基著，费孝通等译：《文化论》，北京：中国民间文艺出版社，1987年，第97页。
③ （英）马林诺夫斯基著，费孝通等译：《文化论》，北京：中国民间文艺出版社，1987年，第17页。
④ （英）马林诺夫斯基著，费孝通等译：《文化论》，北京：中国民间文艺出版社，1987年，第18页。
⑤ （英）马林诺夫斯基著，费孝通等译：《文化论》，北京：中国民间文艺出版社，1987年，第92页。
⑥ （美）菲利普·巴格比著，夏克、李天纲、陈江岚译：《文化：历史的投影——比较文明研究》，上海：上海人民出版社，1987年，第135页。

问题重新做一番缜密细致的考察，并在此基础上对殷商、西周二代的文化变迁的性质做出更为准确的判断。

三、周代初期的制度建设

武王伐纣，周代商而有天下，不仅完成了中国历史上第二次政权转移，更开创了一系列崭新的制度，并在此基础上加速了商周之际的文化变迁。周代初期开创了哪些新的制度，迄今为止，学术界的意见尚不统一。兹仅仅从以下几个较为重要的方面，略陈管见。

1. 封邦建国与赐姓命氏

西周王朝推行授民授疆土的封邦建国制度，《左传》等古代文献有较为明确的记载。《左传·昭公四年》载："昔武王克商，光有天下，其兄弟之国者，十有五人也；姬姓之国者，四十人，皆举亲也。"《左传·僖公二十四年》云："昔周公吊二叔之不咸，故封建亲戚，以蕃屏周。"《左传·定公四年》载："昔武王克商，成王定之。选建明德，以蕃屏周。"《左传·昭公二十六年》曰："昔武王克商，成王靖四方，康王息民，并建母弟，以蕃屏周。"从以上记载可知，西周王朝的分封制度自武王克商时即已开始，到成王、康王时期，分封制仍在持续推行。

这里要强调的是，由于司马迁误用周汉政体解释夏商时期的历史，诸如其在《史记·夏本纪》《史记·殷本纪》中分别言及："禹为姒姓，其后分封，用国为氏""契为姒姓，其后分封，以国为姓"，虽文字略有差异，但似乎告诉人们，西周之前的夏、商二代早已存在分封制。迄今绝大多数专家均赞同按照马克思主义经典作家的解释，夏、商时期邦邑之外的氏族、方国，均为"自然长成的结构"[1]，它们还没有脱掉"自然形成的共同体的脐带"[2]，显然其和西周时期的授民授疆土的分封制，有着实质性的差异。以商代为例，"从长城以北直到湖南南部这么广大的地域，是否都在商朝王畿的直接管辖之下，当时

---

[1] 恩格斯：《家庭私有制和国家的起源》，中共中央马克思恩格斯列宁斯大林著作编译局编译：《马克思恩格斯选集》第四卷，北京：人民出版社，2012年，第175页。

[2] 恩格斯：《家庭私有制和国家的起源》，中共中央马克思恩格斯列宁斯大林著作编译局编译：《马克思恩格斯选集》第四卷，北京：人民出版社，2012年，第110页。

是否已经推行分封制度，这些地区是否都有同一水平的社会构造，都是目前的考古与文献资料所不能解决的问题"①。因此，把分封制度视为周代初期统治者的创造和发明，是完全符合先秦时期的历史事实的。

《左传·隐公八年》记载众仲的一段话："天子建德，因生以赐姓，胙之土而命之氏。诸侯以字为谥，因以为族。官有世功，则有官族；邑亦如之。"《左传》这一段文字，古今学者曾作过诸多解释，但存在的问题仍然不少，相比之下，唯杨希枚先生释《左传》所谓"赐姓、胙土、命氏"义指"分赐族属人民及土地而封建其国"②，约略能揭露出这一制度的本来面貌。杨先生认为，分民、裂土、建国则是先秦分封制度的三项重要措施③，由此可知，赐姓、胙土、命氏应是周代初期的新制，并非是春秋时期的发明和创新。

2. 别子为祖，继别为宗

西周、春秋时期存在着一套颇为严格的宗法制度，迄今已是不争的事实。然而和学术界对夏商时期有无分封制度的争论类似，西周之前的夏商时期是否存在宗法制度，同样是学术界迄今尚未完全解决的一个学术难题。笔者以为，解决该分歧的关键，则首先应该搞清楚宗法制度的概念和实质，否则学术界的夏、商二代有无宗法制度之辨，将永远难以构成一个不合格的命题。以往不少学者往往将复杂的问题简单化，诸如有的学者据《史记·殷本纪》和殷墟卜辞中所记殷代从康丁之后的王位不再传弟，便断言"这时嫡长子继承制已经建立起来了。"④事实上，如果翻阅《史记·周本纪》便知，西周乃至春秋时期的王位继承，兄终弟及并未彻底废除。诸如《史记·周本纪》记载："懿王崩，共王弟辟方立，是为孝王。孝王崩，诸侯复立懿王太子燮，是为夷王。"春秋时期诸侯国中兄终弟及的例子更是举不胜举。如《史记·鲁周公世家》说严格遵守周礼的鲁国，"一继一及，鲁之常也。"《集解》引何休语："父死子

---

① 张光直：《殷商文明起源研究上的一个关键问题》，《中国青铜时代》，北京：生活·读书·新知三联书店，1999年，第103页。
② 杨希枚：《〈左传〉"因生以赐姓"解与"无骇卒"故事的分析》，《杨希枚集》，北京：中国社会科学出版社，2006年，第108页。
③ 杨希枚：《〈左传〉"因生以赐姓"解与"无骇卒"故事的分析》，《杨希枚集》，北京：中国社会科学出版社，2006年，第108页。
④ 王晖：《商周文化比较研究》，北京：人民出版社，2000年，第301页。

继，兄死弟及。"显然，仅仅从商代晚期父子相继的王位继承制度判定商代晚期宗法制度已经建立，证据尚为薄弱。

宗法制度的详细情况，《礼记·丧服小记》有如下记载："别子为祖，继别为宗，继祢者为小宗，有五世而迁之宗，其继高祖者也。是故祖迁于上，宗易于下。尊祖故敬宗，敬宗所以尊祖祢也。庶子不祭祖者，明其宗也。"《礼记·大传》有约略类似的记载。清代学者程瑶田《宗法小记》解释说：

> 宗之道，兄道也。大夫、士之家以兄统弟而以弟事兄之道也。别子为祖，祖始也，为后世子孙所共尊之，以为吾家始于是人也。继别为宗，宗，宗主也。继别者一人为群兄弟之所主也。由是继别者与其群兄弟皆各编为其子之祢，而其子则各有一人为适（嫡）继其祢，以各为其庶弟之所宗，是之谓小宗。而诸继祢之宗，其为继别子之所自出者，犹是继别之宗也。众小宗各率其弟而宗之，世世皆然。……尊祖故敬宗，宗之者，兄之也，故曰宗之道，兄道也。①

程瑶田的以上解说，大体上将宗法制度的实质说清楚了。显然，"别子为祖，继别为宗"的宗法制度，在殷商时期的甲骨卜辞中找不到任何可信的信息与可靠的线索。

以往不少学者区分出所谓的嫡长子继承制、宗庙制度、族墓制度、丧服制度等，大体上均属于广义的宗法制度范畴，许多学者已作过许多有价值的专题研究，兹不再赘述。

3. 男女辨姓，同姓不婚

《左传·襄公二十五年》载："齐棠公之妻，东郭偃之姊也。东郭偃臣崔武子。棠公死，偃御武子以吊焉。见棠姜而美之，使偃取之。偃曰：'男女辨姓，今君出自丁，臣出自桓，不可'。"《左传·僖公二十三年》载："男女同姓，其生不蕃。"《国语·晋语四》载："同姓不婚，恶不殖也。"从以上记载可知，男女辨姓，同姓不婚，显然为周代旧制。由于材料的缺乏，王国维先生指出："虽不敢谓殷以前无女姓之制，然女子不以姓称，固事实也"②，

---

① （清）阮元、王先谦主编：《清经解 清经解续编》第四册，南京：凤凰出版社，2005年，第4258页。
② 王国维：《观堂集林》卷十《史林二·殷周制度论》，北京：中华书局，1959年，第473页。

并由此进一步推断:"商人六世以后,或可通婚,而同姓不婚之制,实自周始,女子称姓,亦自周人始矣"①。随着先秦史研究的不断深入,王氏所作以上论断,已逐渐得到学术界的普遍认可,渐成不刊之论。

先秦文献所记周天子与异姓诸侯国、异姓诸侯国之间互为婚姻的例子,举不胜举。迄今为止,学术界对周代同姓不婚缘起的解释分歧甚大,其中不少学者对以优生解释周人同姓不婚的说法,屡屡提出疑义。如吕思勉先生质疑周人同姓不婚优生说:"以今遗传学及昔时事实按之,皆无根据,盖非事实"②,并进一步论说:"如真谓亲族相昏有害,则凡亲族相昏当禁。然各民族,罕有兼严父族母族者,如中国舅之子、姑之子、从母之子相昏即极盛,然绝未见其有害也。"③李玄伯先生亦说:"古人对男女同姓其生不蕃的观念,实非由于生理的观察,弗莱则对此亦以为然。据生物学的研究,血缘近亲是否不蕃,至今尚难确实定论。以现代学者观察的精审而有长时间,尚难有确实结果,浅陋初民又何以能知之?"④事实上,这一问题,古人已经从社会学角度,道出了部分历史实际。如《国语·晋语四》说:"取妻避其同姓,畏灾乱也。"有的学者据此判定,周人同姓不婚的真正理由,"那就是利用婚姻壮大宗族力量,团结异姓"⑤。在我们今天看来,就西周时期的历史情况看,这一推论毫无疑问是经得起检讨的。

周人通过与异姓之间的婚姻,巩固与异姓贵族之间的关系,扩大统治基础,这在分封制度的推行过程中,看得颇为清楚。如前举《左传·僖公二十四年》追述周初大分封的史事时说:"昔周公吊二叔之不咸,故封建亲戚,以蕃屏周。"《礼记·曲礼上》说:"兄弟亲戚称其慈也,僚友称其弟也。"孔颖达疏曰:"亲指族内,戚方族外。"根据以上解释,王国维先生所作"殷之诸侯皆异姓,而周则同姓异姓各半"⑥之论断,显然是符合商周时期的历史实际的。周人在分封过程中,充分考虑到贵族之间的血亲和姻亲两种关系,从而有效地将血缘关系和政治关系结合起来,建立起家国一体的统治架构。

---

① 王国维:《观堂集林》卷十《史林二·殷周制度论》,北京:中华书局,1959年,第474页。
② 吕思勉:《先秦史》,上海:上海古籍出版社,1982年,第267页。
③ 吕思勉:《先秦史》,上海:上海古籍出版社,1982年,第267页。
④ 李玄伯:《中国古代社会新研》,上海:上海文艺出版社,1988年,第143页。
⑤ 常金仓:《周人同姓不婚为优生说辨》,《山西师大学报》(社会科学版)1996年第4期。
⑥ 王国维:《观堂集林》卷十《史林二·殷周制度论》,北京:中华书局,1959年,第466页。

在以往的学术著作中，通常还提到西周时期的井田之制、畿服之制等所谓的西周古制，这里应该强调的是，和国野制度的有无相类似，西周时期井田有无的争辩从民国之初由胡适《井田辨》发表逐步展开，这一辩论迄今尚未结束①；同样，《国语·周语上》所述西周时期的畿服之制，和《尚书·禹贡》中的五服、《周礼·职方》的九服类似，"原非事实上确有此极严整斩截之界线也"②。将以上长期被学术界肯定的西周"古制"视为研究先秦思想史的第一手材料，是毫无问题的，如果将其一概视为西周时期的"制度"，则疑点颇多，故在此略而不论。

四、殷周之际的文化变迁

随着一系列新制度的建立，殷周之际的文化面貌随之发生了不少新的变化。其中最明显深刻，也是最核心的，还当是思想观念和礼制方面的变化。

《礼记·表记》说："殷人尊神，率民以事神，先鬼而后礼，先罚而后赏，尊而不亲。"以上文字大体概括出了商代思想文化的主要特点。尤其殷人浓厚的"尊神""事神"的思想观念，在甲骨刻辞和田野考古资料中，屡屡得到印证。西周王朝建立后，商人天帝崇拜的观念逐渐淡去，重人轻天的思想日臻突显。陈梦家先生指出："殷人的上帝是自然的主宰，尚未赋有人格化的属性"③，"天、天命和天子的观念，是到了西周才出现的"④。周人重人事、轻鬼神的观念，古代文献记载颇多。《左传·桓公六年》记载春秋时期季梁之语："夫民，神之主也，是以圣王先成民而后致力于神。"《左传·庄公三十二年》记载虢史嚚之语："神聪明正直而壹者也，依人而行。"在新的社会背景和政治军事形势下，周人将商人的天命观从根本上加以改造，"皇天无亲，唯德是辅"⑤，"鬼神非人实亲，惟德是依"⑥等观念逐渐深入人心，周代初期

---

① 周书灿：《民国以来井田有无之辨综论》，《河南社会科学》2016年第1期。
② 顾颉刚：《浪口村随笔》卷二《畿服》，沈阳：辽宁教育出版社，1998年，第35页。
③ 陈梦家：《殷虚卜辞综述》，北京：中华书局，1988年，第646页。
④ 陈梦家：《殷虚卜辞综述》，北京：中华书局，1988年，第646页。
⑤（清）阮元校刻：《十三经注疏》下册《春秋左传正义》卷十二《左传·僖公五年》，北京：中华书局，1980年，第1795页。
⑥（清）阮元校刻：《十三经注疏》下册《春秋左传正义》卷十二《左传·僖公五年》，北京：中华书局，1980年，第1795页。

第六章　中国三代民族文化因革关系的论争——以周代初期制度建设与文化变迁为中心的考察

统治者"明德慎罚"①统治方略的成功实践，稳定了新生的西周政权，亦为春秋战国时期儒家的仁学思想和仁政学说奠定了坚实的理论基础。

柳诒徵先生论及："周之文化，以礼为渊海，集前古之大成，开后来之政教。"②周代初期文化变迁尤其体现在礼制方面。周礼的最核心内容，先秦时期的儒家经典已说得很清楚。诸如《礼记·丧服小记》说："亲亲，尊尊，长长，男女之有别，人道之大者也。"《礼记·大传》亦说："亲亲也，尊尊也，长长也，男女有别，此其不可得与民变革者也。"《礼记》成书年代，学术界争议很大，但其所记周制，部分能反映出西周时期的一些历史实际。以后，《史记·梁孝王世家》记载，汉代曾对"亲亲"和"尊尊"强为区分："殷道亲亲，周道尊尊"。袁盎等人作出进一步解释："殷道亲亲者立弟，周道尊尊者立子。殷道质，质者法天，亲其所亲，故立弟。周道文，文者法地，尊者敬也，敬其本始，故立长子。周道，太子死，立嫡孙。殷道，太子死，立其弟。"汉代的以上说法旨在致用，其与殷商西周时期的历史实际，显然并不完全吻合。王国维先生指出："商人继统之法，不合尊尊之义，其祭法又无远迩尊卑之分，则于亲亲、尊尊二义，皆无当也。周人以尊尊之义经亲亲之义而立嫡庶之制，又以亲亲之义经尊尊之义而立庙制。此其所以为文也。"③王氏将"亲亲""尊尊"作为区分殷、周礼制差异的重要标志之一，其所作解说，大体符合周礼的精神。

周礼所体现的"亲亲""尊尊"精神，金景芳先生另有更为深入的解释：" '亲亲'，就是亲其所亲，反映这个社会的血缘关系方面。'尊尊'就是尊其所尊，反映这个社会的政治关系，即阶级关系方面。在亲亲和尊尊中，贯彻着严格的等级制的原则。"④"亲亲和尊尊的实质都是等级制度。可以说，离开等级制度，就没有周礼。这表明了周礼的本质。"⑤至于近年来也有学者所提出的新解："源于宗法的'尊尊'和'亲亲'都基于血缘关系，而两者的区别在于适用范围的不同，'尊尊'是宗族处理公共事务所遵循的法则，体现为

---

① （清）阮元校刻：《十三经注疏》上册《尚书正义》卷十四《尚书·康诰》，北京：中华书局，1980年，第203页。
② 柳诒徵：《中国文化史》上册，长沙：岳麓书社，2010年，第153页。
③ 王国维：《观堂集林》卷十《史林二·殷周制度论》，北京：中华书局，1959年，第468页。
④ 金景芳：《中国奴隶社会史》，上海：上海人民出版社，1983年，第151页。
⑤ 金景芳：《中国奴隶社会史》，上海：上海人民出版社，1983年，第152页。

对象征宗族正体的宗子的尊崇,而'亲亲'是宗人处理私事的依据,表现为由亲疏关系产生的差别对待。"①笔者以为,分歧的关键显然在于考察问题的视角差异所致,然其承认周礼中"亲亲""尊尊"精神的统一性,则大体可以看出,两种解释仍从总体上呈现出异中有同的特点。

综上可见,随着周初的分封制、宗法制、同姓不婚之制等新制度的建立,殷周之际的思想观念和礼的精神随之发生了一系列新的变化。如果仅从思想观念和礼制方面而论,笔者认为,商周之际的文化变迁是颇为明显的、深刻的。当然,笔者丝毫不否定,西周王朝建立之初,对夏、商尤其是殷商某些文化的直接继承与借鉴。既然如此,商、周文化之间究竟是"一脉相承""大同小异",抑或是"旧文化废而新文化兴"的深刻"剧变",就已有的前期研究看,不少学者多疏于对商周之际制度建设与文化变迁作系统缜密考察,各执一端,顾此失彼,证据失之偏颇,结论多显武断。以唯物史观为理论指导的马克思主义史学建立后,殷周之际社会形态性质问题,一度成为中国古代社会形态与古史分期大讨论关注的焦点之一。和前举殷周文化"一脉相承"说、"大同小异"说与"旧文化废而新文化兴"的深刻"剧变"说类似,在马克思主义经典作家倡导的五种社会形态理论框架下,西周封建论者、战国封建论者、魏晋封建论者等代表人物,关于商周社会形态的观点,亦长期呈现出天壤之别式的根本性差异。显然,在马克思主义唯物史观理论指导下,加强商周史研究理论与方法的建设,从根本上转变以往商周史研究中的旧的思维方式,冷静反思旧的传统学术命题本身存在的逻辑疑难与学理局限,将商周史研究重新引向正确的轨道上来,显然是新时期史学工作者当下无法回避的头等大事。

---

① 刘舫:《公私视域下的"尊尊"与"亲亲"》,《人文杂志》2016年第7期。

第七章　中国文明起源黄河流域中心说到多元一体说的理论演变

20世纪50年代后期，庙底沟二期文化的确认及其过渡性特点为中国史前文化发展连续说提供了有力的支持，从而彻底终结了20世纪30年代以后长期流传的龙山、仰韶文化东西二元对立说和"混合文化"说。20世纪50年代末到80年代末，在中国史前文化发展连续说的基础上，考古学界积极阐发并不断完善的中国文明起源的黄河流域中心说逐渐占据主导地位。自20世纪70年代末开始，在区系类型理论的影响下，中国文明起源多元论的"条块"说和"满天星斗"说独树一帜。20世纪80年代中后期，两种"截然不同"的观点遭遇激烈的交锋。在激烈的学术论辩过程中，两种"截然不同"的观点的理论缺陷和学理价值都日益清晰地得到彰显。20世纪90年代中期以后，中外学术界关于中国文明起源的黄河流域中心说和多元论的"满天星斗"说之间的辩论大体上告一段落。此后，不少学者更加注意充分汲取两种"截然不同"观点的合理因素，不断加以综合疏通、完善创新，从而逐步建立起以中原地区为中心的中国文明起源多元一体说，实现对两种"截然不同"观点的超越和突破。从中国现代学术史的视角而论，应像前文对以中原地区为中心的多元一体说的中国文明起源理论价值的充分肯定一样，传统的中国文明起源黄河流域中心说和多元论的"满天星斗"说的学术史价值，学术界也应给予高度的重视。

20世纪40年代，经过中外学术界长期的激烈论辩，尤其是1945年夏鼐在阳洼湾发掘中发现齐家墓葬并对齐家期的年代做出判定[①]后，安特生仰韶文化西来说的错误理论最终不攻自破。然而在 20 世纪 50 年代中期庙底沟遗址发掘之前，文化混合说[②]、龙山仰韶东西二元对立学说[③]仍在中国学术界具有一定的影响。20 世纪 50 年代后半期至 60 年代初期，随着华县元君庙、泉护村和洛阳王湾等遗址的发现，以黄河流域尤其是黄河中游地区为中国文明起源中心的观点逐渐主导着考古学界，成为国内外学术界有关中国民族文化形成发展最具影响力的理论之一。20 世纪 80 年代初期，区系类型理论的建立与中国文明起源条块说、满天星斗说日渐风靡，并与传统的黄河流域中心说展开激烈的交锋。事实上，中国文明起源黄河流域中心说亦肯定中国新石器时代文化有多元现象，多元论的"满天星斗"说也充分肯定黄河中游地区在中国文明起源和国家形成中的核心、主导作用。20 世纪 90 年代中期，学术界关于中国文明起源的黄河流域中心说和多元论的"满天星斗"说之间的辩论大体上告一段落。此后，不少学者更加注意充分汲取两种"截然相反"观点的合理因素，并在新的学术背景下重构以中原地区为中心的中国文明起源多元一体说，逐步实现从更高层次对中国文明起源理论建构的突破。在新的学术背景下，从中国现代学术史的角度对中国文明起源黄河流域中心说到多元一体说的理论演变重新进行更为深入冷静的思考，有助于推进中国民族文化形成发展理论的建构向着更高层次突破。

一、中国史前文化发展连续说的确立与混合文化说、龙山仰韶东西二元对立说的终结

1956 年秋至 1957 年，庙底沟与三里桥遗址的发掘，是中国新石器时代考古学的又一个重要的里程碑。庙底沟遗址是 1953 年秋季由中国科学院考古研究所

[①] 夏鼐：《齐家期墓葬的新发现及其年代的改订》，《中国考古学报》第 3 册，1948 年。
[②] 1951 年，中国科学院考古研究所河南调查团对点军台和仰韶村遗址调查试掘后，仍认为这两处遗址是仰韶和龙山的"混合文化"。参见夏鼐：《河南成皋广武区考古记略》，《科学通报》1951 年第 7 期；夏鼐：《河南渑池的史前遗存》，《科学通报》1951 年第 9 期。
[③] 1955 年，徐中舒论及上古时期黄河流域两个农业中心区，并提出低地农业区和高地农业区两个概念。徐氏低地农业区、高地农业区的界说和两个"天下之中"的表述，基本上可以看作徐氏在新的学术背景下对以往龙山、仰韶东西二元对立学说的具体运用。参见徐中舒：《试论周代田制及其社会性质——并批判胡适〈井田辨〉观点和方法的错误》，《四川大学学报》（哲学社会科学版）1955 年第 2 期。

第七章　中国文明起源黄河流域中心说到多元一体说的理论演变

河南考古调查队首先发现①，1956年9月30日至12月6日进行第一次发掘，1957年3月26日至7月25日进行第二次发掘。两次工作共发掘了280个探方，总面积达4480平方米。在这里共发现了仰韶文化灰坑168个、房子2座，龙山文化灰坑26个、房子1座，另外还发现墓葬156座，绝大部分是属于龙山文化的。这里以新石器时代的仰韶文化为主，龙山文化次之，并有明确的地层交叠证据，此外也有较薄的东周文化层和少数汉唐墓葬。②三里桥遗址也是在1953年发现了龙山文化层叠在仰韶文化层上面的地层证据。③遗址的总面积约180000平方米，大体上东部以龙山文化为主，西部以仰韶文化为主，两者交错相叠，在周围的断崖上都暴露了灰坑或灰层。第一次发掘自1957年4月12日开始至8月7日结束，第二次自同年10月7日开始至11月20日结束。前后共发掘了1526平方米。发现有仰韶文化、龙山文化以及东周时期的窑址、灰坑、墓葬及其文化遗物④。

在庙底沟遗址发掘之前，仰韶文化与龙山文化之间的关系一直不明确。早在20世纪30年代初期，城子崖遗址的发掘后，李济提出黑陶的遗址与彩陶文化"对峙到若何程度，尚无从知悉"⑤，但其判定他们是"在各地方的发展有早晚的不同"的"两个独立的系统"⑥。此后，梁思永在考古学上第一次提出"仰韶本是彩陶文化的领土被龙山文化侵入"⑦的观点，并较早暗示：彩陶文化伸展的方向"由西而东"⑧，龙山文化伸展的方向"由东而西"⑨。显然，梁氏不仅把龙山文化与仰韶文化视为两种东西二元对立的文化，而且进一步强调了龙山文化在向西发展过程中先后与河南的彩陶文化及辛店期的彩陶文化"混合"⑩。1953年，日本学者水野清一和关野雄提出仰韶文化和龙山文化是"前

---

① 安志敏、王伯洪：《河南陕县灵宝考古调查记》，《科学通报》1954年第7期。
② 中国社会科学院考古研究所编著：《庙底沟与三里桥》，北京：文物出版社，2011年，第3页。
③ 安志敏、王伯洪：《河南陕县灵宝考古调查记》，《科学通报》1954年第7期。
④ 中国社会科学院考古研究所编著：《庙底沟与三里桥》，北京：文物出版社，2011年，第42页。
⑤ 李济：《城子崖发掘报告序》，《李济文集》卷二《城子崖发掘》，上海：上海人民出版社，2006年，第210页。
⑥ 李济：《城子崖发掘报告序》，《李济文集》卷二《城子崖发掘》，上海：上海人民出版社，2006年，第210页。
⑦ 梁思永：《小屯龙山与仰韶》，《梁思永考古论文集》，北京：科学出版社，1959年，第94页。
⑧ 梁思永：《小屯龙山与仰韶》，《梁思永考古论文集》，北京：科学出版社，1959年，第94页。
⑨ 梁思永：《小屯龙山与仰韶》，《梁思永考古论文集》，北京：科学出版社，1959年，第94页。
⑩ 梁思永：《小屯龙山与仰韶》，《梁思永考古论文集》，北京：科学出版社，1959年，第97页。

后相继的文化，不是分布不同的同时文化"①，尽管刘燿（尹达）对梁思永此前所认定的仰韶村遗址是仰韶与龙山"混合文化"的观点提出批评②，但在相当长的时期内，龙山、仰韶二元对立学说和混合文化说长期主导着中国考古学界，并被中国学术界广泛接受。

庙底沟与三里桥两个遗址的发掘，不仅解决了仰韶文化和龙山文化的性质及其分期线索，而最重要的是解决了仰韶文化和龙山文化之间的关系问题。报告指出，庙底沟第二期文化很可能为龙山早期或由仰韶到龙山的一种过渡性质的文化。从陶器的形制以及纹饰等若干因素来看，它上承仰韶文化，下启龙山文化，过渡的性质是相当明显的。③报告认为，晋、陕一带的庙底沟第二期文化是从仰韶文化中发展出来的，而"河南龙山文化"和"陕西龙山文化"又是继承庙底沟第二期文化而继续发展的。这次的发掘对证明中国古代文化发展的连续性方面，是具有重大意义的④。

庙底沟遗址和三里桥遗址的发掘，彻底终结了学术界以往的种种旧说。如安志敏从学理上对学术界流行已久的仰韶、龙山二元对立说和"混合文化说"提出质疑和批判：

> 在过去所发表的著作中，一般的意见均认为当仰韶文化发达于豫、晋、陕的时候，龙山文化起源于东方，由东向西发展逐渐代替了仰韶文化。也有的认为由于两者的来源不同，当接触后便产生了"混合文化"，如以仰韶村为代表的遗址。上述两种说法还不能使我们满意。前者无法解释，当龙山文化进入仰韶文化的分布地带，为什么仰韶会忽然绝迹？后者虽然可以解释前一种说法中所存在的矛盾，但仰韶村是不属于所谓"混合文化"，主要是过去没有搞清层位关系，还难以作为依据。⑤

安氏根据新的考古资料否定了学术界以往长期流行的"混合文化说"：

---

① 转引自张光直：《新石器时代中原文化的扩张》，《中国上古史待定稿》第一本，台北："中央研究院"历史语言研究所，1972年，第291—292页。
② 刘燿：《龙山文化与仰韶文化之分析》，《中国考古学报》第2册，1947年，第267—275页。
③ 中国社会科学院考古研究所编著：《庙底沟与三里桥》，北京：文物出版社，2011年，第66页。
④ 中国社会科学院考古研究所编著：《庙底沟与三里桥》，北京：文物出版社，2011年，第67页。
⑤ 安志敏：《试论黄河流域新石器时代文化》，《文物参考资料》1959年第10期。

第七章 中国文明起源黄河流域中心说到多元一体说的理论演变

我们在解放后的一次调查中,曾指出这里似乎是一种"仰韶和龙山的混合文化",但问题也还没有彻底解决。在渑池以西的许多遗址的调查或发掘中,所发现的仰韶和龙山两种文化,不仅有层次上的分别,在文化内容上也互不相同,并不见有所谓"混合"的痕迹。据最近在河南陕县庙底沟和三里桥两个新石器时代遗址的发掘(在仰韶村西约50公里),基本上明确了仰韶村遗址的文化内涵。因为上述两个遗址的不同层次和不同文化的遗物都见于仰韶村,印证了安特生发表的所谓仰韶文化的遗物,实际上是包含了仰韶、龙山早期、龙山晚期和东周四个时期的遗物。由此对于仰韶文化的定义以及许多混乱的概念都可以得到一定程度的澄清。①

关于仰韶文化与龙山文化之间的关系,安氏作了初步的判断:

在河南陕县庙底沟发现的所谓"庙底沟第二期文化",是属于龙山早期的遗存。它具有由仰韶到龙山的过渡性质,最低说明了豫、晋、陕一带的龙山文化是由仰韶文化中发展来的,对中国古代文明发展的连续性上提供了有力的线索。……从庙底沟第二期文化的发现,不仅说明它具有仰韶到龙山的过渡性质,也说明河南、山西和陕西的龙山文化可能是继承了仰韶文化而继续发展的。②

通过黄河三门峡水库区的调查和发掘又提供了许多新线索,使我们有必要来重新考虑仰韶和龙山文化之间的关系问题。首先应该肯定在仰韶文化中确实有些器物好象具有龙山文化的特点,但这并不一定是受了龙山文化的影响以后才产生的。因为某些器物在较早的时候便已经萌芽了,经过发展到晚期才成为定型,甚至于在制法上也是互不相同的。例如仰韶文化的黑陶以及类似蛋壳陶的陶片都没有轮制的痕迹,圈足器在仰韶文化已经产生了,但不普遍。根据以上的现象,或者可以说明具有龙山文化某些特点的陶器,在仰韶文化中已经萌芽,到龙山文化才成为定型。如果承认龙山文化是继承仰韶文化而进步发展的文化,则所谓仰韶文化中有龙山文化

---

① 安志敏:《试论黄河流域新石器时代文化》,《文物参考资料》1959年第10期。
② 安志敏:《试论黄河流域新石器时代文化》,《文物参考资料》1959年第10期。

的因素就不足为奇了。因而混合文化的提法也就值得再考虑了。[①]

除安氏外,石兴邦也对仰韶文化与龙山文化之间的关系予以系统的阐发:

> "仰韶文化"早于龙山文化的地层证据各地都有发现。从某些物质文化的特点来说,龙山文化因素中承袭"仰韶文化"的线索随着近年资料的增加,也愈来愈明显了,它们之间的关系可以历史地联系起来。从河南、陕西获得的资料,可以看出"仰韶文化"孕育龙山文化的许多实例,不论是工具、用具或艺术作品都赋有因袭的印记。山西盘南村、河南庙底沟的遗址中,可以看出龙山文化萌芽状态中的"仰韶文化"因素。洛阳西干沟、孙旗屯遗址中均有相当多的龙山与"仰韶文化"某些共有的因素。从上面这些迹象,可以说,龙山文化是"仰韶文化"的继承者,甚至大胆地可以说是一个文化演变下来的不同阶段。[②]

几乎与安、石二氏同时,张光直[③]、许顺湛[④]等学者亦提出了和安、石二氏相似的观点。张氏举证说:"山东也有彩陶(林巳奈夫,1957:339-340),而灰黑陶及其伴存文化也可西见于陕西至甘肃(齐家期)。……黑陶文化到处晚于彩陶文化。"[⑤]"二者的不同只是一部分陶器的不同,而一般的文化相貌只是大同小异。即使在陶器上,也可看出二者相递嬗的现象(Mizuno,1956;Sekino,1956)。"[⑥]张氏根据包括陕县庙底沟、广武青台在内的黄河中游及若干文化中心地带的发掘报告指出:"混合文化不如说是转型期的文化。"[⑦]在此基础上,张氏较为明确地指出:"从新石器时代早期到晚期到殷商文化,是一个黄河流域土生的文化的传统的演变与进步。把仰韶与龙山当作两个'文化',再在两个文化以外去找殷商文化的来源,似乎是不需要了。"[⑧]此后,张光直对从庙底沟到三里桥遗址的三种文化的关系说

[①] 安志敏:《试论黄河流域新石器时代文化》,《文物参考资料》1959年第10期。
[②] 石兴邦:《黄河流域原始社会考古研究上的若干问题》,《文物参考资料》1959年第10期。
[③] 张光直:《中国考古学论文集》,北京:生活·读书·新知三联书店,1999年,第45—114页。
[④] 许顺湛:《关于中原新石器时代文化的几个问题》,《文物》1960年第5期。
[⑤] 张光直:《中国考古学论文集》,北京:生活·读书·新知三联书店,1999年,第56页。
[⑥] 张光直:《中国考古学论文集》,北京:生活·读书·新知三联书店,1999年,第56页。
[⑦] 张光直:《中国考古学论文集》,北京:生活·读书·新知三联书店,1999年,第56页。
[⑧] 张光直:《中国考古学论文集》,北京:生活·读书·新知三联书店,1999年,第60页。

做了更加系统地阐述：

> 所谓"混合文化"遗址实在只是"过渡期"文化遗存，也就是说它代表了连续发展的新石器时代文化的一个新的阶段，始于仰韶，终于龙山。这个看似微不足道的结论，却动摇了华北中国的新石器时代考古学。黄河流域的河南，因此不再被认为（按：原文"认为"之前衍一"不"字，兹更正）是一个起源于东、一个起源于西的两个同时代史前文化的相遇之地，相反它担当起史前文明发源地的角色，这个史前文明显然是经历了自身内在发展和变化的历史时期中国文明的前身。①

许顺湛在对仰韶文化西来说、龙山文化东来说的错误理论进行深入批判的同时，从生产工具和陶器等方面力证"仰韶文化和龙山文化同为中原地区一种新石器时代文化，仰韶文化早于龙山文化，只能是新石器时代文化不同时期的两个阶段，两者是一脉相承的"②。

总之，庙底沟遗址和三里桥遗址的发掘，庙底沟第二期文化的确认，在彻底终结了自20世纪30年代以来影响学术界已久的混合文化说和龙山、仰韶东西二元对立学说的同时，也使考古学家逐渐形成一个初步的"共识"：我们的祖先从远古时代起经过仰韶、龙山，直到殷周，在黄河流域不断发展而创造了高度的文化。③从学理逻辑上讲，中国史前文化连续发展说与战国秦汉以来广为流行的中国上古民族文化起源本土一系说似乎有着诸多相通之处，但二者立论的材料却有着根本的不同。李济强调："以可靠的材料为立论依据，材料必须是经过考证及鉴定的文献史料和以科学方法发掘及报道的考古资料。"④战国至秦汉以来广为流传的中国上古民族文化起源本土一系说"立论依据"方面的谬误，已经被顾颉刚在20世纪20年代初予以科学揭发⑤，而中国史前文化发展连续说则正是"以科学方法发掘及报道的考古资料"为依据，二者的可靠性自然有着根本性的差别。

---

① 中国社会科学院考古研究所编著：《庙底沟与三里桥》，北京：文物出版社，2011年，第ii页。
② 许顺湛：《关于中原新石器时代文化的几个问题》，《文物》1960年第5期。
③ 中国社会科学院考古研究所编著：《庙底沟与三里桥》，北京：文物出版社，2011年，第67页。
④ 李济：《李济文集》卷五《序跋致辞》，上海：上海人民出版社，2006年，第153页。
⑤ 顾颉刚编著：《古史辨》第一册中编，上海：上海古籍出版社，1982年，第99—100页。

二、中国文明起源黄河流域中心说的提出及完善

有的学者曾将学术界对中国文明起源的研究追溯至"20世纪20年代末郭沫若对中国古代社会的研究"①，并将1928—1976年的第一个时期视为"资料积累的初始阶段"②。如果我们赞同《庙底沟与三里桥》发掘报告"解决了由仰韶向龙山的过渡，等于阐明了中国古代文明的起源问题"③的论断，我们便会觉得将整个20世纪70年代以前的中国文明起源研究全部视为"资料积累的初始阶段"，显然并不客观。事实上，就在《庙底沟与三里桥》发掘报告出版不久，安志敏就明确地提出了"黄河流域是中国文明的摇篮"④，"黄河流域是中国文明的发祥地"⑤，"黄河流域的古代文明与世界上其他大河流域的古代文明相同，它的发生和发展也推动和影响了邻近地区的古代文化"⑥等观点。无独有偶，石兴邦也颇为明确地指出："黄河流域是我国历史发展的中心地区，历史上我国多民族国家的形成，是以这一地区为核心的。"⑦除此之外，张光直假定豫西、晋南与秦中为"中国新石器时代文化发祥地与早期新石器时代文化向晚期发展的中心"⑧，新石器时代晚期文化，"甘肃、陕西、山西、河南与山东，各自显示大同小异的诸相"⑨，"从这一阶段的文化再进一步，华北便产生了城市文明、使用文字、制作铜器、城市与国家逐渐形成，即中国历史上的殷商时代"⑩。值得注意的是，在那个特殊的年代，中外考古学家虽然少有交流，但张光直根据第二手材料与当时在考古第一线的安志敏、石兴邦在1959年发表了几近一致的"同一观点"⑪。继张光直之后，20世纪70年代，何炳棣亦从自然生态环境、农业、养畜业、陶器、青铜器、文字和其他方

---

① 朱乃诚：《中国文明起源研究的历程》，《史林》2004年第1期。
② 朱乃诚：《中国文明起源研究的历程》，《史林》2004年第1期。
③ 中国社会科学院考古研究所编著：《庙底沟与三里桥》，北京：文物出版社，2011年，第67页。
④ 安志敏：《试论黄河流域新石器时代文化》，《文物参考资料》1959年第10期。
⑤ 安志敏：《试论黄河流域新石器时代文化》，《文物参考资料》1959年第10期。
⑥ 安志敏：《试论黄河流域新石器时代文化》，《文物参考资料》1959年第10期。
⑦ 石兴邦：《黄河流域原始社会考古研究上的若干问题》，《文物参考资料》1959年第10期。
⑧ 张光直：《中国考古学论文集》，北京：生活·读书·新知三联书店，1999年，第99页。
⑨ 张光直：《中国考古学论文集》，北京：生活·读书·新知三联书店，1999年，第104页。
⑩ 张光直：《中国考古学论文集》，北京：生活·读书·新知三联书店，1999年，第104页。
⑪ 陈星灿：《从一元到多元：中国文明起源研究的心路历程》，《中原文物》2002年第2期。

第七章　中国文明起源黄河流域中心说到多元一体说的理论演变

面详细论证了中原黄土地带是中国文明乃至整个东方文明的摇篮。①

应该强调的是，从20世纪50年代末开始，安志敏一直在对中国文明起源黄河流域中心说进行系统的阐发：

> 由于祖国幅员广阔，新石器时代的文化面貌是极其复杂的，在发展上也不平衡。大体上黄河中下游是中国古代文明的中心，对周围地区有着不同程度的影响，并且是首先结束了原始公社而进入阶级社会，逐渐用金属工具代替了石器的使用……从新石器时代到金属时代，黄河中下游一直是古代文明的中心，阶级社会统治王朝夏、商、周的产生与发展，也与这里的新石器文化有着不可分割的联系。②

20世纪70年代，随着黄河流域田野考古资料的日渐丰富与研究的进一步深入，安氏继续对中国文明起源黄河流域中心说予以补充完善：

> 从仰韶文化到龙山文化，是经过了长期的发展过程，就在这个基础上产生了金属文明，然后进入了阶级社会。它们的产生、发展，始终是以黄河流域为中心，并及于我国的广大疆域。③

特别是裴李岗文化和磁山文化的发现，为中国新石器时代考古增加了新的第一手研究资料，根据新的田野考古资料，安氏论及：

> 由于这时已经种植粟类和畜养家畜，为后来更发达的农业聚落创造了先决条件，仰韶文化和龙山文化在农业经济的基础上，不断提高生产力，推进了社会的发展，终于建立了夏、商、周的奴隶制国家，奠定了我国几千年来的文明基础，因而过去把黄河流域作为中国古代文明摇篮的提法是有一定道理的。④

20世纪70年代末期，安氏的中国文明起源黄河流域中心说的理论体系益

---

① Ping-Ti Ho, *The Cradle of the East: An Inquiry into the Indigenous Origins of Techniques and Ideas of Neolithic and Early Historic China*, 5000-1000B.C., Chicago: The University of Chicago Press, 1975.
② 安志敏：《中国新石器时代考古学上的主要成就》，《文物》1959年第10期。
③ 安志敏：《略论我国新石器时代文化的年代问题》，《考古》1972年第6期。
④ 安志敏：《裴李岗、磁山和仰韶——试论中原新石器文化的渊源及发展》，《考古》1979年第4期。

趋缜密：

> 在广阔的祖国大地上，分布着各种类型的新石器文化，有着不同的来源和发展关系，通过文化交流和相互影响，并逐渐扩大分布范围，最后呈现融合统一的发展趋势。值得注意的是，以黄河流域为中心的文化遗存，有着长期的传统和突出的特征。例如由裴李岗文化和磁山文化发展而来的仰韶文化、龙山文化构成中原文化的主体，它们一脉相承，并在交流融合中不断影响周围地区的文化发展，终于产生了夏商周的阶级和国家，在我国历史上展开了新的一页。因之，把黄河流域作为我国古代文明的摇篮，不是没有道理的。当然这并不排斥其他地区也有古老的遗存和悠久的文化传统，在中华民族共同体的形成过程中做出一定的贡献，不过其发展始终是以中原为核心，特别是进入阶级社会以后表现得更为明显。①

经过安氏的不断补充完善，20 世纪 70 年代末期，中国文明起源黄河流域中心说日渐成为中国文明起源问题的主流观点，并对 20 世纪 80 年代中国上古民族文化形成发展的理论建构产生了极为深刻的影响。20 世纪 80 年代后期，佟柱臣②、唐嘉弘③等先生大体上赞同安氏中国文明起源的黄河流域中心说并对安氏的理论不断作进一步的完善。

在安氏的基础上，佟氏结合黄河流域、长江流域新石器时代田野考古资料，积极申论中国新石器时代文化的"多中心发展论"和"发展不平衡论"：

> 中国的新石器时代阶段，并不存在从一个地点起源的问题。而是从旧石器时代晚期、经过中石器时代、向着新石器时代延续发展下来的。延续发展下来的新石器时代文化，又形成若干个中心，因此，作多中心发展。这些多中心的文化，发展有迟有速、有高有低，受到强烈的不平衡规律支

---

① 安志敏：《新石器时代考古三十年》，《文物》1979 年第 10 期。
② 佟柱臣：《中国新石器时代文化的的多中心发展论和发展不平衡论——论中国新石器时代文化发展的规律和中国文明的起源》，《文物》1986 年第 2 期。
③ 唐嘉弘：《为什么说黄河流域是中华民族的摇篮》，《文史知识》1986 年第 6 期；唐嘉弘：《论黄河文明》，开封：河南大学出版社，1988 年，第 1—22 页。

第七章　中国文明起源黄河流域中心说到多元一体说的理论演变

配，因而又呈现不平衡状态。①

佟氏在 20 世纪 50 年代前后学术界积极阐发的中国史前文化发展连续说的基础上指出："中国新石器时代文化没有从一个地点起源并向四方传播"②，重申"中国新石器时代通过中石器时代和旧石器时代晚期文化发生的连续性"③。佟氏将黄河流域和长江流域的新石器时代文化区分为"既有地层学上的序列，又有类型学上的演变"④的七个文化系统中心，并在此基础上指出："多中心的发展是我国新石器时代文化发展的实际，也是我国新石器时代文化发展的规律。"⑤佟氏指出，在这七个文化系统中，"发展最快、水平最高的仍是黄河中下游豫西晋南的庙底沟文化系统"⑥，他在对二里头文化进行系统考察的基础上得出结论："在豫西晋南的伊、洛、河、济之间，是中国三代第一个王朝——夏代，最早最先出现的地区，而并不是在其他地区，这是铁一般的客观史实，因此说黄河中下游是中国文明的摇篮的论断是不错的。"⑦

从以上论述不难看出，和以往安氏为代表的中国文明起源黄河流域中心说相比，佟氏已经注意到了苏秉琦所说的考古学文化的区系类型问题⑧。诸如佟氏强调，其所区分的"这七个文化系统中心，只代表黄河流域和长江中下游部分地区的现象，今后全国其他广大区域随着考古材料的积累，将会有更多的文

---

① 佟柱臣：《中国新石器时代文化的的多中心发展论和发展不平衡论——论中国新石器时代文化发展的规律和中国文明的起源》，《文物》1986 年第 2 期。
② 佟柱臣：《中国新石器时代文化的的多中心发展论和发展不平衡论——论中国新石器时代文化发展的规律和中国文明的起源》，《文物》1986 年第 2 期。
③ 佟柱臣：《中国新石器时代文化的的多中心发展论和发展不平衡论——论中国新石器时代文化发展的规律和中国文明的起源》，《文物》1986 年第 2 期。
④ 佟柱臣：《中国新石器时代文化的的多中心发展论和发展不平衡论——论中国新石器时代文化发展的规律和中国文明的起源》，《文物》1986 年第 2 期。
⑤ 佟柱臣：《中国新石器时代文化的的多中心发展论和发展不平衡论——论中国新石器时代文化发展的规律和中国文明的起源》，《文物》1986 年第 2 期。
⑥ 佟柱臣：《中国新石器时代文化的的多中心发展论和发展不平衡论——论中国新石器时代文化发展的规律和中国文明的起源》，《文物》1986 年第 2 期。
⑦ 佟柱臣：《中国新石器时代文化的的多中心发展论和发展不平衡论——论中国新石器时代文化发展的规律和中国文明的起源》，《文物》1986 年第 2 期。
⑧ 苏秉琦、殷玮璋：《关于考古学文化的区系类型问题》，《文物》1981 年第 5 期。

化系统中心出现"①。经过佟氏予以补充完善的中国文明起源黄河流域中心说，和以往机械的中国民族文化一元论，显然有着实质性的差异，其在学理上和此后的中国文明起源"条块"说②和"满天星斗"说③之间有着若干相通之处，并从总体上呈现出不少异中有同的旨趣。与"条块"说和"满天星斗"说不同，佟氏在力主中国新石器时代文化发展的多中心的同时，更加强调新石器时代不同文化系统发展的不平衡性，充分肯定新石器时代七个文化系统中发展最快、水平最高且国家最先出现的黄河中下游地区豫西、晋南这一核心地带，在中国文明起源和国家形成中所具有的独特地位和作用。这一点，正是中国文明起源黄河流域中心说和中国文明起源"条块"说、"满天星斗"说之间学理分歧的焦点所在。

20世纪80年代后期，唐嘉弘先生的中国文明起源黄河流域中心说，有一个很清晰的发展完善过程。1986年，唐氏根据新石器时代田野考古资料屡屡论及："从裴李岗文化经过仰韶文化、龙山文化、夏代文化直到商代文化之间，在文化传统上是一脉相承的，而在年代序列上又是连续发展的。"④"新石器时代的中国文化有多元现象，但到青铜时代，无疑确以黄河流域为中心，形成中国文化。"⑤"中国文化圈虽然随着时间的推移越来越大，但其核心仍在黄河中下游"⑥，从总体上和安氏、佟氏的基本观点颇为相近。值得注意的是，唐氏在论证黄河中下游一带是中华民族的摇篮这一命题的同时，已经触及学术界普遍认同的中国文明起源的若干重要因素：

> 黄河的中游和下游地区是全国范围内开发最早的地区，也是中国远古和古代政治、经济和文化的核心地带，从上百万年的旧石器时代的"蓝田人"经过"北京人"直到龙山文化以及夏、商、周三代，一脉相承，源远流长，形成了世界上综合而特殊的农业体系，在世界古代历史上占有十分

---

① 佟柱臣：《中国新石器时代文化的的多中心发展论和发展不平衡论——论中国新石器时代文化发展的规律和中国文明的起源》，《文物》1986年第2期。
② 苏秉琦：《中国文明起源新探》，北京：生活·读书·新知三联书店，1999年，第34—99页。
③ 苏秉琦：《中国文明起源新探》，北京：生活·读书·新知三联书店，1999年，第100—127页。
④ 唐嘉弘：《为什么说黄河流域是中华民族的摇篮》，《文史知识》1986年第6期。
⑤ 唐嘉弘：《为什么说黄河流域是中华民族的摇篮》，《文史知识》1986年第6期。
⑥ 唐嘉弘：《为什么说黄河流域是中华民族的摇篮》，《文史知识》1986年第6期。

重要的地位，对人类文明作出了非常重大的贡献。①

黄河流域作为中华民族的摇篮，也是和中国古代历史上夏商周三个重要王朝立国于此有着密切的关系。……夏、商、周、秦、汉、唐、宋等帝国，均定都于黄河中下游，秦汉和三代，黄河流域无论是在政治、经济或文化方面，远比长江流域重要，应当说，三代青铜文化的中心就在黄河流域，中华民族的核心地带也在黄河流域。②

我国现今流行的"农历"，自古以来都称为"夏历"或"夏时"，特别适用于以农立国的民族，相传这种历法萌芽于夏代，有其一定根据，……夏文化中的青铜器物发现不多，且无大件出土，但当时已进入青铜时代，应该说是重大的飞跃。河南偃师二里头发现夏代宫殿遗址，充分说明当时在生产力前进的基础上，世袭贵族的出现和社会分工的进一步深化，……文献记"夏传子，家天下"，和考古材料颇有相互印证之处。夏王朝确是当时黄河流域以至东亚最大的政治、经济、文化的中心。③

综上可知，唐氏在全面论证黄河流域是中华民族摇篮的同时，已经从综合而特殊的农业体系的发明、青铜时代的到来、国家的建立以及都城、宫殿的出现、礼乐制度的因袭等方面，为中国文明起源黄河流域中心说作了明确暗示，亦为此后其《论黄河文明》④一文作了充分的铺垫。

《论黄河文明》原是唐氏向黄河文明学术研讨会提交的论文，1988年6月，收录在河南大学出版社出版的《先秦史新探》一书。由于是文未在学术刊物上公开发表，加之唐氏并非专业考古学家，是文长期远离中国学术界尤其考古学界的视野，其学术价值亦长期多被忽略。然唐氏将《论黄河文明》一文列为《先秦史新探》的开篇之作，这似乎可以从一个侧面说明，唐氏对其这篇长期被学术界忽略的大作还是给予了高度的重视。除了重申"夏商周三代的核心地区均在黄河中下游流域"⑤、"黄河流域是中华民族的摇篮"⑥等传统观点

---

① 唐嘉弘：《为什么说黄河流域是中华民族的摇篮》，《文史知识》1986年第6期。
② 唐嘉弘：《为什么说黄河流域是中华民族的摇篮》，《文史知识》1986年第6期。
③ 唐嘉弘：《为什么说黄河流域是中华民族的摇篮》，《文史知识》1986年第6期。
④ 唐嘉弘：《论黄河文明》，《先秦史新探》，开封：河南大学出版社，1988年，第1—22页。
⑤ 唐嘉弘：《论黄河文明》，《先秦史新探》，开封：河南大学出版社，1988年，第1页。
⑥ 唐嘉弘：《论黄河文明》，《先秦史新探》，开封：河南大学出版社，1988年，第1页。

外，唐氏在更为宏阔的时间和空间背景下，突出了黄河文明，即夏商周文明在中华文明形成和发展过程中所具有的独特地位和所发挥的关键性作用：

> 标志古代中华民族共同心理状态的"十三经"产生于这个地区，其他标志古代文明的重要事物如较早的旱地农业复合体系、文字的发明、城市的兴建、国家政权的形成等，也同样最早产生于这个地区。①

文明的要素或标志，迄今学术界尚无定论。1985 年，夏鼐先生将文明的要素分别概括为青铜冶铸技术、文字的发明和改进、城市和国家的起源等②，这也是迄今为止在学术界影响较大的一种观点。显然，唐氏从夏商周时期中国文明诸要素的起源和发展论证中国文明起源黄河流域中心说，较之安氏、佟氏的论述，论据更加充分切合，论证更加缜密完善。事实上，唐氏并未忽略对 20 世纪 80 年代渐成主流的中国文明起源"条块"说、"满天星斗"说的深刻反思，其从更为广阔的时间背景和空间架构对佟氏的中国文化"发展不平衡论"做了进一步的补充和完善：

> 新石器时代，黄河流域和长江流域的发展有同步现象，但进入青铜文化时期，显然南中国出现停滞，黄河中下游遥遥领先。③

> 广大的南中国地区，直到汉唐仍基本上处于"火耕而水耨"的分散村社状态，唐宋以后开始逐渐繁荣昌盛。④

在我们今天来看，由于材料的缺乏和专业的囿限，唐氏以上所论，仅仅触及中国文明起源和形成发展过程中某些问题的表象，此后直到唐氏去世后的第四年，王巍先生才从更为专业的自然环境变化角度对公元前 2000 年前后我国大范围文化变化的原因作了全面深入的探讨⑤，此时已距唐氏《论黄河文明》一文发表已足足过去了 16 个春秋。

---

① 唐嘉弘：《论黄河文明》，《先秦史新探》，开封：河南大学出版社，1988 年，第 1 页。
② 夏鼐：《中国文明的起源》，北京：文物出版社，1985 年，第 80 页。
③ 唐嘉弘：《论黄河文明》，《先秦史新探》，开封：河南大学出版社，1988 年，第 21 页。
④ 唐嘉弘：《论黄河文明》，《先秦史新探》，开封：河南大学出版社，1988 年，第 1 页。
⑤ 王巍：《公元前 2000 年前后我国大范围文化变化原因探讨》，《考古》2004 年第 1 期。

三、多元论的"条块"说、"满天星斗"说的流行及来自黄河流域中心说者的回击与反驳

随着全国各地新石器时代田野考古工作的全面展开与研究的深入,早在1979年4月在西安召开的全国考古学规划会议上,苏秉琦等人开始明确提出考古学的区、系、类型问题,1981年,苏秉琦、殷玮璋发表文章对中国新石器文化及部分青铜文化,做了全局性的归纳和区域类型的划分①,在区系类型学说的基础上,苏氏独树一帜,积极阐发中国文明起源的"条块"说②与"满天星斗"说③。苏氏"满天星斗"说一经提出,即对学术界产生广泛深刻的影响。有学者将中国文化起源与氏族文化中心划分为八大区域,力证中国文化起源不限于中原一个中心,而有若干中心区域④;另有学者将中国文明发祥地区分为四大区域九个原始文化区,积极申论"中国文明起源境内多元论"⑤,指斥中国文明起源一元论"是站不住脚的"⑥。

随着新材料的出现,在20世纪80年代末期,张光直逐渐放弃了此前的中国文明起源黄河流域中心说,提出了中国文明形成的相互作用圈理论。张氏将相互作用圈理论简单概括为两个方面:

> 其一,所有的区域文化在经过一定的时间之后都更广泛的分布,而它们彼此之间的相互作用趋于深化,终于在公元前第四千纪中间形成了一个"相互作用圈",布定了最早的中国历史文明的地理舞台。其二,每个区域的新石器时代文化在文化上与社会上都愈来愈复杂、愈纷歧、愈分层,终于导致这些区域中产生文明的基础。⑦

根据相互作用圈理论,张氏对中国文明起源提出以下新的见解:

---

① 苏秉琦、殷玮璋:《关于考古学文化的区系类型问题》,《文物》1981年第5期。
② 苏秉琦:《中国文明起源新探》,北京:生活·读书·新知三联书店,1999年,第34—99页。
③ 苏秉琦:《中国文明起源新探》,北京:生活·读书·新知三联书店,1999年,第100—127页。
④ 丁季华:《中国文化起源"单一中心"说质疑》,《华东师范大学学报》(哲学社会科学版)1982年第4期。
⑤ 李绍连:《中国文明起源的考古线索及其启示》,《中州学刊》1987年第1期。
⑥ 李绍连:《"文明"源于"野蛮"——论中国文明的起源》,《中州学刊》1988年第2期。
⑦ 张光直:《中国相互作用圈与文明的形成》,《庆祝苏秉琦考古五十五年论文集》编辑组:《庆祝苏秉琦考古五十五年论文集》,北京:文物出版社,1989年,第1页。

> 从每一个区域文化个别的观点来说，外面的作用网和两千年间在内部所发生的变化，在这个区域史到公元前第三千纪之末之准备向国家、城市和文明跨进的准备工作上都是同等重要的。①

从学理上讲，张氏的相互作用圈理论和苏氏多元论的"条块"说、"满天星斗"说分别呈现出不同的旨趣，然异中有同，二者均从根本上否定传统的中国文明起源黄河流域中心说。这就引发了中国文明起源黄河流域中心说者的质疑与批判。如安志敏先生《试论文明的起源》②一文，在极力捍卫传统的黄河流域中心说的同时，也屡屡对中国文明起源多元论的"满天星斗"说予以强烈的回击与反驳。

首先，安氏对"文明"和"文明时代"的概念作了较为明确的界定：

> 在人类社会发展史上，文明时代是继野蛮时代之后的更高阶段，它不同于物质文明或精神文明的含义，也不是考古学文化的同义语。当今学术界，一般把文明一词，用来指一个氏族制度已然解体而进入有了国家组织的阶级社会，代表着社会发展的一个阶段。至于史前时期的氏族公社还处在野蛮时代，并不能称之为文明。③

在我们今天看来，安氏对"文明"和"文明时代"概念的界定，理论根据充分可靠，文字表述清晰准确，安氏的这一基本认识亦基本代表了国内外学术界绝大多数人的意见。此外，安氏还就文明的标志阐述了自己的意见：

> 目前在考古学、历史学、人类学和民族学等一系列著作中，大抵以城市、文字、金属器和礼仪性建筑等要素的出现，作为文明的具体标志。尽管在世界各地之间，由于历史、地理、经济和文化上的种种原因，进入文明时代的标志并不整齐划一，但是文明的诞生，就是国家和阶级社会的出现，象征着社会进化史上的一个突破性的质变，这在学术界几乎是没有任

---

① 张光直：《中国相互作用圈与文明的形成》，《庆祝苏秉琦考古五十五年论文集》编辑组：《庆祝苏秉琦考古五十五年论文集》，北京：文物出版社，1989年，第20页。
② 安志敏：《试论文明的起源》，《考古》1987年第5期。
③ 安志敏：《试论文明的起源》，《考古》1987年第5期。

第七章 中国文明起源黄河流域中心说到多元一体说的理论演变

何异议的。①

在以上"学术界几乎是没有任何异议"的论述基础上，安氏反驳一些学者把牛梁河遗址和大地湾遗址的考古发现统统归属于文明时代，"不仅对这些考古发现的时代及其社会属性造成错误的理解，同时也使文明的概念陷于含糊不清"②，直接触及中国文明起源黄河流域中心说和多元论的"满天星斗"说论辩的焦点和关键所在，这也为批判中国文明起源"满天星斗"说"无论从历史或考古上都缺乏充分的事实或理论根据"③，"只能是虚无缥缈的幻想，并不符合历史发展的实际"④奠定了较为坚实的理论基础。

针对学术界有关中国文明起源问题上两种截然不同的认识，安氏继续申论此前的中国文明起源黄河流域中心说：

> 作为世界文明古国之一的中国，当然有着自己的发祥地，一般把黄河流域视作中国文明的摇篮。从历史上看，夏、商、周首先在这里建立了阶级国家，为长期的集权统治建立了基础。从考古发现上证实，商、周遗存也以这里最为集中，特别是商代文明继承史前文化的脉络尤为清晰可鉴，因此，黄河流域的中原地区，无疑是中国文明的发祥地，并且很快地扩展到长江中下游以及更广阔的地带，但周围的某些地区直到较晚的时候才逐渐结束氏族制度，这种发展上的不平衡性是客观存在的。可见商周文明的出现，不仅标志了早期国家的诞生，随着疆域和影响的扩大，还起着逐渐统一的作用，后来的历代王朝也基本承袭了这一历史传统。……目前的一些论点，显然不足以反驳中原地区在文明起源上的重要地位，以及商周文明在统一上所作出的历史贡献。⑤

与此同时，安氏对"满天星斗"说和"四大区域"说予以强有力的反驳：

> 至于"满天星斗"说或"四大区域"说所提出的，中国文明起源在

---

① 安志敏：《试论文明的起源》，《考古》1987年第5期。
② 安志敏：《试论文明的起源》，《考古》1987年第5期。
③ 安志敏：《试论文明的起源》，《考古》1987年第5期。
④ 安志敏：《试论文明的起源》，《考古》1987年第5期。
⑤ 安志敏：《试论文明的起源》，《考古》1987年第5期。

全国土地上的实质，不过是否认中国文明起源于黄河流域，并忽视商周国家的历史作用。……像牛梁河一类遗址尚处在史前时期，同中原地区的商周文明缺乏直接的文化联系，在年代上也有较大的差距，如何能作为文明的发祥地来对待呢？长城地带的文化发展脉络并不甚清楚，也无法同商周文明相提并论。……统一的多民族国家的形成比较晚近，同文明起源根本扯不到一起；所举的北方地区的"舞台"，依然没有离开黄河流域；什么是"北方古文化传统的特点"，尤其含混不清。这些论点的本身便相当脆弱，无从证明古代北方和中原地区是并驾齐驱的两个文明发祥地。①

综观安氏《试论文明的起源》一文，不难看出，除了"中国的商代文明是在河南龙山文化的基础上发展而来的，同时也吸收了其他地区史前文化的一些因素。它是黄河流域首先出现的阶级国家"②部分表述，随着夏商周考古工作的逐步展开与研究的日趋深入而已不被学术界所认可外，经过激烈的学术论辩，中国文明起源黄河流域中心说的学术价值进一步得到彰显。20世纪80年代末期，中国文明起源多元论的"满天星斗"说渐成考古学界的主流，但黄河流域中心说的诸多科学因素亦不断引起多元论的"满天星斗"说者的高度关注。不少积极倡导中国文明起源多元论的学者对黄河流域在中国文明起源和国家形成过程中所发挥的作用同样予以充分肯定。如苏秉琦早在20世纪80年代初期，在对距今一万年到四千年期间的考古学文化进行六大区划分的同时，把黄河中游以汾、渭、河、洛为中心的地域称作"在中华民族形成过程中起到最重要的凝聚作用的一个熔炉"③，并特别强调："周人在青铜时代的民族文化大融合的过程中曾起到巨大的作用。"④此外，将中国文明发祥地区分为四大区域九个原始文化区，积极申论"中国文明起源境内多元论"的学者亦充分肯定："中国文明虽然发祥于境内的不同地区，但还有个主次，黄河中游原始文化比较发达，而且最先建立奴隶制国家即夏和商，而且周围其他几个原始文化

---

① 安志敏：《试论文明的起源》，《考古》1987年第5期。
② 安志敏：《试论文明的起源》，《考古》1987年第5期。
③ 苏秉琦：《建国以来中国考古学的发展》，《史学史研究》1981年第4期。
④ 苏秉琦：《建国以来中国考古学的发展》，《史学史研究》1981年第4期。

区都受到它的影响，所以这里是最主要的也是最早的中心地区。"①显然，将中国文明起源的黄河流域中心说和多元论的"满天星斗"说视为完全对立的两种理论，并不符合历史实际。

四、黄河流域中心说与"满天星斗"说争论的症结及以中原地区为中心的多元一体说的高层次理论突破

迄今为止，中国文明起源的黄河流域中心说与多元论的"满天星斗"说之间的辩论远未结束。然综前所论，不难发现，中国文明起源的黄河流域中心说与传统的中国上古民族文化一元论，并非同一学术命题。诸如安志敏反复强调："在广阔的祖国大地上，分布着各种类型的新石器文化，有着不同的来源和发展关系"②；佟柱臣也始终没有否认中国新石器文化的"多中心发展"③；唐嘉弘亦始终肯定："新石器时代的中国文化有多元现象。"④同样，中国文明起源多元论的"满天星斗"说者，亦始终肯定黄河中游地区在中华民族形成过程中的"重要的凝聚作用"⑤；积极申论"中国文明起源境内多元论"的学者亦充分肯定黄河中游地区"是最主要的也是最早的中心地区"⑥。显而易见，中国文明起源的黄河流域中心说和多元论的"满天星斗"说之间，既呈现出观点的截然不同，又在学理上有着诸多相通之处。在此期间，严文明先生所阐发的中国史前文化"重瓣花朵式"的多元一体格局理论，则已经初现对两种对立理论进行学理融通的独到旨趣：

> 新石器时代……除了在一定范围内具有某些共同因素外，还形成了一个以中原为核心，包括不同经济文化类型和不同文化传统的分层次联系的重瓣花朵式的格局。这一发展对中国早期文明的发生及其特点带来了深刻

---

① 李绍连：《中国文明起源的考古线索及其启示》，《中州学刊》1987年第1期。
② 安志敏：《新石器时代考古三十年》，《文物》1979年第10期。
③ 佟柱臣：《中国新石器时代文化的的多中心发展论和发展不平衡论——论中国新石器时代文化发展的规律和中国文明的起源》，《文物》1986年第2期。
④ 唐嘉弘：《为什么说黄河流域是中华民族的摇篮》，《文史知识》1986年第6期。
⑤ 苏秉琦：《建国以来中国考古学的发展》，《史学史研究》1981年第4期。
⑥ 李绍连：《中国文明起源的考古线索及其启示》，《中州学刊》1987年第1期。

的影响。①

中国文明起源的黄河流域中心说和多元论的"满天星斗"说之间争论的焦点和分歧的症结，张光直曾作过较为准确的分析：

> 谈中国文明起源的问题，第一步是决定"文明"如何界说，下一步便要决定什么是"中国"文明。最近在这个问题的讨论上，这是若干争辩的焦点，但这个焦点并没有明显地揭露出来。争辩的一方采取所谓"满天星斗"的看法，主张中国文明的起源是多元的，因为……新石器时代六大区域文化都是中国文明的祖先。争辩的另一方则以文字、青铜器与城市为界说文明的标志，指出中国境内最早达到这种标志的是中原的二里头文化，所以中国文明的起源还是自中原开始的，这项争辩的两方都有考古文化的根据，但他们的意见分歧，是因为他们笔下的"中国文明"实际上不是一回事。前者用广义的界说，相当于"中华民族"的文明，在时代上是连续性的；后者用狭义的界说，以最早的文明相当中国文明，亦即把华夏文明当做最早的中国文明的代表。②

此外，李伯谦对文明和文明起源的概念之间的区别和关联进行了分析："在社会进入文明阶段以前，文明因素很早便已经产生，只是经过一个相当长的发展过程才最后进入文明。文明与文明因素、文明社会与文明起源，是互有关联但又是不同的概念。"③ "文明因素一经产生，便开始了文明起源的过程。但只有当这些新因素发展到足以摧毁原有的社会结构，并在其废墟上建立起新的社会制度的时候，文明才算真正到来了"④。此后，严文明则对中国文明起源的过程作了更具体的探讨：

> 中国文明的起源是一个很长的过程。最先发生社会分层和分化，从而迈开走向文明的第一步，当不晚于公元前4000年；公元前3500年—前2600年是普遍文明化的过程；公元前2600年—前2000年当已初步进

---

① 严文明：《中国史前文化的统一性与多样性》，《文物》1987年第3期。
② 张光直：《论"中国文明的起源"》，《文物》2004年第1期。
③ 李伯谦：《中国文明的起源与形成》，《华夏考古》1995年第4期。
④ 李伯谦：《中国文明的起源与形成》，《华夏考古》1995年第4期。

第七章 中国文明起源黄河流域中心说到多元一体说的理论演变

入文明社会；夏商周是中国古代文明高度发达的时代。秦汉帝国建立以后进入新的发展时期，而在边疆地区的某些少数民族地区仍然经历着逐步文明化的过程。①

当然，严氏对中国文明起源过程的以上年代区分是否能成为学术界的最后定论，显然还需要一个相当长的过程。然而张氏对中国文明起源争论中焦点的揭露，李氏关于文明与文明因素、文明社会与文明起源等概念的厘定，严氏对"文明化"概念的运用，显然对于澄清中国文明起源讨论中一系列概念的混乱，将中国文明起源问题的讨论引向正确的轨道，具有重要的理论价值和学理意义。

从中国现代学术史的视角可以清晰地发现，20世纪90年代中期以后，中外学术界关于中国文明起源的黄河流域中心说和多元论的"满天星斗"说之间的辩论大体上告一段落。此后，不少学者更加注意充分汲取两种"截然不同"观点的合理因素，并试图在新的学术背景下对以上两种观点进行疏通，以实现从更高层次对中国文明起源理论建构的突破。如李伯谦在论述长江流域文明的进程时，就注意到对中国文明起源的黄河流域中心说和多元论的"满天星斗"说加以综合：

> 从文明因素的孕育、起源到发展，长江上、中、下游都是独自进行的，看不到哪个地区是传播所致。但在文明的形成时期，却均有黄河流域夏商文化参予，其正式进入文明阶段的时间也正是商文化最强大最具有外扩能力的时候。长江中游是直接被纳入了商文明的有机组成部分，下游和上游虽有自己原来的基础，但商文化的影响，尤其是青铜器、玉器的制作与使用在长江下游和上游古国的形成过程中也发挥了重要的作用。以"满天星斗"形容中国文明的起源符合历史实际，是正确的。但夏、商文明在中国古代统一文明形成过程中起到了主导的、核心的作用也应予以充分的肯定。②

从20世纪末期到21世纪初期，以中原地区为中心的中国文明起源多元一

---

① 严文明：《文明起源研究的回顾与思考》，《文物》1999年第10期。
② 李伯谦：《长江流域文明的进程》，《考古与文物》1997年第4期。

体说在中国学术界日渐流行，并逐渐取代传统的中国文明起源黄河流域中心说和多元论的"满天星斗"说。如20世纪末期，严文明继续在新的学术背景下对中国文明起源过程重新进行审视：

> 中国文明的起源不是在一个狭小的地方，也不是在边远地区，而是首先发生在地理位置适中，环境条件也最优越的黄河流域和长江流域的广大地区。各地情况不同，文明化的过程也有所不同。它们相互作用，此消彼长，逐渐从多元一体走向以中原为核心、以黄河流域和长江流域为主体的多元一统格局，再把周围地区也带动起来。①

严氏认为："从多元一体走向以中原为核心、以黄河流域和长江流域为主体的多元一统格局"的形成是"中国古代文明的重要特点"②，也是"中国文明成为世界上几个古老文明唯一没有中断而得到连续发展的伟大文明的重要原因"③。21世纪初期，以中原地区为中心的多元一体说的中国文明起源理论由于更具有科学性、合理性而逐渐成为学术界的"共识"，并逐步得到中外学术界的认同。如王巍将中华文明形成的总体趋势概述为：

> 夏王朝在中原地区建立之后，周围地区的文化与社会……由于自然和社会内部、内部与外部的原因，其文明化进程或多或少地改变了方向，改变为以中原夏商王朝为核心共同发展的轨道上来。就中华文明形成的总体趋势而言，是从多元走向一体，各地先进的文化因素汇聚到中原，经过整合，形成夏商文明，又向周围地区辐射，到了商代二里岗（按：原文误作"冈"）期，商文化对周围地区产生了强烈的影响，促进了各地区的文明进程，使其逐渐融入到以中原地区的华夏族为核心的中华文明多元一体的体系之中，从而掀开了中华文明和中华统一国家形成、发展的新篇章。④

长期以来，中国文明起源问题一直是历史学、考古学、人类学、民族学等多学科领域共同关注的重要的世界性课题之一。半个多世纪以来学术界对中国

---

① 严文明：《文明起源研究的回顾与思考》，《文物》1999年第10期。
② 严文明：《文明起源研究的回顾与思考》，《文物》1999年第10期。
③ 严文明：《文明起源研究的回顾与思考》，《文物》1999年第10期。
④ 王巍：《公元前2000年前后我国大范围文化变化原因探讨》，《考古》2004年第1期。

文明起源理论的高层次突破，从一个侧面折射出中华人民共和国成立以来中国新石器时代与夏商周田野考古工作的蓬勃发展与学术探索日趋深入的历程。中国文明起源黄河流域中心说者和多元论的"满天星斗"说者在激烈的学术论辩过程中，两种"截然不同"的观点的理论缺陷和学理价值都日益清晰地得到彰显，从而为学术界从更高层次重构中国文明起源理论奠定了坚实的基础。从学理上显而易见，以中原地区为中心的多元一体说的中国文明起源理论，对传统的中国文明起源黄河流域中心说和多元论的"满天星斗"说，并非简单地采取全盘否定的态度。以中原地区为中心的多元一体说者，在对两种"截然不同"观点合理扬弃基础上，逐渐克服以往旧说中的学理局限与不足，对于两种"截然不同"观点中的合理因素不断加以综合疏通、完善创新，从而逐步实现对两种"截然不同"观点的超越和突破。

第八章　20 世纪下半期中国民族文化外来说的基本走向与学术论争

20世纪下半叶，中国民族文化外来说仍在欧美学术界广为流行。20世纪50年代以后，维也纳学派代表人物海涅·戈尔登继续主唱世界文明起源巴比伦之说，极力发挥文化扩散论，夸大西方文化对中国上古民族文化的影响。其结合考古资料并试图从文字起源与传播论定中国之彩陶文化、黑陶文化与殷商文化代表从西方传来的已知的三次文化波动假说。20世纪70年代以后，中国新的考古发现层出不穷，中国文明起源研究不断向纵深推进，中国的人种、文化、文明的独立起源和连续发展，逐渐获得越来越多的考古学、人类学证据支持。在新的学术背景下，海涅·戈尔登的文化扩散论和西来文化三次波动假说的理论基础很快从根本上发生动摇。海涅·戈尔登的文化扩散论对列·谢·瓦西里耶夫文明起源外因论和"梯阶传播假说"的建立产生过颇为深刻的影响。列·谢·瓦西里耶夫进一步发挥海涅·戈尔登的文化扩散论，他用大量文字论及较早发生和发展起来的文明对于形成发展较晚文明的影响。在文明发生的外因推动，即居民迁徙和文化传播的理论和"梯阶传播假说"的基础之上，以广阔的视野，结合多学科新旧材料，"以假设为线索，把他的论点串成一套似乎能够自圆的理论"。20世纪80年代，中国学术界关于中国民族文化形成发展和中国文明起源问题讨论的主题早已不再是本土起源说和外来说之间的论争，中国文明起源的黄河流域中心说和多元论的条块说、满天星斗说之间的论争是 20

世纪80年代中国学术界中国文明起源问题论争的焦点。正因为此,列·谢·瓦西里耶夫《中国文明的起源问题》中的中国文明起源外因论和梯阶传播假说亦仅仅被视作一个早已过时的学术史话题,除了邵望平、莫润先生的系统评论外,中外学术界鲜有关注和议论。从1966年起,蒲立本开始对上古汉语和印欧语的深层结构进行综合比较,极力探寻汉藏语系和印欧语系在语音、形态和词汇等方面的相似之处。通过以上语言学比较,蒲立本大胆地推测:"在原始的汉藏语和原始的印欧语之间,可能存在着任何深度的语言和形态对应,它们都指向一个遥远的共同的语言系统"。此后,蒲立本有关中国民族文化起源和上古时期中外民族文化交流的研究,均建立在汉藏、印欧语言同源说的假说基础之上。和20世纪下半期以来学术界广为流传的种种中国民族文化外来说相比,蒲立本的汉藏、印欧同源说,尽管由于一系列证据的薄弱,仍存在不少学理上的疑难,但其从语言比较的角度,在更为广阔的学术视野下重新考察中国民族文化起源和中国文明的形成发展,无疑呈现出全新的学术旨趣。由于中国上古民族文化形成发展及中国文明起源问题固有的复杂性,蒲立本的一系列探索仍有大量可商之处,从而给学术界留下大量有待继续讨论的余地。霍尔瓦特·伊莎贝拉对维克多·梅厄等人泛印欧主义思潮的批判,击中了蒲立本予以立论的若干直接和间接"证据",从一定程度上动摇了蒲立本汉藏、印欧同源说的若干立论基础。21世纪以来,在新的学术背景下,国际学术界对中外文化交流的互动的新考察与中外文化互动论的建立,则颇为清晰地表明,历经长达数世纪的中国民族文化形成发展的中国民族文化本土起源说和外来说之间的激烈论争由两相对垒、各持一端,逐渐走上了兼收并蓄、相互融通的新的学术发展道路。

  20世纪下半期,中国民族文化外来说仍在国际学术界广为流行。从旧说的继续附和与发挥到各种新说的深入论证,中国民族文化外来说的来源地方、基本观点、内容证据等方面不断改变与改进,并从总体上呈现出从单方面强调中国民族文化、中国文明起源过程中外来因素影响传播向中外民族文化双向交流与连续、动态互动转变的态势。在新的学术背景下,中国民族文化外来说从不同的角度为中国民族文化多元一体的本土起源说提供了更多具有一定说服力的证据支持。在激烈的学术论辩过程中,中国民族文化外来说理论价值与局限亦不断得到彰显,从而逐步加速着20世纪以来中国上古民族文化形成发展理论渐趋科学完善。

一、海涅·戈尔登的西来文化三次波动假说

早在 20 世纪 40 年代，英国著名历史学家汤因比（Arnold Joseph Toynbee）曾以独到的眼光把 6000 年的人类历史划分为 21 个成熟的文明①，并认为埃及文明等 6 种文明是"直接从原始社会里产生"②的第一代文明，并在此基础上积极阐发文明起源的挑战和应战理论。③与汤因比意见相反，维也纳学派的海涅·戈尔登在对汤因比的挑战应战理论提出质疑和批评的同时，极力发挥文化扩散论。

海涅·戈尔登批评汤因比的理论"诉诸于从生物学借来的概念"④：

> 不能如汤因比所主张的那样，将那些未能达到高等文明的人们比作路上昏睡的游手好闲者或懦弱者。将他们的文化称作"流产的或停止的文明"也是不可接受的。由于某种原因，他们只是未被文明大扩张运动所触及，抑或只是受到轻微的影响。⑤

海涅·戈尔登认为："文明的历史是一个整体"⑥，并在此基础上对汤因比把 6000 年的人类历史划分为 21 个成熟的文明，并区分出 6 个直接从原始社会里产生的第一代文明及文明起源的"突变"理论提出质疑与批判：

> 无论一个文明看起来多么新颖独特，没有一个文明是独立产生的。与其他文明的结合总是不可避免的。美洲文明也不例外。所谓的美洲孤立只是假象而已。甚至连所有其他文明之鼻祖、最古老的巴比伦文明，也不是像汤因比认为的那样经"突变"而出现，而是与它之前的一系列文化相互

---

① （英）汤因比著，曹未风等译：《历史研究》上册，上海：上海人民出版社，1959 年，第 44 页。
② （英）汤因比著，曹未风等译：《历史研究》上册，上海：上海人民出版社，1959 年，第 59 页。
③ （英）汤因比著，曹未风等译：《历史研究》上册，上海：上海人民出版社，1959 年，第 74—98 页。
④ R.Heine Geldern, Derursprung der alten Hochkulturen und die Theorien Toynbees, *Diogenes*, No.13, 1956.
⑤ R.Heine Geldern, Derursprung der alten Hochkulturen und die Theorien Toynbees, *Diogenes*, No.13, 1956.
⑥ R.Heine Geldern, Derursprung der alten Hochkulturen und die Theorien Toynbees, *Diogenes*, No.13, 1956.

第八章　20世纪下半期中国民族文化外来说的基本走向与学术论争

接触的结果。①

早在 20 世纪 30—40 年代，海涅·戈尔登即曾运用文化传播理论对各地文化之间的相似性武断地做出解释，如其在对东山文化铜器的花纹与欧洲、中东铜器花纹进行比较后，认为东山文化起源于欧洲②。20 世纪 50 年代，海涅·戈尔登进一步结合考古学资料指出：

> 只有在游牧和食物采集经济转变为农业和定居生活之后，高等文明才有可能形成。因此，值得注意的是，最古老的新石器时代的农业文化都群集在地中海东部：西里西亚、美索不达米亚北部、叙利亚、巴勒斯坦和埃及。有些可以上溯远至公元前 5000 年甚至 6000 年。后来在世界所有其他地方出现的新石器时代文化，似乎显示出其不同的地方分支并非如之前人们曾经认为的那样是独立起源的，而是近东文化传播的结果。③

20世纪50年代以后，海涅·戈尔登继续主唱世界文明起源巴比伦之说。他断定"最古老的巴比伦文明"为"其他文明之鼻祖"④，"巴比伦是第一个文明，世界上所有其他文明在一定程度上直接或间接地起源于它"⑤。在此理论的主导下，海涅·戈尔登极力发挥文化扩散论，夸大西方文化对中国上古民族文化的影响：

> 即使在研究中国文明或美洲文明这样孤立的文明时，我们也不能忽视这样的事实：他们直接或间接地与所有其他文明相互联系。⑥

---

① R.Heine Geldern, Derursprung der alten Hochkulturen und die Theorien Toynbees, *Diogenes*, No.13, 1956.

② R.Heine Geldern, Vorgeschichtliche Grundlagen der Konlonialindischen Kunst, *Wiener Beiträge Zur Kunst-und Kulturgeschichte*, Vol.8, 1934, pp.5-40; R.Heine Geldern, L'art Prébvuddhique de la Chine et de L'Asie du Sud-Est et son influence en océanie, *Revue des Arts Asiatiques*, Vol.11, No.4, 1937.

③ R.Heine Geldern, The Origin of Ancient Civilizations and Toynbee's Theories, *Diogenes*, Vol.4, No.13, 1956, pp.81–99.

④ R.Heine Geldern, The Origin of Ancient Civilizations and Toynbee's Theories, *Diogenes*, Vol.4, No.13, 1956, pp.81–99.

⑤ R.Heine Geldern, The Origin of Ancient Civilizations and Toynbee's Theories, *Diogenes*, Vol.4, No.13, 1956, pp.81–99.

⑥ R.Heine Geldern, The Origin of Ancient Civilizations and Toynbee's Theories, *Diogenes*, Vol.4, No.13, 1956, pp.81–99.

海涅·戈尔登认为，中国之彩陶文化、黑陶文化与殷商文化代表从西方传来的已知的三次文化波动。其推测彩陶文化"迁徙发生约公元前 3500—3000 年，或公元前 3000 年底"①，并对彩陶文化迁徙的路线做出大胆的推测：

> 中国彩陶文化圈中的 5 到 6 支风格，我们都可以在匈牙利——多瑙河流域找到。这看上去很像是由不同族种组成的多族种文化集体迁移的样子。人类学的数据告诉我们，那一支出现在中国的，以漩涡纹纹饰为特征的彩陶文化，并不是中国的原住民，又因为与之对应的欧洲彩陶文化断代很老的缘故，只能做出自西向东的文化迁移的推测。②

海涅·戈尔登结合考古资料屡屡举证："东里海文化与龙山文化之间在陶器类型上绝对吻合"③，"龙山文化与东里海文化之间陶质与陶色，一系列的陶器型制，纹饰中出现的箍状环纹，几何纹，工整的区域纹饰，以及用打磨方式制作纹饰的工艺不谋而合"④，"龙山文化建筑中引入夯土技术也应源于东里海文化"⑤，东里海地区的葬俗"至少在龙山文化的一个聚落居住区（Liang-ch'eng-chen），山东东南近海地区，得到了实证"，此外，东里海地区和龙山文化"两地文化在文化个性上，经济结构上和人口的密集上均极其近似"⑥，并据此推测："龙山文化中存在着，东里海文化东移进入中国的文化因素。"⑦综合以上推论，海涅·戈尔登进一步判定：

> 东里海因素进入中国的时间，正处于东里海 I 到 II 的过渡阶段。……这种文化进入，并不是简单的文化模仿，而是真正的族群迁移。应该说，这支西来的移民，不管在血统上，还是在语言上，都极迅速地植入进了中国原住民文化上。⑧

---

① R.Heine Geldern, China, die ostkasipsche Kultur und die Herkunft de Schrift, *Paideuma*, Bd.4, 1950.
② R.Heine Geldern, China, die ostkasipsche Kultur und die Herkunft de Schrift, *Paideuma*, Bd.4, 1950.
③ R.Heine Geldern, China, die ostkasipsche Kultur und die Herkunft de Schrift, *Paideuma*, Bd.4, 1950.
④ R.Heine Geldern, China, die ostkasipsche Kultur und die Herkunft de Schrift, *Paideuma*, Bd.4, 1950.
⑤ R.Heine Geldern, China, die ostkasipsche Kultur und die Herkunft de Schrift, *Paideuma*, Bd.4, 1950.
⑥ R.Heine Geldern, China, die ostkasipsche Kultur und die Herkunft de Schrift, *Paideuma*, Bd.4, 1950.
⑦ R.Heine Geldern, China, die ostkasipsche Kultur und die Herkunft de Schrift, *Paideuma*, Bd.4, 1950.
⑧ R.Heine Geldern, China, die ostkasipsche Kultur und die Herkunft de Schrift, *Paideuma*, Bd.4, 1950.

第八章　20世纪下半期中国民族文化外来说的基本走向与学术论争

　　海涅·戈尔登试图从文字起源与传播来解释西方文化传入中国的第三次波动。海涅·戈尔登立论的前提则是："巴比伦文字，伊拉姆文字，中部波斯文字，印度文字，估计也包括中国文字，都源于一个文化而来，最终都可以上溯到小亚细亚东部的同一文化来源。"①他对各地文字起源情况进行综合考察后得出结论："文字是从小亚细亚地区首先产生的，从那儿，随着某一支民族的迁徙而传播开来的，而这是一支，以使用灰、黑陶，打磨纹饰为特征的民族"②，"商代文字承袭了龙山文化中的文字，则，这个文字是通过某个文化到达到了中国，而其是一支通过东里海文化的裹挟而源于小亚细亚地区的一个文化类型"③。

　　通过以上论说，海涅·戈尔登建立起自成一系的中国上古民族文化西来说。20世纪50年代以后，除极个别学者盛赞海涅·戈尔登的理论是"一项相当严谨的传播论"④，是解决一系列问题的"一个比较满意的假说"⑤，迄今为止，中国民族文化"西来两河流域说至今仍在国际上盛行"⑥，但随着中国考古学的蓬勃发展，仰韶文化西来说和龙山、仰韶东西二元对立学说遭到彻底否定，1956年秋至1957年，庙底沟与三里桥遗址的发掘和庙底沟第二期文化的确认，使中国史前文化连续发展说逐渐成为学术界的普遍共识。20世纪70年代以后，中国新的考古发现层出不穷，中国文明起源研究不断向纵深推进，中国的人种、文化、文明的独立起源和连续发展，逐渐获得越来越多的考古学、人类学证据支持。在新的学术背景下，海涅·戈尔登的文化扩散论和西来文化三次波动假说的理论基础很快从根本上发生动摇。如张光直批评海涅·戈尔登的文化扩散论和西来文化三次波动假说是"最为极端的论者"⑦，"其说虽颇新

---

① R.Heine Geldern, China, die ostkasipsche Kultur und die Herkunft de Schrift, *Paideuma*, Bd.4, 1950.
② R.Heine Geldern, China, die ostkasipsche Kultur und die Herkunft de Schrift, *Paideuma*, Bd.4, 1950.
③ R.Heine Geldern, China, die ostkasipsche Kultur und die Herkunft de Schrift, *Paideuma*, Bd.4, 1950..
④（苏）列·谢·瓦西里耶夫著，郝镇华等译：《中国文明的起源问题》，北京：文物出版社，1989年，第162页。
⑤（苏）列·谢·瓦西里耶夫著，郝镇华等译：《中国文明的起源问题》，北京：文物出版社，1989年，第162页。
⑥ 黄盛璋主编：《亚洲文明》第四集《何炳棣院士九十华诞祝寿纪念专集》，西安：三秦出版社，2008年，第2页。
⑦ 张光直：《中国新石器时代文化断代》，《中国考古学论文集》，北京：生活·读书·新知三联书店，1999年，第55页下注。

奇，证据则极为薄弱"①。但是 20 世纪 60 年代以后，海涅·戈尔登的文化扩散论和西来文化三次波动假说在学术界的影响不仅没有消失，从列·谢·瓦西里耶夫对海涅·戈尔登的理论是"一项相当严谨的传播论"②，"在一系列的重要关节上，仍然是解决上述问题的一个比较满意的假说"③的评价可以看出，海涅·戈尔登的文化扩散论对列·谢·瓦西里耶夫文明起源外因论和"梯阶传播假说"的建立产生过颇为深刻的影响。

二、列·谢·瓦西里耶夫的中国文明起源外因论和梯阶传播假说

苏联科学院东方学研究所高级研究员列·谢·瓦西里耶夫是著名的汉学家。自 20 世纪 60 年代起，其先后在《亚非人民》1964 年第 2 期、《历史问题》1974 年 12 月号发表《关于外因影响在中国文明发生中的作用》《古代中国文明的起源》等论文，1974 年完成题为《中国远古历史的若干问题（黄河流域文明的起源——物质文化基础与民族基础的形成）》的博士学位论文，并于 1976 年在该论文的基础上出版《中国文明的起源问题》一书。

早在《中国文明的起源问题》一书出版之前的 20 世纪 60 年代，列·谢·瓦西里耶夫就开始不断附和、发挥各种早已过时的中国民族文化西来说。列·谢·瓦西里耶夫重新捡拾起安特生于 1942 年早已放弃的仰韶文化西来说④。如在《关于外因影响在中国文明发生中的作用》一文中，列·谢·瓦西里耶夫起初指出，仰韶文化来源于西亚，经亚诺而传入新疆、甘肃⑤。20 世纪 70 年代，他又将原来的观点修改为：仰韶文化来源于克什米尔的布尔扎霍姆类

---

① 张光直：《中国新石器时代文化断代》，《中国考古学论文集》，北京：生活·读书·新知三联书店，1999 年，第 55 页下注。
② （苏）列·谢·瓦西里耶夫著，郝镇华等译：《中国文明的起源问题》，北京：文物出版社，1989 年，第 162 页。
③ （苏）列·谢·瓦西里耶夫著，郝镇华等译：《中国文明的起源问题》，北京：文物出版社，1989 年，第 162 页。
④ 20 世纪 40 年代后期，夏鼐先生将齐家文化和仰韶文化区分为两个不同的系统，并论定甘肃仰韶文化应该较齐家文化为早，在铁的事实面前，安特生的仰韶文化西来说不攻自破。夏鼐：《齐家期墓葬的新发现及其年代的改订》，《中国考古学报》第 3 册，1948 年。在此背景下，安特生也放弃旧说，承认仰韶文化可能起源于中国本土。J.G.Andersson, Researches into the Prehuistory of the Chinese, *Bulletin of the Museum of Far Eastern Antiquities*, No.15, 1943, pp.288-297.
⑤ 参见列·谢·瓦西里耶夫：《关于外因影响在中国文明发生中的作用》，《亚非人民》1964 年第 2 期。

型文化，而后者却由西伯利亚—华北蒙古人种地区分化出来①。为了论证仰韶文化"西来"，列·谢·瓦西里耶夫提出一个大胆的假设：在甘肃中部存在前仰韶——马家窑类型的始祖文化。其后，始祖文化的一支向东发展，最初是"在甘肃的仰韶文化"（没有分化的、带有少数马家窑特征的仰韶文化），而后越往东去就越具有业已分化为半坡和庙底沟两个主要类型的中原地区仰韶文化。另一个分支的后代，则形成了或多或少"纯粹的"的马家窑文化。并认为，始祖文化在分化过程中，产生马家窑文化和"在甘肃的仰韶文化"，而后者是中原地区的整个仰韶文化（包括半坡、庙底沟）②。不仅如此，列·谢·瓦西里耶夫还屡屡讲道：

> 中国旧石器时代中期的"丁村文化并非起源于中国猿人，而起源于和它相近的欧亚大陆旧石器时代文化"。丁村的旧石器制作技术，与"却通过蒙古的旧石器文化而和西方的文化（莫斯特期）相近"。至于旧石器时代末期的山顶洞人，不仅"也可以这样讲"，"甚至还有欧罗巴人种的特征"，所以，"将山顶洞人看成就是中国人的直接祖先也是没有根据的"。③

"中国境内的彩陶同新石器时代文化的其他因素一样，是突然出现的。仰韶文化是土生土长的这一点暂时还不能得到证明。"中国所有的彩陶文化，"在纹饰因素方面"，都同苏联境内"特里波特，特别是安诺的陶器，存在着惊人的相似处"。这是由于公元前三四千年之交，发生了中亚"彩陶文化居民的迁移"，其中一支来到新疆，并且经过甘肃河西走廊"到达肥沃的黄河上游地区"。这就使当地"农业产生以前的蒙古人种部落"，"很快就接受并掌握了邻人的全部最重要的成就"。这些成就包括"农作经验和定居的生活方式，栽培的谷物，驯养的动物，磨制石器和制造彩陶，建筑房屋和埋葬仪式"，等等。不仅如此，仰韶文化居民也"混有欧罗巴

---

① 参见列·谢·瓦西里耶夫：《古代中国文明的起源》，《历史问题》1974年12月号。
② 参见列·谢·瓦西里耶夫：《关于外因影响在中国文明发生中的作用》，《亚非人民》1964年第2期。
③ 参见列·谢·瓦西里耶夫：《关于外因影响在中国文明发生中的作用》，《亚非人民》1964年第2期。

人种的某些特点"。①

列·谢·瓦西里耶夫在谈到仰韶文化（以及齐家文化、龙山文化和商殷文化）同欧亚大陆西部某些文化具有相似之处时，特别强调传播、借用（吸收外来信息）所起的作用。他认为外来影响在某种程度上决定进化的途径和速度，并把外因比作加速反应的催化剂，没有它反应往往不可能②，无限夸大传播、借用的作用，并把它们作为事物变化发展的动力。至此，列·谢·瓦西里耶夫的中国文明起源外因论和梯阶传播假说已初步形成。

1989年12月，列·谢·瓦西里耶夫的《中国文明的起源问题》作为外国考古学译丛中的一种，由郝镇华、张书生、杨德明、莫润先、诸光明几位学者翻译，莫润先校订，在文物出版社出版。该书是深入系统研究列·谢·瓦西里耶夫的中国文明起源问题有关理论、方法和重要论点的第一手文献。

在对中国文明起源外因论和梯阶传播假说进行系统论述之前，列·谢·瓦西里耶夫首先对"文明"的"两个基本的、彼此的密切联系"③的含义进行了专门的界定：

> 第一，指已经摆脱原始状态的发达社会；第二，强调某个发达社会的特殊性，这些特殊性是和只有某个社会所独有的（有时与它为邻的、处在它的强烈影响下的社会也有）一系列文化特点和特征相联系的（如中国文明、印度文明等等）。④

正如列·谢·瓦西里耶夫所说，文明"是一个意义非常广泛的多义词"⑤，"有许多定义"⑥。目前学术界对文明的定义并无一致的意见，但列·谢·瓦

---

① 参见列·谢·瓦西里耶夫：《关于外因影响在中国文明发生中的作用》，《亚非人民》1964年第2期。
② 参见列·谢·瓦西里耶夫：《古代中国文明的起源》，《历史问题》1974年12月号。
③（苏）列·谢·瓦西里耶夫著，郝镇华等译：《中国文明的起源问题》，北京：文物出版社，1989年，第1页。
④（苏）列·谢·瓦西里耶夫著，郝镇华等译：《中国文明的起源问题》，北京：文物出版社，1989年，第1页。
⑤（苏）列·谢·瓦西里耶夫著，郝镇华等译：《中国文明的起源问题》，北京：文物出版社，1989年，第1页。
⑥（苏）列·谢·瓦西里耶夫著，郝镇华等译：《中国文明的起源问题》，北京：文物出版社，1989年，第1页。

西里耶夫注意到，文明"已是一个十分复杂的社会—经济的和文化—意识形态的综合体"①，"有了最初的剥削形式和行政组织"②，则似乎已经触及历史学家、考古学家、社会学家所关注的文明社会的若干历史实际。学术界普遍认为，文明社会是人类社会发展的一个更高的阶段，但无论任何地区，文明因素的发生、孕育到文明的形成，都必然经历过一个相当漫长的过程。列·谢·瓦西里耶夫根据柴尔德、W.埃伯哈德等学者提出的区分文明社会和非文明社会的一系列标准，继续提出："从更加广泛的意义上说，'文明'的概念……也包括主要地属于新石器时代的发生过程。"③在我们今天看来，他的这一观点，是能够成立的。

受海涅·戈尔登文化扩散论的影响，列·谢·瓦西里耶夫强调：

> 较早发生和发展起来的文明发源地，对于形成较晚并往往处在它们影响下的其他文明发源地的形成，能够发生作用，而且确实经常发生作用。……在这些新条件下，在文明的最初发源地的发生中起过决定作用的那些必要前提也发生了一些变化。④

在此基础上，列·谢·瓦西里耶夫进一步发挥海涅·戈尔登的文化扩散论，他用大量文字论及文明进化的三个最重要推动因素："迁徙、文化新因素的扩散以及技术和文化在某个共同体范围内的独立的（趋同的）发展。"⑤列·谢·瓦西里耶夫正是先入为主地在中国文明起源外因论的基础上，对中国文明起源的发生发展过程予以系统考察：

> 在把回答某个文明特别是中国文明的起源问题作为自己的任务时，必

---

① （苏）列·谢·瓦西里耶夫著，郝镇华等译：《中国文明的起源问题》，北京：文物出版社，1989年，第2页。
② （苏）列·谢·瓦西里耶夫著，郝镇华等译：《中国文明的起源问题》，北京：文物出版社，1989年，第2页。
③ （苏）列·谢·瓦西里耶夫著，郝镇华等译：《中国文明的起源问题》，北京：文物出版社，1989年，第2页。
④ （苏）列·谢·瓦西里耶夫著，郝镇华等译：《中国文明的起源问题》，北京：文物出版社，1989年，第12页。
⑤ （苏）列·谢·瓦西里耶夫著，郝镇华等译：《中国文明的起源问题》，北京：文物出版社，1989年，第13页。

须注意进化过程的各个方面,并指出不同类型的因素(包括外部推动因素即迁徙和文化扩散)在这个复杂过程中所起的重要作用。①

列·谢·瓦西里耶夫在文明发生的外因推动,即居民迁徙和文化传播的理论和"梯阶传播假说"的基础之上,以广阔的视野结合多学科新旧材料,"以假设为线索,把他的论点串成一套似乎能够自圆的理论"②,集17世纪以来的中国民族文化外来说之大成。③兹择其要者,略作申论。

首先,列·谢·瓦西里耶夫将人类起源概括为相互作用的两个对立过程:"一个是封闭群体内部遗传基因的变异和对环境的适应,一个是各群体经常的迁徙和混血"④,判定比较进步的人类学类型和比较发达的文化形成"是互相联系、互相影响的过程的产物,是各个人群内部的突变、遗传变异及与之伴随的经常不断而必不可免的混血的产物"⑤。列·谢·瓦西里耶夫结合中国的人类学和考古学资料谈到在中国文化形成过程中明显受到的西方影响和多源特点:"中国远古人类及其文化的发展绝不是孤立的,而是处于外界的经常影响之下。在后来的中石器和新石器时代,这种影响和联系依然存在。"⑥

接着,列·谢·瓦西里耶夫对中国新石器文化形成过程作了假设性复原,并从陶器、石器、瓮棺葬、海贝、人形塑像的形态和含义等方面,阐述了仰韶文化与西方彩陶文化的渊源关系和外部影响对仰韶文化起源的作用。他认为:"发达的仰韶新石器文化出现并广泛分布的地区前仰韶新石器文化层的阙如,仰韶谷物农业和彩陶同欧亚大陆西部地区之相似……使人们特别注意可能存在

---

① (苏)列·谢·瓦西里耶夫著,郝镇华等译:《中国文明的起源问题》,北京:文物出版社,1989年,第40页。
② 邵望平、莫润先:《评瓦西里耶夫〈中国文明的起源问题〉》,《考古》1989年第12期。
③ 易华:《夷夏先后说》,北京:民族出版社,2012年,第16页。易华先生此论断引自邵望平、莫润先:《评瓦西里耶夫〈中国文明的起源问题〉》,《考古》1989年第12期,但遍检邵、莫全文,并未找到该句话,或为易先生对邵、莫文章开篇"三百多年来,中国文明西源论发生了各种各样的变化,而其最新的提法,则以列·谢·瓦西里耶夫的《中国文明的起源问题》一书为代表"的另一表达。
④ (苏)列·谢·瓦西里耶夫著,郝镇华等译:《中国文明的起源问题》,北京:文物出版社,1989年,第95页。
⑤ (苏)列·谢·瓦西里耶夫著,郝镇华等译:《中国文明的起源问题》,北京:文物出版社,1989年,第82页。
⑥ (苏)列·谢·瓦西里耶夫著,郝镇华等译:《中国文明的起源问题》,北京:文物出版社,1989年,第117页。

的中国新石器文化西方起源地。"①在部落和种族的文化互相作用、迁徙和混合的复杂过程中，在黄河流域以西或西南的某个地方，逐渐形成蒙古种人的发达的新石器文化，这些蒙古种人在其一定的发展阶段上终于在黄河上游定居下来，为仰韶新石器文化奠定了基础。②

此后，列·谢·瓦西里耶夫对龙山文化和"类龙山"文化的新因素的起源地和传播路线进行了推测，阐述了"嵌入因素"在龙山文化和类龙山文化形成过程中的"决定性"作用。龙山和类龙山文化系统"是在黄河流域和长江流域的仰韶新石器文化农人同西北方及西方（黄河、长江的上游及其支流的山区）农业—畜牧业地区的外部影响代表者之间发生复杂的相互作用的情形下形成的。"③

最后，列·谢·瓦西里耶夫还从物质文化和宗教、艺术的一系列成分谈到战车、建筑、艺术、文字和历法等，以证直接的民族迁徙和文化的扩散在殷代中国文明中心形成过程中所起到的重要作用，并对殷文明起源过程进行了假设性复原："殷文明的产生是一个复杂的民族文化融合过程。"④"殷人的民族文化共同体是在一系列民族文化成分的复杂的综合过程中在中国土地上形成的，其中既有本地的成分，也有外来的成分。"⑤"安阳文化是本地的与外来的许多文化传统和成就复杂地相互作用的结果。"⑥

在《中国文明的起源问题》出版之前，欧美学术界对列·谢·瓦西里耶夫的中国文明起源外因论和梯阶传播假说鲜有议论，中国学者从总体上对列·谢·瓦西里耶夫的一系列研究大体采取了全盘否定的态度。尤其应该说明的是，在极其特殊的时代背景下，不少学者将政治问题与学术问题混为一谈，

---

① （苏）列·谢·瓦西里耶夫著，郝镇华等译：《中国文明的起源问题》，北京：文物出版社，1989年，第142页。

② （苏）列·谢·瓦西里耶夫著，郝镇华等译：《中国文明的起源问题》，北京：文物出版社，1989年，第238页。

③ （苏）列·谢·瓦西里耶夫著，郝镇华等译：《中国文明的起源问题》，北京：文物出版社，1989年，第269—270页。

④ （苏）列·谢·瓦西里耶夫著，郝镇华等译：《中国文明的起源问题》，北京：文物出版社，1989年，第319页。

⑤ （苏）列·谢·瓦西里耶夫著，郝镇华等译：《中国文明的起源问题》，北京：文物出版社，1989年，第333页。

⑥ （苏）列·谢·瓦西里耶夫著，郝镇华等译：《中国文明的起源问题》，北京：文物出版社，1989年，第361页。

诸多批判上纲上线，带有颇为深刻的时代烙印，批判大大超出了学术讨论的范畴①。在《中国文明的起源问题》一书出版后，列·谢·瓦西里耶夫的中国文化西来说与中国文明起源外因论才被作为一个学术史问题，逐渐受到学术界的关注和重视。学术界在肯定《中国文明的起源问题》一书，为我国历史学界、考古学界深入研究中国文明起源这一复杂课题，"提供了一个窗口"②，"为我国考古学界和史学界正在进行的中国文明起源研究，介绍一份参考材料，以便以广阔的视野，全方位地探究和阐明问题。"③"它以巨大的篇幅，归纳了同一流派的诸种论点，并在广阔的时空范围内，即从旧石器时代至殷商时期，从西亚至我国黄河长江流域及华南、西南等地区，搜集了大量考古资料，对外因决定论作了系统的充分的发挥，这在同类著作中是鲜有先例的"④的同时，也对列·谢·瓦西里耶夫中国文明起源外因论和梯阶传播假说屡屡提出尖锐的批评：列·谢·瓦西里耶夫"却把谨慎、严肃、缜密、客观这些起码的治学之道几乎完全抛却，代之以主观随意地用假设为线索，把他的论点串成一套似乎能够自圆其说的理论"⑤；通读列·谢·瓦西里耶夫的全部议论，我们实在难以看到中国文明起源过程的历史真相。"在他的笔下，似乎上古中国的人种和文化一直是缺乏生机，无能创造，趑趄难行，甚至退化衰落，只有依靠外来人群及其所携文化赐予先进因素，才能举步趋前，但而后又是长期的停顿和衰退，需要再一次的外来推动和冲击。"⑥由此可见，学术界对列·谢·瓦西里耶夫《中国文明的起源问题》一书学理的批判远远超出了对该书部分学术史价值的肯定。

---

① 当时发表的部分论文，如岳涛：《陈旧的货色，险恶的用心——评苏修在中国古代文明起源问题上的谬论》，《考古》1975年第5期；杨建芳的《"仰韶文化西来说"旧调的重弹——评瓦西里耶夫的两篇反华文章》，《四川大学学报》（哲学社会科学版）1977年第1期，仅从文章标题，就可以看得颇为清楚。此外，在已发表的文章中，充斥极强政治色彩的表述，随处可见。参见甘肃省博物馆连城考古发掘队、北京大学历史系考古专业连城考古发掘队：《从马家窑类型驳瓦西里耶夫的"中国文化西来说"》，《文物》1976年第3期；杨育彬：《评瓦西里耶夫〈古代中国文明的起源〉》，《文物》1976年第7期；许顺湛：《关于中国远古文化的源流问题——评瓦西里耶夫中国文化西来说》，《郑州大学学报》（社会科学版）1980年第2期等。
② 邵望平、莫润先：《评瓦西里耶夫〈中国文明的起源问题〉》，《考古》1989年第12期。
③ 邵望平、莫润先：《评瓦西里耶夫〈中国文明的起源问题〉》，《考古》1989年第12期。
④ 邵望平、莫润先：《评瓦西里耶夫〈中国文明的起源问题〉》，《考古》1989年第12期。
⑤ 邵望平、莫润先：《评瓦西里耶夫〈中国文明的起源问题〉》，《考古》1989年第12期。
⑥ 邵望平、莫润先：《评瓦西里耶夫〈中国文明的起源问题〉》，《考古》1989年第12期。

诸如邵望平、莫润先先生曾对列·谢·瓦西里耶夫《中国文明的起源问题》一书中存在的问题进行过全方位、多角度的再审视：

> 或材料明显有讹却仍然振振有词，如说龙山文化有麦，青莲岗文化有鬲，河南龙山文化无有角家畜和兽骨占卜，齐家文化熟知并大量使用陶鬲；或随心所欲，故意否定一批可信的碳-14数据，任意颠倒证据确凿的年代关系，将晚于半坡类型的瓦家坪遗址说成早于半坡的"马家窑—仰韶始祖文化"遗存，让时代较晚的屈家岭文化对较早的刘林—花厅类型施加重大影响；或不顾时空条件的制约，用牵强附会的类比来联系西亚与东亚相距几千公里的文化因素，让黄河流域本来较早的文化成就溯源于北亚、东北亚较晚的同类现象；或拾拣别人已经抛弃或者经不起检验的现成结论套入自己的既定公式。①

邵望平、莫润先两位先生结合20世纪后半期以来的考古资料，强调中国史前农业文化是独立起源、独立发展的，用大量考古学材料批评列·谢·瓦西里耶夫断言仰韶彩陶文化以前"黄河流域几乎不适于人类生存""要想在黄河流域找到新石器时代革命的遗迹无论如何都是徒劳的"，中国农业文化只能来源于西方的说法"是站不住脚的"②；二位先生批评列·谢·瓦西里耶夫多次引用安特生本人已经放弃的旧观点，结合前仰韶文化的材料以证，仰韶文化是本地起源的，从而有力地宣告"在黄河流域找到前仰韶文化的可能性是越来越少了"的臆断已经彻底破产③。此外，二位先生还屡屡批评列·谢·瓦西里耶夫说屈家岭文化接受了公元前第三千年在伊朗形成的轮制磨光黑—灰陶文化综合体的信息，而后向北向东展开了一个传播的扇形斜坡，"纯属主观的设计"④；列·谢·瓦西里耶夫断言夯土技术和木工技术来自西方，"是没有根据的"⑤。二位先生指出："商代青铜器都是范铸法的产品，与西方的失蜡法迥然不同。瓦西里耶夫对此避而不谈，很难说这仅仅是个疏忽。"⑥他们批评

---

① 邵望平、莫润先：《评瓦西里耶夫〈中国文明的起源问题〉》，《考古》1989年第12期。
② 邵望平、莫润先：《评瓦西里耶夫〈中国文明的起源问题〉》，《考古》1989年第12期。
③ 邵望平、莫润先：《评瓦西里耶夫〈中国文明的起源问题〉》，《考古》1989年第12期。
④ 邵望平、莫润先：《评瓦西里耶夫〈中国文明的起源问题〉》，《考古》1989年第12期。
⑤ 邵望平、莫润先：《评瓦西里耶夫〈中国文明的起源问题〉》，《考古》1989年第12期。
⑥ 邵望平、莫润先：《评瓦西里耶夫〈中国文明的起源问题〉》，《考古》1989年第12期。

列·谢·瓦西里耶夫说殷代文字起源于西方，"分明是不顾在汉藏语与印欧语这两大不同语系之间的重大差别而强为沟通"①；他们批评瓦西里耶夫断言："只有晚殷文化才是最后形成的中国文明，其成就又是主要仰仗于外来的信息传播，这已经被历史事实否定。"②

　　两位先生将列·谢·瓦西里耶夫以上一连串谬误，归根于其理论基础即"信息传播决定论"根本违反了客观的历史事实，违反了马克思主义的方法论③。随着考古学、人类学、历史学等学科的蓬勃发展，到20世纪80年代，中外学术界对于中国民族文化起源发展和中国文明的形成过程逐渐形成较为一致的意见。如苏联学者佩尔希茨等人就曾指出："中国的新石器时代……是在本地土生的文化，而不是其他地区更早新石器文化传播的结果。"④中国著名考古学家夏鼐也颇为系统地指出："中国文明的产生，主要是由于本身的发展；但是这并不排斥在发展过程中有时可能加上一些外来的影响。这些外来的影响不限于今天的中国境内各地区，还可能有来自国外的。但是，根据考古学上的证据，中国虽然并不是完全同外界隔离，但是中国文明还是在中国土地上土生土长的。"⑤20世纪80年代，中国学术界关于中国民族文化形成发展和中国文明起源问题讨论的主题早已不再是本土起源说和外来说之间的论争，中国文明起源的黄河流域中心说和多元论的条块说、满天星斗说之间的论争是20世纪80年代中国学术界中国文明起源问题论争的焦点。因此，列·谢·瓦西里耶夫《中国文明的起源问题》一书中的中国文明起源外因论和梯阶传播假说亦仅仅被视作一个早已过时的学术史话题，除了邵望平、莫润先先生的系统评论外，中外学术界鲜有关注和议论，显然不足为怪。

三、蒲立本的语言比较及其对印欧、汉族同源说论证转向汉藏、印欧文化之间联系的考察

　　蒲立本，加拿大著名汉学家，语言学家。蒲立本先生早年研究唐史，自

---

① 邵望平、莫润先：《评瓦西里耶夫〈中国文明的起源问题〉》，《考古》1989年第12期。
② 邵望平、莫润先：《评瓦西里耶夫〈中国文明的起源问题〉》，《考古》1989年第12期。
③ 邵望平、莫润先：《评瓦西里耶夫〈中国文明的起源问题〉》，《考古》1989年第12期。
④ А. И. 佩尔希茨、А. Л. 蒙盖特、В. П. 阿列克谢耶夫著，贺自安、王培英、汪连兴译：《世界原始社会史》，昆明：云南人民出版社，1987年，第178页。
⑤ 夏鼐：《中国文明的起源》，北京：文物出版社，1985年，第80页。

1959年转向汉语史研究。其将历史知识和语言学研究的成果互为利用，曾用中国史料证明匈奴语和阿尔泰语互不相容的几项特征，并在此基础上提出匈奴语不属于阿尔泰语系，而可能与叶尼塞区域的几种语言有关的假说。蒲立本学贯中西，视野独特，取得了许多富有原创性的成就，被学术界誉为汉学巨擘[①]。

从1966年起，蒲立本即开始对上古汉语和印欧语的深层结构进行综合比较，极力探寻汉藏语系和印欧语系在语音、形态和词汇等方面的相似之处，并由此推定："汉藏语系与印欧语系的深层结构联系暗示着这两个语系之间在更早的时期似乎有着密切的关系。"[②]此后，蒲立本进一步推断："原始汉藏语和原始印欧语不仅在形态（typologically）上比任何人想象的都要相近，而且其间可能有同源关系。"[③]蒲立本大胆猜想，中国人使用的作为计数手段的一套天干地支符号，"在文字发明之时代表了中文辅音的一组二十二个形音字"[④]，"这些符号（天干地支）的含义可能不是简单的注音符号，也就是说它们可能不仅仅是它们字首的读音名称，而是一种字母表"[⑤]。蒲立本确信："这些符号与同样也有二十二个字母的腓尼基字母符号之间有很多明显的相似之处。……如此高度的相似性，既涉及声音又涉及形状，不可能仅仅是巧合的结果。"[⑥]通过以上语言学比较，蒲立本大胆地推测："在原始的汉藏语和原始的印欧语之间，可能存在着任何深度的语言和形态对应，它们都指向一个遥远的共同的语言系统。"[⑦]包括蒲立本在内，不少语言学家确信，语言学是探究中国文明起源的最富有成效和启发性的方法之一。此后，蒲立本有关中国民族

[①] 孙景涛：《汉学巨擘蒲立本》，《读书》2013年第11期。

[②] E.G.Pulleyblank, Chinese and Indo-Europeans, *Journal of Royal Asiatic Society of Great Britain and Ireland*, No.1/2, 1966, pp.9-39.

[③] E.G.Pulleyblank, Prehistoric East-West Contacts Across Eurasia: Notes and Comment, *Pacific Affairs*, Vol. 47, No. 4, 1974-1975, pp.500-508.蒲立本著，伍安东译：《史前贯穿欧亚大陆的东西方交流》，《传统文化与现代化》1997年第5期。

[④] E.G.Pulleyblank, The Chinese Cyclical Signs as Phonograms, *Journal of the American Oriental Society*, Vol.99, No.1, 1979, pp. 24-38.

[⑤] E.G.Pulleyblank, The Chinese Cyclical Signs as Phonograms, *Journal of the American Oriental Society*, Vol.99, No.1, 1979, pp. 24-38.

[⑥] E.G.Pulleyblank, The Chinese Cyclical Signs as Phonograms, *Journal of the American Oriental Society*, Vol.99, No.1, 1979, pp. 24-38.

[⑦] E.G.Pulleyblank, Early Chinese Contacts between Indo-European and Chinese, *International Review of Chinese Linguistics*, Vol.1, No.1, 1996, pp.1-25.

文化起源和上古时期中外民族文化交流的研究，均建立在汉藏、印欧语言同源说的假说基础之上。

在语言比较的基础上，蒲立本进一步判定："吐火罗语言的西式特征被更好地解释为在印欧语系中在外围区域中的幸存。"①此后，蒲立本列举一些证据以证汉人与印欧人及印欧语有亲缘关系，认为使用吐火罗语的人群最迟应在公元前2000年到达中国西部，"他们是西方文化影响于新生的中国文明的中介"②。通过语言比较，蒲立本确信："印欧和汉藏祖先在史前的联系不仅是一种可能性，而且是极有可能的。"③

1975年，蒲立本曾做出大胆的假设：

> 原始汉藏人和原始印欧人的这些接触肯定发生在非常遥远的上古时代，而印欧人自身分化为若干较小群体以前，就已经同汉藏人分道扬镳、自成一体了。……如果说印欧人在公元前两千年前后才出现于西亚，那么汉藏人和印欧人的共同祖先应该追溯到此前的很长一段时间，很可能是在公元前四千年、五千年甚至更早。④

和传统的中国民族文化外来说者不同，蒲立本并没有武断地断定中国古代文化的传播方向必然是自西向东：

> 即使汉藏、印欧同源的假设能够成立，这也未必意味着，早期新石器时代人类活动和文化发展呈现了从西到东的趋势——也有可能是从东向西发展。因为这时的印欧人已经欧罗巴人种化了，而汉藏人已经是蒙

---

① E.G.Pulleyblank, Chinese and Indo-Europeans, *Journal of Royal Asiatic Society of Great Britain and Ireland*, No.1/2, 1966, pp.9-39.

② E.G.Pulleyblank, The Chinese and their Neighbors in Prehistoric Time, In David N. Keightley, *The Origins of Chinese Civilization*, Berkely: University of California press, 1983.蒲立本著，游汝杰译：《上古时代的华夏人和邻族》，《扬州大学中国文化研究所集刊》第一辑，南京：江苏古籍出版社，1998年，第370—371页。

③ E.G. Pulleyblank, Chinese and Indo-Europeans, *Journal of Royal Asiatic Society of Great Britain and Ireland*, No.1/2, Apr, 1966.

④ E.G.Pulleyblank, Prehistoric East-West Contacts Across Eurasia: Notes and Comment, *Pacific Affairs*, Vol. 47, No. 4, 1974-1975, pp.500-508.蒲立本著，伍安东译：《史前贯穿欧亚大陆的东西方交流》，《传统文化与现代化》1997年第5期。

第八章 20世纪下半期中国民族文化外来说的基本走向与学术论争

古人种。①

此外，蒲立本还大胆地假定，殷商时期突然出现的马拉战车，"很有可能是由印欧人直接传入的"②，并依此证明，"商文明中的少量关键的部分来自外界"③。

蒲立本试图从以上两个方面寻找新石器时代和有文字可考的远古时期，原始中国人与原始印欧人有过接触的重要论据，力证很早东方人和西方人就有了直接的来往，为其在语言比较基础上建立起的汉藏、印欧同源说补充"旁证"。

1996年，蒲立本继续发表长文④，从语言、历法、车马、冶金、小麦和大麦、牛羊、思想观念等诸多方面，全面论述了古代中国文化与外来文化之间的种种联系，试图证明："中国文明不是孤立发展的，而是与西方、南方和北方的影响相联系的"⑤，"来自西方的刺激在开创中国青铜时代方面扮演着重要的角色"⑥。蒲立本逐一举证：

在语言方面，蒲立本认为，汉藏和印欧语言"尽管严格的音韵对应仍然难以形成，但基本词汇之间存在着明显的同源关系。此外，古汉语和古典藏文以及缅甸语的形态发展过程之间存在着令人信服的相似之处"⑦。

关于历法，蒲立本指出，中国传统历法的一个核心特征即连续六十个周

---

① E.G.Pulleyblank, Prehistoric East-West Contacts Across Eurasia: Notes and Comment, *Pacific Affairs*, Vol. 47, No. 4, 1974-1975, pp.500-508.蒲立本著，伍安东译：《史前贯穿欧亚大陆的东西方交流》，《传统文化与现代化》1997年第5期。

② E.G.Pulleyblank, Prehistoric East-West Contacts Across Eurasia: Notes and Comment, *Pacific Affairs*, Vol. 47, No. 4, 1974-1975, pp.500-508.蒲立本著，伍安东译：《史前贯穿欧亚大陆的东西方交流》，《传统文化与现代化》1997年第5期。

③ E.G.Pulleyblank, Prehistoric East-West Contacts Across Eurasia: Notes and Comment, *Pacific Affairs*, Vol. 47, No. 4, 1974-1975, pp.500-508.蒲立本著，伍安东译：《史前贯穿欧亚大陆的东西方交流》，《传统文化与现代化》1997年第5期。

④ E.G.Pulleyblank, Early Chinese Contacts Between Indo-European and Chinese, *International Review of Chinese Linguistics*, Vol.1, No.1, 1996, pp.1-25.

⑤ E.G.Pulleyblank, Chinese and Indo-Europeans, *Journal of Royal Asiatic Society of Great Britain and Ireland*, No.1/2, 1966, pp. 9-39.

⑥ E.G.Pulleyblank, Early Chinese Contacts Between Indo-European and Chinese, *International Review of Chinese Linguistics*, Vol.1, No.1, 1996, pp.1-25.

⑦ E.G.Pulleyblank, Early Chinese Contacts Between Indo-European and Chinese, *International Review of Chinese Linguistics*, Vol.1, No.1, 1996, pp.1-25.

期,十天支和十二地支,同时运行。"在西方,与中国历法接近的例子是晚些时候出现的七天为一周的'星期'。中美洲的玛雅人有更精细的日期循环。他们有被称作 260 天'卓尔金历'的规矩,'卓尔金历'像中国的六十天周期一样,有两个循环,一个循环有十三个名字,另一个循环有二十个数字,两循环系统同时运行。并且他们也有 360 天的近似周期,每个周期由十八个名为'月'的二十天组成"①。

关于车马,蒲立本指出:"中国早期受西方影响最明显、最明确的证据无疑是马车的存在,这在周代的文献中以及安阳和周代的考古发现中得到了充分的证实。马车是从西方进口的,这一点是毫无疑问的。难以置信的是,中国的这种马车与第二个千年期间出现在西亚、埃及、欧洲和印度的战车非常相似。中国马车这种复杂装置可以独立发展,没有任何早期的轮式车辆的证据。"②

关于冶金,蒲立本指出,在西伯利亚的阿凡纳谢沃文化和接替的奥库涅沃文化以及青海和甘肃东部的齐家文化中,发现了金属使用痕迹,并为进口冶金技术提供了可能的途径。这些文化与二里头同时或稍早,是中国周边地区与西方有联系的证据③。

关于麦类作物,蒲立本指出:"由于小麦无疑是从中国西部进口的,它确实强化了西方影响导致的青铜器时代文明的革命性变革这样一种假设"④,并强调说:"引入小麦和文字的发明比甲骨文上的证明早几个世纪。"⑤

关于牛羊,蒲立本指出,北方的牛和南方的水牛作为役使动物只能起到有限的作用,但是牛和绵羊用于乳制品、肉类和兽皮或羊毛一直被视为异类,这

---

① E.G.Pulleyblank, Early Chinese Contacts Between Indo-European and Chinese, *International Review of Chinese Linguistics*, Vol.1, No.1, 1996, pp.1-25.

② E.G.Pulleyblank, Early Chinese Contacts Between Indo-European and Chinese, *International Review of Chinese Linguistics*, Vol.1, No.1, 1996, pp.1-25.

③ E.G.Pulleyblank, Early Chinese Contacts Between Indo-European and Chinese, *International Review of Chinese Linguistics*, Vol.1, No.1, 1996, pp.1-25.

④ E.G.Pulleyblank, Early Chinese Contacts Between Indo-European and Chinese, *International Review of Chinese Linguistics*, Vol.1, No.1, 1996, pp.1-25.

⑤ E.G.Pulleyblank, Early Chinese Contacts Between Indo-European and Chinese, *International Review of Chinese Linguistics*, Vol.1, No.1, 1996, pp.1-25.

第八章　20世纪下半期中国民族文化外来说的基本走向与学术论争

是西北部游牧民族所特有的特征①。

关于意识形态，蒲立本举证，更具体的印欧特征证据可能是妻子焚烧殉葬，也就是说在齐家文化的坟墓中，将妻子和她已死的丈夫一起焚毁。牛和羊作为牺牲在商周文化中的主要作用似乎是在意味着草原的影响。而马匹作为牺牲的证据，这肯定会产生印欧语的回声，但这种证据不是很清晰。中国人和罗马人在"太牢"或大祭中有一个惊人的巧合，这个巧合就是在周代，周天子赐土，牺牲一个公牛、一头羊和一头猪。这和罗马的三牲祭（罗马宗教中最神圣的传统仪式之一，在仪式上牺牲一头猪、一头羊和一头公羊来净化大地）完全一致，都是用这三种动物来作为牺牲献给战神②。

综合以上大量"证据"，蒲立本得出结论："尽管印欧人没有入侵中国，但大约四千年前，西北边疆地区的印欧人及其马文化的到来，对于中华文明的形成来说一定是非常重要的。"③

20世纪下半期，外来因素在中国文明起源和形成过程的作用备受国际汉学界的关注。除了前举海涅·戈尔登的文化扩散论和西来文化三次波动假说，列·谢·瓦西里耶夫的中国文明起源外因论和梯阶传播假说外，W·沃森④、W·埃伯哈德⑤等学者分别就外来影响在中国文明形成过程中的作用、外来推动因素在殷文明起源过程中的作用，发表过重要的意见。但由于当时不少欧美学者仍普遍对中国的考古学材料不大熟悉，他们的诸多观点普遍不大牢靠。如列·谢·瓦西里耶夫即曾指出，考古学家W·费尔瑟维斯的诸多观点，即曾"留下了招致严肃批评的缺口"⑥。与20世纪下半期以来学术界广为流传的种种中国民族文化外来说相比，蒲立本的汉藏、印欧同源说，尽管由于一系列证

---

① E.G.Pulleyblank, Early Chinese Contacts Between Indo-European and Chinese, *International Review of Chinese Linguistics*, Vol.1, No.1, 1996, pp.1-25.

② E.G.Pulleyblank, Early Chinese Contacts Between Indo-European and Chinese, *International Review of Chinese Linguistics*, Vol.1, No.1, 1996, pp.1-25.

③ E.G.Pulleyblank, Early Chinese Contacts Between Indo-European and Chinese, *International Review of Chinese Linguistics*, Vol.1, No.1, 1996, pp.1-25.

④ Watson W, *Chian before the Han Dynasty*, London, 1961.

⑤ Eberhard Wolfram, The Formaition of Chinese Civilization According to Socio-Anthropological Analysis, *Sociolougus*, Vol.223, No.7, 1957; Eberhard Wolfram, *Settlement and Social Change in Asia*, Hong kong: Hong Kong University Press, 1967.

⑥（苏）列·谢·瓦西里耶夫著，郝镇华等译：《中国文明的起源问题》，北京：文物出版社，1989年，第75页。

据的薄弱，仍存在不少学理上的疑难，但其从语言比较的角度，在更为广阔的学术视野下重新考察中国民族文化起源和中国文明的形成发展，无疑呈现出全新的学术旨趣。

事实上，随着中国田野考古工作的全面展开与中国历史学、考古学、民族学、语言学等研究的突飞猛进，20 世纪下半期后段，"中国文明的独立起源，正日益广泛地得到各国学术界的公开承认"①。甚至连大肆鼓吹中国文明起源外因论和梯阶传播假说外的列·谢·瓦西里耶夫也实事求是地承认，在20世纪相当长的历史时期，在苏联学术界，"中国文明的土著性事实上没有受到怀疑"②。在蒲立本的一系列论述中，其始终强调中国文明的产生"更多地应该归功于早期的土著文化传统"③，"由文学语言塑造的那种文明的内容主要是源于土著传统"④，"中国的第一个也是唯一的一个写作系统一定是以中文为基础的，而不是借助于另一种语言设计的文字系统"⑤。蒲立本从来没有夸大外来文化在中国文明形成发展过程中的作用，他特别强调，无论印欧人对中国文明的形成有何种影响，其在运用语言学和考古学的标准，严格的、历史的探索中国文明的起源过程中，"试图将本土的发展与该地区早期的新石器时代文化受外界的影响区别开来"⑥。蒲立本认为，外来文化对于中国文明起源的形成和发展所产生的影响都非直接而是"间接"⑦的。他举证说："中国龙山遗址发现的防御工事和暴力的证据表明，这种意识形态可能已经初露端倪，而不需要外部刺激"⑧，商周时期"中国马车这种复杂装置可以独立发展，没有任

---

① 邵望平、莫润先：《评瓦西里耶夫〈中国文明的起源问题〉》，《考古》1989 年第 12 期。
②（苏）列·谢·瓦西里耶夫著，郝镇华等译：《中国文明的起源问题》，北京：文物出版社，1989 年，第 79 页。
③ E.G.Pulleyblank, Early Chinese Contacts Between Indo-European and Chinese, *International Review of Chinese Linguistics*, Vol.1, No.1, 1996, pp.1-25.
④ E.G.Pulleyblank, Early Chinese Contacts Between Indo-European and Chinese, *International Review of Chinese Linguistics*, Vol.1, No.1, 1996, pp.1-25.
⑤ E.G.Pulleyblank, Early Chinese Contacts Between Indo-European and Chinese, *International Review of Chinese Linguistics*, Vol.1, No.1, 1996, pp.1-25.
⑥ E.G.Pulleyblank, Early Chinese Contacts Between Indo-European and Chinese, *International Review of Chinese Linguistics*, Vol.1, No.1, 1996, pp.1-25.
⑦ E.G.Pulleyblank, Early Chinese Contacts Between Indo-European and Chinese, *International Review of Chinese Linguistics*, Vol.1, No.1, 1996, pp.1-25.
⑧ E.G.Pulleyblank, Early Chinese Contacts Between Indo-European and Chinese, *International Review of Chinese Linguistics*, Vol.1, No.1, 1996, pp.1-25.

何早期的轮式车辆的证据"①。凡此表明，蒲立本的汉藏、印欧语言同源说并非是严格意义上的中国民族文化外来说，显然，将其视为"当前最大的、最新的西来说"②，并不完全准确。

应值得注意的，蒲立本自己曾不断声明，其所作语言比较和对汉藏、印欧语言同源说的推定及汉藏、印欧之间文化联系的考察，仅仅具有假说性质。如蒲立本在对中国文明起源问题考察之初，就非常明确地指出：

> 中国文明起源的问题一直困扰着学者们，然而，尽管最近考古发现取得了巨大的进步，我们在基本问题上仍然存在意见分歧。原因不难寻找，因为证据仍然有巨大的空白处。在这种情况下，主观的考虑必然会影响到判断，而对于一个人来说，似乎只是一个明显的推论，对其他人来说似乎是一种疯狂的推测。③

蒲立本批判在中国文明起源问题上，"一些西方学者由于无知或傲慢"④及中国学者"带有感情色彩的自信"⑤。蒲立本实事求是地承认，汉藏语系与印欧语系的深层结构之间的关系，"其完整的意义目前仍不清楚"⑥。"关于公元前两千年印欧人对华北产生影响的推论，我们还大大地缺乏证据"⑦。原始印欧与原始汉藏之间在类型学上的相似之处，"只是暗示了以一种非常古老

---

① E.G.Pulleyblank, Early Chinese Contacts Between Indo-European and Chinese, *International Review of Chinese Linguistics*, Vol.1, No.1, 1996, pp.1-25.

② 黄盛璋主编：《亚洲文明》第四集《何炳棣院士九十华诞祝寿纪念专集》，西安：三秦出版社，2008年，第2页。

③ E.G.Pulleyblank, Chinese and Indo-Europeans, *Journal of Royal Asiatic Society of Great Britain and Ireland*, No.1/2, 1966, pp.9-39.

④ E.G.Pulleyblank, Chinese and Indo-Europeans, *Journal of Royal Asiatic Society of Great Britain and Ireland*, No.1/2, 1966, pp.9-39.

⑤ E.G.Pulleyblank, Prehistoric East-West Contacts across Eurasia: Notes and Comment, *Pacific Affairs*, Vol. 47, No. 4, 1974-1975, pp.500-508.蒲立本著，伍安东译：《史前贯穿欧亚大陆的东西方交流》，《传统文化与现代化》1997年第5期。

⑥ E.G.Pulleyblank, Chinese and Indo-Europeans, *Journal of Royal Asiatic Society of Great Britain and Ireland*, No.1/2, 1966, pp.9-39.

⑦ E.G.Pulleyblank, Prehistoric East-West Contacts Across Eurasia: Notes and Comment, *Pacific Affairs*, Vol. 47, No. 4, 1974-1975, pp.500-508.蒲立本著，伍安东译：《史前贯穿欧亚大陆的东西方交流》，《传统文化与现代化》1997年第5期。

的连接，而这些都必须等待进一步的调查发现"[1]。因此，蒲立本指出："必须警惕在研究史前史中想当然的推测所带来的危害性"[2]，"随时准备认真对待那些无论对自己的观点起否定作用还是起肯定作用的证据"[3]。从以上论述，不难发现，较之20世纪下半期的种种中国民族文化外来说，蒲立本的语言比较和对汉藏、印欧语言同源说的推定，以及汉藏、印欧间文化联系的考察，严格遵循了实事求是的态度，因而较之同时期的中国民族文化外来说，增加了大量科学理性的因素。诸如，马和车由中亚或更可能的欧亚草原传入黄河流域，五谷杂粮中的小麦、大麦和很多豆类都是从中亚传入的，迄今已经基本成为绝大多数中外考古学家的共识，这足以说明，蒲立本的语言比较和对汉藏、印欧语言同源说的推定，以及汉藏、印欧间文化联系的考察，对国际学术视野下中国民族文化形成和发展的理论建构，具有一定的启发意义和参考价值。

然而正如蒲立本所言，由于中国上古民族文化形成发展及中国文明起源问题固有的复杂性，他的一系列探索仍有大量可商榷之处，从而给学术界留下大量有待继续讨论的余地。诸如匈牙利裔美籍人类学家霍尔瓦特·伊莎贝拉即曾对因语言学的研究而兴起的泛印欧主义思潮鼓吹者提出了激烈严厉的批判[4]。针对欧洲学者宣称新疆出土的干尸是"深入亚洲最东的印欧人"，霍尔瓦特·伊莎贝拉根据中国人类学家韩康信对古代新疆人种的研究，并参考了俄国学者金兹布尔格"新疆古代居民与南西伯利亚和中亚早期居民……有相似之处，而和现代西欧人有明显的不同"[5]的研究成果予以反驳："干尸"源自西

---

[1] E.G.Pulleyblank, Early Chinese Contacts Between Indo-European and Chinese, *International Review of Chinese Linguistics*, Vol.1, No.1, 1996, pp.1-25.

[2] E.G.Pulleyblank, Prehistoric East-West Contacts Across Eurasia: Notes and Comment, *Pacific Affairs*, Vol. 47, No. 4, 1974-1975, pp.500-508.蒲立本著，伍安东译：《史前贯穿欧亚大陆的东西方交流》，《传统文化与现代化》1997年第5期。

[3] E.G.Pulleyblank, Prehistoric East-West Contacts Across Eurasia: Notes and Comment, *Pacific Affairs*, Vol. 47, No. 4, 1974-1975, pp.500-508.蒲立本著，伍安东译：《史前贯穿欧亚大陆的东西方交流》，《传统文化与现代化》1997年第5期。

[4] 霍尔瓦特·伊莎贝拉：《新疆古代居民和欧洲有关吗？——兼评一种学术思潮》，《新疆师范大学学报》（哲学社会科学版）1998年第4期。

[5] 韩康信：《丝绸之路古代居民种族人类学研究》，乌鲁木齐：新疆人民出版社，1993年，第367—368页。

欧的说法完全没有根据①。霍尔瓦特·伊莎贝拉还注意到中国学者对维吾尔族三种类型的人种研究及人类学家对新疆洛甫县桑普拉墓地距今约2000年的一号丛葬墓两具头骨复原的结果证明："新疆的古代居民和欧洲无关而与中亚、西亚有关。"②霍尔瓦特·伊莎贝拉批评泛印欧主义者把欧洲人和欧洲人种混为一谈，并强调人种和语言两者之间并没有必然的联系③。霍尔瓦特·伊莎贝拉还根据夏代遗址中已有青铜出土，车在商代遗址中有所出土等考古学资料批驳欧洲人把冶金术、骑马术和造车术传入中国的说法"更是荒谬"④。在我们今天看来，霍尔瓦特·伊莎贝拉的以上观点显然并非学术界的最后定论，其直接批驳的对象是维克多·梅厄等泛印欧主义思潮的鼓吹者，但以上批评无疑亦击中了蒲立本予以立论的若干直接和间接"证据"，从一定程度上动摇了蒲立本汉藏、印欧同源说的若干立论基础。

综上可知，自20世纪下半期以来，在相当长的时期，中国民族文化外来说在国际学术界仍广为继续流传，并且具有相当大的影响力。与此同时，以上假说也受到了来自国际学术界的诸多质疑与严厉的批判。陈星灿先生曾经指出："中国文化西来说与本土说在学术上差不多一样浅薄，都没有可靠的考古学上的证据。"⑤近年来，有的学者则从另一个角度论及："最近百年的考古发现和相关研究表明，外来传播说与本土起源说都有确凿的证据，只是不够充分。"⑥事实上，21世纪以来，在历史学、考古学、民族学、语言学等多学科的推动下，国际学术界有关中国民族文化形成发展理论的学术论争，已不再是机械式的中国民族文化本土起源说和外来说，各持一端，两相对垒，自说自

---

① 霍尔瓦特·伊莎贝拉：《新疆古代居民和欧洲有关吗？——兼评一种学术思潮》，《新疆师范大学学报》（哲学社会科学版）1998年第4期。

② 霍尔瓦特·伊莎贝拉：《新疆古代居民和欧洲有关吗？——兼评一种学术思潮》，《新疆师范大学学报》（哲学社会科学版）1998年第4期。

③ 霍尔瓦特·伊莎贝拉：《新疆古代居民和欧洲有关吗？——兼评一种学术思潮》，《新疆师范大学学报》（哲学社会科学版）1998年第4期。

④ 霍尔瓦特·伊莎贝拉：《新疆古代居民和欧洲有关吗？——兼评一种学术思潮》，《新疆师范大学学报》（哲学社会科学版）1998年第4期。

⑤ 陈星灿：《中国史前考古学史研究（1895—1949）》，北京：生活·读书·新知三联书店，1997年，第35页。

⑥ 易华：《夷夏先后说》，北京：民族出版社，2012年，第21页。

话。卡尔·耶特玛高度重视中亚、东亚间存在广泛的文化交流与连续互动[①]，林嘉琳组织多国学者完成中亚与东亚青铜文化的系统研究，论定从乌拉尔到黄河流域青铜文化一脉相承[②]，并在此基础上积极构建中亚、东亚文化东西互动论；致力于中国人、中国语、中国文化与印欧人、印欧语、印欧文化关系研究的梅维恒，积极倡导动态互动，抗衡静态的本土起源说[③]。在新的学术背景下，国际学术界对中外文化交流的互动的新考察与中外文化互动论的建立，则颇为清晰地表明，历经长达数世纪的中国民族文化形成发展的中国民族文化本土起源说和外来说之间的激烈论争由两相对垒、各持一端，逐渐走上了兼收并蓄、相互融通的新的学术发展道路。

[①] Karl Jettmar, Cultures and Ethnic Groups West of China in the Second and the First Millennia B.C, *Asian Perspective*, Vol.24, No.2, 1981, pp. 145-162.

[②] Katheryn M.Linduff, *Metallurgy in Ancient Eastern from the Urals to the Yellow River*, New York: The Edwin Mellen Press, 2004.

[③] Victor H.Mair, *Contact and Exchange in the Ancient World*, Honolulu: University of Hawaii Press, 2006.

结　　语

综合以上各章的论述，笔者兹将对相关专题研究过程中的形成的主要观点和结论，略作简要的总结和概括。

中国上古民族文化的形成和发展问题，是一个历久弥新的国际性跨学科学术命题。战国秦汉以来中国学者编排的中国上古民族起源本土一系说在明末清初首次遭遇耶稣会士中国民族文化"自西徂东说"的激烈挑战之后，较早引发了旷日持久的中国民族文化起源的中西"道统"之争。中西文化的激烈碰撞，亦点燃了中西文化交流的星星之火。康乾以后主导中国学术界的"西学中源说"由于得到康熙皇帝的积极提倡，直接主导着清代中后期中国民族文化理论建构的走向。显而易见，西方学者的"自西徂东说"和中国学者极力主张的"西学中源说"都是错误的。从17世纪中叶至19世纪末，西方学者分别从语言、文物、文献等方面入手，对欧美学界广为流传的各种中国民族文化外来说开展激烈的论辩，中西文化同源说和中国民族文化本土说，得到不少学者的支持。在20世纪以前，中国的田野考古工作尚未全面展开，中西文化同源说显然存在证据不足等突出问题，中国民族本土起源说也有待于田野考古资料日渐丰富后不断补充和完善。

20世纪上半期，曾一度具有重要影响力的中国民族文化外来说主要有拉克伯里的中国民族文化源于巴比伦说、安特生的仰韶文化西来说、毕士博的中国民族文化外来多元论等。清末自日本传入中国的拉克伯里中国民族文化外来说，一度对中国学术界产生重要的影响。20世纪20年代以后，中国学者结合文献记载和考古学、人类学、语言学等多学科资料，分别从人种、年代、文字、文化、地理等不同角度对拉克伯里中国民族文化西来说的反驳，基本上可谓持之有故、有的放矢，不少反证击中了拉克伯里西来说的某些要害。但总的来看，20世纪二三十年代，由于新史学刚建立，中国的考古学、民族学等学科尚在起步阶段，以上反驳在史料辨析、运用，论证方法和理论建构等方面也存在诸多突出的问题。中国学术界对拉克伯里中国民族文化西来说的质疑批判并不彻底，在此后相当长的时期，拉克伯里中国民族文化西来说在中国学术界的影响并未完全消除。

1923年，安特生在《中华远古之文化》的报告中，认为仰韶文化是中华远古文化的同时，提出了以彩陶为代表的仰韶文化西来说。以彩陶为代表的仰韶文化西来说提出以后，很快引起国内外学者的高度关注。在20世纪40年代之前，安特生仰韶文化西来说在国际学术界一直具有相当强的影响力，并直接影响到20世纪30年代前后中国上古民族文化形成发展的理论建构。随着研究材料的增加和研究的逐步深入，尤其随着中国学者广泛参与讨论，到20世纪20年代末，学术界对仰韶文化西来说很快从附和支持转向质疑批判。20世纪30年代前夕，无论是安特生或其他国际汉学家对仰韶文化西来说的倡导、附和，还是来自中国学术界的质疑与批判，并不带有明显的偏见。20世纪30年代以后，在对仰韶文化"源头"的探寻和对安特生仰韶文化六期说的讨论过程中，仰韶文化西来说日渐失去考古学方面的证据支持。与此同时，在中外学术界的普遍质疑与批判声中，安特生对彩陶文化来源的认识亦不断发生若干新的变化。20世纪40年代，随着齐家文化得到确认，仰韶文化西来说在学术界的普遍质疑与批判声中不攻自破。20世纪50年代以后，李济对安特生仰韶文化西来说的批判和20世纪20年代至20世纪50年代初期国际学术界对仰韶文化西来说的质疑与批判的性质类似，仍属于"学术范畴"。然而自20世纪50年代后相当长时期，由于受政治环境影响，我国学者对仰韶文化西来说的批判，融入了不少非学术因素，从而影响到仰韶文化西来说及论争的学术价值。

20世纪20年代后，随着轰轰烈烈的古史辨运动的全面展开，在近代疑古辨伪思潮的推动下，新的史学观念的建立和科学的研究方法的运用，为中国古史研究带来了翻天覆地的新气象。在新的学术背景下，中国古代学者编排的从盘古到三皇五帝的古史体系及建立的中国民族文化起源本土一系说，开始受到空前的怀疑。在胡适的古史旨观的直接影响下，1923年6月，顾颉刚在《答刘胡两先生书》一文较早发布了推翻非信史方面的四项标准。顾氏"打破民族出于一元的观念"和"打破地域向来一统的观念"的论述，成为继层累说之后又一个重要的新发现，并对20世纪20—40年代中国上古民族文化本土起源说的理论建构产生了广泛的影响。顾颉刚的两个"打破"与王国维在《殷周制度论》中若干重要论点，实有不少学理上相通的地方，唯二氏立论的重点不同，学术思想也呈现出较大的差异。此后，徐中舒力证"殷周非同种民族"论，直接对以傅斯年《夷夏东西说》为中心的上古民族文化东西二系说产生了重要的影响。到20世纪30年代末，其对中国上古民族文化形成发展的理论建设，总体上仍沿着以上两个"打破"继续向前发展。1937年顾颉刚提出戎夏一源说，该说虽较为科学地揭示出华夏民族形成之前先秦民族史的部分历史实际，但其并非是一个合格的民族学命题。随着人类学、民族学的兴起与发展，顾氏戎夏一源说很少有学者再提及。

自中国民族文化本土一系起源说被打破之后，在20世纪30—40年代期间，以"夷夏东西说"和龙山、仰韶东西二元对立说为代表的中国民族文化东西二分论一度被视为不移之论长期主导着中国学术界。以傅氏《夷夏东西说》为中心建构起的古代民族东西二系说，在中国现代学术史上的价值已得到学术界的充分肯定。随着考古学、文化人类学的蓬勃发展和先秦史研究的持续深入，以傅氏《夷夏东西说》为中心建构起的古代民族文化东西二系说也长期遭遇过激烈的挑战与质疑。20世纪50年代以后，梁思永建立的龙山、仰韶东西二元对立假说的合理性不断受到质疑，仰韶、龙山二元对立说的学理疑难不断被学术界——揭发出来。随着考古学资料的增多，仰韶文化与龙山文化之间的复杂关系问题，尚有待于继续进行更为科学的阐明与理论概括，但龙山、仰韶东西二元对立说由于被证明是错误的而早已为学术界所摒弃。

在夷夏东西说和仰韶龙山二元对立说形成与"确立"的同时，蒙文通即较早将中国古代民族区分为"江汉民族""河洛民族""海岱民族"，建立起"太古民族三系说"。丁山分别将夏、商、周区分为"中原固有之民族""东北民族燕亳山戎之类""西北民族戎狄之类"三系。以后，徐旭生则将中国上古民族区分为"华夏集团""东夷集团""苗蛮集团"，建立起有别于上古民族文化东西二系说的"中国古代部族三集团说"。中国早期民族族系并非简单地依山川地域能够区分清楚的。徐旭生先生研究中国古史的传说时代，不用"民族"，而是用"集团"对上古族群进行区分，较蒙氏增加了诸多科学的因素。徐氏中国古代部族三集团说是其独立探索出来的，并未受到蒙文通"太古民族三系说"的影响。而较之蒙氏"太古民族三系说"，徐氏"中国古代部族三集团说"则呈现出某些独到的学术旨趣。

20世纪20—40年代，中国上古民族文化本土起源一系说被打破之后，中国民族文化本土起源说仍主导着中国学术界。历史学家和考古学家建立的夷夏东西说，龙山、仰韶东西二元对立说，太古民族三系说及中国古代部族三集团说，异彩纷呈，较之20世纪20年代之前的中国民族文化外来说和中国民族文化本土一系说，均呈现出全新的理论内涵和时代特色。该阶段学术界对中国民族文化本土起源说的理论重构，大致反映出中国上古民族文化本土起源说从一元到多元的演变轨迹，初步奠定了中国民族文化多元说或多元一体说的理论基础。

自20世纪20年代至70年代末，在长达半个世纪的学术实践中，李济始终坚持以全人类为背景的"正当历史观"，科学运用跨学科资料，在广阔的国际学术视野下，长期对中国民族文化的形成发展问题进行不懈的补充完善，并在此基础上建立起自成一系、旨趣独到的理论体系。在中国民族文化外来说与本土起源说的激烈交锋过程中，李济积极探寻中国民族文化形成与发展过程中的本土源头及与外来文化之间的纷繁复杂关系。李济对中国民族文化的研究开创了一种中外兼顾、综合研究的新的学术范式，建立起中国上古民族文化形成发展理论的崇高水准和崭新起点，为中国上古民族文化形成发展的研究争取到国际学术背景下的中国话语权，促成了考古学"中国学派"的形成。

现代著名的民族学家、人类学家凌纯声在国际学术视野下通过民族调查和比较研究，对中国民族文化起源及中国古代民族文化与环太平洋地区土著民族文化之间的关系问题进行深入探讨，为20世纪下半期中国上古民族文化形成和发展的理论建构树立了一个杰出的典范，较之顾颉刚的"打破民族出于一元的观念"和"打破地域向来一统的观念"，凌氏从人类学视角在更长的时段和更为辽阔的地域范围内论定中国民族文化多元起源，学术视野更为广阔，理论基础也更为坚实。其研究中所呈现出的民族主义情怀与方法理论方面的局限与缺失也不断受到中外学术界的质疑批判。不少学者普遍认为，在传播学派理论的深刻影响下，凌氏对中国民族文化起源和环太平洋区域文化研究的背后，暴露出强烈的国族主义的思想。

  商、周文化之间究竟是"一脉相承""大同小异"，抑或是"旧文化废而新文化兴"的深刻"剧变"，就已有的前期研究看，不少学者多疏于对殷、周之际制度建设与文化变迁作系统缜密考察，各执一端，顾此失彼，证据失之偏颇，结论多显武断。迄今为止，夏商周文化之间存在着明显的因革损益关系，亦即继承和发展关系的，已基本上得到学术界绝大多数专家的普遍认可。三代文化之间的关系究竟是以"因"，亦即继承为主；抑或是以"革"，亦即发展为主，则似乎是一个并不大容易说得清楚的问题。

  20世纪50年代后半期至60年代初期，随着华县元君庙、泉护村和洛阳王湾等遗址的发现，以黄河流域尤其是黄河中游地区为中国文明起源中心的观点，逐渐主导着考古学界，成为国内外学术界有关中国民族文化形成发展最具影响力的理论之一。20世纪80年代初期，区系类型理论的建立与中国文明起源条块说、满天星斗说日渐风靡，并与传统的黄河流域中心说展开激烈的交锋。事实上，中国文明起源黄河流域中心说亦肯定中国新石器时代文化有多元现象，多元论的"满天星斗"说也充分肯定黄河中游地区在中国文明起源和国家形成中的核心、主导作用。20世纪90年代中期，学术界关于中国文明起源的黄河流域中心说和多元论的"满天星斗"说之间的辩论大体上告一段落。此后，不少学者更加注意充分汲取两种"截然相反"观点的合理因素，并在新的学术背景下重构以中原地区为中心的中国文明起源多元一体说，逐步实现从更高层次对中国文明起源理论建构的突破。

  20世纪下半期，中国民族文化外来说仍在国际学术界广为流行。从旧说的继续附和与发挥到各种新说的深入论证，中国民族文化外来说的来源地方、基本观点、内容证据等方面不断改变与改进，并从总体上呈现出从单方面强调中国民族文化、中国文明起源过程中外来因素影响传播向中外民族文化双向交流与连续、动态互动转变的态势。海涅·戈尔登的西来文化三次波动假说、列·谢·瓦西里耶夫的中国文明起源外因论和梯阶传播假说、蒲立本的语言比较及由对印欧、汉族同源说也受到了来自国际学术界的诸多质疑与严厉的批判。21世纪以来，在历史学、考古学、民族学、语言学等多学科的推动下，国际学术界有关中国民族文化形成发展理论的学术论争，已不再是机械式的中国民族文化本土起源说和外来说，各持一端，两相对垒，自说自话。在新的学术背景下，国际学术界对中外文化交流的互动的新考察与中外文化互动论的建立，则颇为清晰地表明，历经长达数世纪的中国民族文化形成发展的中国民族文化本土起源说和外来说之间的激烈论争由两相对垒、各持一端，逐渐走上了兼收并蓄、相互融通的新的学术发展道路。

21世纪以来，国际汉学界对中国上古民族文化形成发展问题的理论思考和探索，仍在继续。其中值得注意的是，从上举20世纪末考古学家"中国文化西来说与本土说在学术上差不多一样浅薄，都没有可靠的考古学上的证据"①，到近期人类学家论及："最近百年的考古发现和相关研究表明，外来传播说与本土起源说都有确凿的证据，只是不够充分。"②不难看出，21世纪以来，学术界对中国上古民族文化形成发展的理论思考和探索，建立在对20世纪国际学术界对中国上古民族文化形成发展种种假说、观点进行科学扬弃的基础上，"妥贴处理中国文化本土起源与外来传播'两说'关系"③，视野更加开阔，证据更为扎实，论证更为缜密，态度更为严谨，结论自然也就日益可信。专家指出，近期人类学家对中国上古民族文化形成发展过程中本土起源与外来传播关系的妥善处理，很好地体现了"以民族学人类学这个学科平台，综合历史、语言、考古和体质人类学成果考察中国文化的结构和源头，弘扬中华民族多元一体和而不同的意识，推动中国人文社会研究'从社会发展史到文化生态学'的范式转型"的"魏公村共识"④。在我们今天看来，这一"共识"，为新时期中国上古民族文化形成发展的理论建构指明了更为科学的研究路径、方法和遵循的原则。

---

① 陈星灿：《中国史前考古学史研究（1895—1949）》，北京：生活·读书·新知三联书店，1997年版，第35页。
② 易华：《夷夏先后说》，北京：民族出版社，2012年，第21页。
③ 张海洋：《慎终追远，正本清源》，易华：《夷夏先后说》序二，北京：民族出版社，2012年，第6页。
④ 张海洋：《慎终追远，正本清源》，易华：《夷夏先后说》序二，北京：民族出版社，2012年，第7页。

参 考 文 献

一、古籍

（汉）班固撰：《汉书》，北京：中华书局，1962年。

（晋）常璩撰，严茜子点校：《华阳国志》，济南：齐鲁书社，2010年。

（清）崔述撰著，顾颉刚编订：《崔东壁遗书》，上海：上海古籍出版社，1983年。

（唐）杜佑撰，王文锦等点校：《通典》，北京：中华书局，1988年。

（南朝·宋）范晔撰：《后汉书》，北京：中华书局，1965年。

（清）方以智：《浮山文集后编》，顾廷龙主编：《续修四库全书·集部》第1398册，上海：上海古籍出版社，2002年。

（清）江永：《数学》，北京：中华书局，1985年。

（清）蒋良骐撰，林树惠、傅贵九点校：《东华录》，北京：中华书局，1980年。

刘师培：《刘申叔先生遗书》，南京：江苏古籍出版社，1997年。

（汉）刘向集录：《战国策》，上海：上海古籍出版社，1998年。

（宋）陆九渊著，钟哲点校：《陆九渊集》，北京：中华书局，1980年。

（明）罗曰褧著，余思黎点校：《咸宾录》，北京：中华书局，1983年。

（清）梅文鼎：《梅氏丛书辑要》卷四十九《历学疑问补》，乾隆二十六年（1761年）刻本。

《明实录·太祖实录》，台湾"中央研究院"历史语言研究所校勘影印本，1962年。

（宋）欧阳永叔：《欧阳修全集》，北京：中国书店，1986年。

清圣祖敕编：《数理精蕴》，上海：商务印书馆，1936 年。

《清实录·清高宗实录》，北京：中华书局，1986 年。

（清）全祖望：《鲒埼亭集》，沈云龙主编：《近代中国史料丛刊》三编第三十九辑，台北：文海出版社，1986 年。

（清）阮元、王先谦主编：《清经解清经解续编》第四册，南京：凤凰出版社，2005 年。

（清）阮元等撰，彭卫国，王原华点校：《畴人传汇编》，扬州：广陵书社，2009 年。

（清）阮元校刻：《十三经注疏》上册《礼记正义》，北京：中华书局，1980 年。

（清）阮元校刻：《十三经注疏》上册《毛诗正义》，北京：中华书局，1980 年。

（清）阮元校刻：《十三经注疏》上册《尚书正义》，北京：中华书局，1980 年。

（清）阮元校刻：《十三经注疏》上册《周礼注疏》，北京：中华书局，1980 年。

（清）阮元校刻：《十三经注疏》下册《春秋左传正义》，北京：中华书局，1980 年。

（清）阮元校刻：《十三经注疏》下册《尔雅注疏》，北京：中华书局，1980 年。

上海师范大学古籍整理研究所点校：《国语》，上海：上海古籍出版社，1998 年。

（宋）司马光撰、（元）胡三省音注：《资治通鉴》，北京：中华书局，1956 年。

（汉）司马迁撰：《史记》，北京：中华书局，1959 年。

（北齐）魏收撰：《魏书》，北京：中华书局，1974 年。

（南朝·梁）萧子显撰：《南齐书》，北京：中华书局，1972 年。

（明）徐光启：《历书总目表》，《徐光启集》，北京：中华书局，1963 年。

（明）徐光启撰，（清）李杕编辑；徐宗泽增补：《增订徐文定公集》，上海：徐家汇天主堂藏书楼，1933 年。

（清）严可均辑：《全汉文》，北京：商务印书馆，1999 年。

（清）杨光先等撰，陈占山校注：《不得已（附二种）》，合肥：黄山书社，2000 年。

（清）张廷玉等撰：《明史》，北京：中华书局，1974 年。

（清）赵翼撰，李解民点校：《檐曝杂记》，北京：中华书局，1982 年。

（清）赵翼撰，王树民校正：《廿二史札记校证》，北京：中华书局，1984 年。

《诸子集成》第六册《吕氏春秋》，北京：中华书局，1954 年。

《诸子集成》第三册《老子注》，北京：中华书局，1954 年。

《诸子集成》第七册《论衡》，北京：中华书局，1954 年。

二、中文著作

（英）埃里克·霍布斯鲍姆著，李金梅译：《民族与民族主义》，上海人民出版社，2000年。

（瑞典）安特生著，乐森玮译：《甘肃考古记》，北京：文物出版社，2011年。

（瑞典）安特生著，袁复礼节译：《中华远古之文化》，北京：文物出版社，2011年。

安志敏：《中国新石器时代论集》，北京：文物出版社，1982年。

（日）白河次郎、国府种德：《支那文明史》，东京：博文馆，1900年。

毕长朴：《中国人种北来说》，台北：新文丰出版公司，1986年。

陈絜：《商周姓氏制度研究》，北京：商务印书馆，2007年。

陈连开：《中华民族研究初探》，北京：知识出版社，1994年。

陈梦家：《殷虚卜辞综述》，北京：中华书局，1988年。

陈星灿：《20世纪中国考古学史研究论丛》，北京：文物出版社，2009年。

陈星灿：《中国史前考古学史研究（1895—1949）》，北京：生活·读书·新知三联书店，1997年版。

陈旭麓主编：《宋教仁集》，北京：中华书局，1981年。

陈寅恪：《陈寅恪集·金明馆丛稿二编》，北京：生活·读书·新知三联书店，2001年。

（美）道格拉斯·C.诺斯著，刘守英译：《制度、制度变迁与经济绩效》，北京：生活·读书·新知三联书店，1994年。

杜正胜、王汎森主编：《新学术之路》，台北："中央研究院"历史语言研究所，1998年。

（美）菲利普·巴格比著，夏克、李天纲、陈江岚译：《文化：历史的投影》，上海：上海人民出版社，1987年。

胡厚宣：《甲骨学商史论丛》二集，成都：齐鲁大学国学研究所，1945年。

裴文中：《裴文中史前考古学论文集》，北京：文物出版社，1987年。

《庆祝苏秉琦考古五十五年论文集》编辑组编：《庆祝苏秉琦考古五十五年论文集》，北京：文物出版社，1989年。

格勒：《藏族早期历史与文化》，北京：商务印书馆，2006年。

葛兆光：《中国思想史》第一卷，上海：复旦大学出版社，1998年。

巩启明：《仰韶文化》，北京：文物出版社，2002年。

顾颉刚：《当代中国史学》，上海：上海古籍出版社，2002年。

顾颉刚编著：《古史辨》第一册，上海：上海古籍出版社，1982年。

顾颉刚：《浪口村随笔》，沈阳：辽宁教育出版社，1998年。

顾实：《穆天子传西征讲疏》，上海：上海三联书店，2014年。

郭沫若著作编辑出版委员会编：《郭沫若全集·考古编》第一卷《甲骨文字研究》，北京：科学出版社，1982年。

郭沫若著作编辑出版委员会编：《郭沫若全集·历史编》第一卷《青铜时代》，北京：人民出版社，1982年。

韩复智主编：《傅斯年董作宾先生百岁纪念专刊》，台北：中国上古秦汉学会，1995年。

黄盛璋主编：《亚洲文明》第四集《何炳棣院士九十华诞祝寿纪念专集》，西安：三秦出版社，2008年。

黄淑娉、龚佩华：《文化人类学理论方法研究》，广州：广东高等教育出版社，1998年。

（清）黄嗣艾：《南雷学案》，重庆：正中书局，1936年。

黄应贵：《人类学的评论》，台北：允晨文化实业股份有限公司，2002年。

蒋炳钊、吴春明主编：《林惠祥文集》，厦门：厦门大学出版社，2012年。

金景芳：《中国奴隶社会史》，上海：上海人民出版社，1983年。

寇清杰：《中国新文化的方向——中国早期马克思主义中西文化观研究》，天津：天津人民出版社，2002年。

蓝吉富主编：《大藏经补编》第24册，台北：华宇出版社，1986。

蓝吉富主编：《大藏经补编》第28册，台北：华宇出版社，1986年。

黎难秋主编：《中国科学翻译史料》，合肥：中国科学技术大学出版社，1996年。

李光谟：《从清华园到史语所——李济治学生涯琐记》，北京：清华大学出版社，2004年。

李济：《李济文集》第一卷，上海：上海人民出版社，2006年。

李济：《李济文集》第二卷，上海：上海人民出版社，2006年。

李济：《李济文集》第三卷，上海：上海人民出版社，2006年。

李济：《李济文集》第四卷，上海：上海人民出版社，2006年。

李济：《李济文集》第五卷，上海：上海人民出版社，2006年。

李玄伯：《中国古代社会新研》，上海：上海文艺出版社，1988年。

李学勤：《古文献丛论》，上海：上海远东出版社，1996年。

李学勤：《古文献丛论》，上海：上海远东出版社，1996年。

梁思永：《梁思永考古论文集》，北京：科学出版社，1959年。

（苏）列·谢·瓦西里耶夫著，郝镇华等译：《中国文明的起源问题》，北京：文物出版社，1989年。

凌纯声：《台湾与东亚及西南太平洋的石棚文化》，台北："中央研究院"民族学研究所，1967年。

凌纯声：《中国边疆民族与环太平洋文化》，台北：联经出版事业公司，1979年。

凌纯声：《中国与海洋洲的龟祭文化》，台北："中央研究院"民族学研究所，1972年。

凌纯声：《中国远古与太平印度两洋的帆筏戈船方舟和楼船的研究》，台北："中央研究院"民族学研究所，1970年。

刘梦溪主编：《中国现代学术经典·傅斯年卷》，石家庄：河北教育出版社，1996年。

柳诒徵：《中国文化史》上册，长沙：岳麓书社，2010年。

（美）路易斯·亨利·摩尔根著，杨东莼、马雍、马巨译：《古代社会》，北京：中央编译出版社，2007年。

吕思勉：《吕思勉读史札记》，上海：上海古籍出版社，1982年。

吕思勉：《先秦史》，上海：上海古籍出版社，1982年。

（英）马林诺夫斯基著，费孝通等译：《文化论》，北京：中国民间文艺出版社，1987年。

马戎：《中国民族史和中华共同文化》，北京：社会科学文献出版社，2012年。

蒙文通：《古史甄微》，上海：商务印书馆，1933年。

（苏）А.И.佩尔希茨、А.Л.蒙盖特、В.П.阿列克谢耶夫著，贺国安、王培英、汪连兴译：《世界原始社会史》，昆明：云南人民出版社，1987年。

屈万里先生七秩荣庆论文集编辑委员会编：《屈万里先生七秩荣庆论文集》，台北，联经出版事业公司，1978年。

芮逸夫：《中国民族及其文化论稿》，台北：台湾大学人类学系，1972年。

（日）桑原骘藏：《东洋史讲授资料（增补）》，东京：东京开成馆，1914年。

苏秉琦：《中国文明起源新探》，北京：生活·读书·新知三联书店，1999年。

苏秉琦主编：《考古学文化论集》第2集，北京：文物出版社，1989年。

覃圣敏主编：《东南亚民族：越南、柬埔寨、老挝、泰国、缅甸卷》，南宁：广西民族出版社，2006年。

（英）汤因比著，曹未风等译：《历史研究》，上海：上海人民出版社，1959年。

唐嘉弘：《先秦史新探》，开封：河南大学出版社，1988年。

唐嘉弘主编：《先秦史论集——徐中舒教授九十诞辰纪念论文集》，郑州：中州古籍出版社，1989 年。

王东平：《中华文明起源和民族问题的论辩》，南昌：百花洲文艺出版社，2004 年。

王汎森：《中国近代思想与学术的系谱》，石家庄：河北教育出版社，2001 年。

王国维：《古史新证——王国维最后的讲义》，北京：清华大学出版社，1994 年。

王国维：《观堂集林》，北京：中华书局，1959 年。

王晖：《古史传说时代新探》，北京：科学出版社，2009 年。

王晖：《商周文化比较研究》，北京：人民出版社，2000 年。

王明珂：《华夏边缘：历史记忆与族群认同》，台北：允晨文化实业股份有限公司，1997 年。

王韬、顾燮光等编：《近代译书目》，北京：北京图书馆出版社，2003 年。

王幼平：《旧石器时代考古》，北京：文物出版社，2000 年。

吴少珉、赵金昭主编：《二十世纪疑古思潮》，北京：学苑出版社，2003 年。

吴相湘主编：《天主教东传文献续编·天学传概》，台北：学生书局，1966 年。

吴主慧著，蔡茂丰译：《汉民族的研究》，台北：商务印书馆，1982 年。

夏曾佑：《中国古代史》，石家庄：河北教育出版社，2000 年。

夏鼐：《中国文明的起源》，北京：文物出版社，1985 年。

徐旭生：《中国古史的传说时代》，桂林：广西师范大学出版社，2003 年。

徐旭生：《中国古史的传说时代》，重庆：中国文化服务社，1943 年。

徐正光、黄应贵主编：《人类学在台湾的发展：回顾与展望篇》，台北："中央研究院"民族学研究所，1999 年。

徐宗泽编著：《明清间耶稣会士译著提要》，北京：中华书局，1989 年。

许倬云：《西周史》增订本，北京：生活·读书·新知三联书店，1994 年。

薛凤祚：《历学会通》，薄树人主编：《中国科学技术典籍通汇·天文卷》第六册，郑州：河南教育出版社，1998 年。

严文明：《仰韶文化研究》，北京：文物出版社，1989 年。

严一萍：《严一萍先生全集》甲编 1《萍庐文集》第 3 辑，台北：艺义印书馆，1990 年。

杨宽：《西周史》，上海：上海人民出版社，1999 年。

杨宽：《中国上古史导论》，童书业、吕思勉编著：《古史辨》第七册上编，上海：上海古籍出版社，1982 年。

杨希枚：《杨希枚集》，北京：中国社会科学出版社，2006 年。

易华：《夷夏先后说》，北京：民族出版社，2012年。

张光直：《中国考古学论文集》，北京：生活·读书·新知三联书店，1999年。

张光直：《中国青铜时代》，北京：生活·读书·新知三联书店，1999年。

张光直：《中国上古史待定稿》第一本，台北："中央研究院"民族研究所，1972年。

章炳麟著，朱维铮编校：《訄书初刻本重订本》，上海：中西书局，2012年。

赵光贤：《古史考辨》，北京：北京师范大学出版社，1987年。

中共中央马克思恩格斯列宁斯大林著作编译局：《马克思恩格斯选集》，北京：人民出版社，2012年。

中国大百科全书总编辑委员会编：《中国大百科全书·考古卷》，北京：中国大百科全书出版社，2002年。

中国《山海经》学术研讨会编辑：《〈山海经〉新探》，成都：四川社会科学院出版社，1986年。

中国社会科学院考古研究所编：《中国商文化国际学术讨论会论文集》，北京：中国大百科全书出版社，1998年。

中国社会科学院考古研究所编著：《庙底沟与三里桥》，北京：文物出版社，2011年。

中国社会科学院考古研究所编著：《中国考古学·夏商卷》，北京：中国社会科学出版社，2003年。

中国社会科学院科研局编选：《夏鼐集》，北京：中国社会科学出版社，2008年。

中国社会科学院研究局编选：《尹达集》，北京：中国社会科学出版社，2006年。

中央宣传部：《习近平总书记系列重要讲话读本》，北京：学习出版社、人民出版社，2016年。

朱维铮主编：《利玛窦中文著译集》，上海：复旦大学出版社，2001年。

朱予新主编：《中国丝绸史（专论）》，北京：文物出版社，1997年。

邹衡：《夏商周考古学论文集》，北京：文物出版社，1980年。

三、外文书籍

Athanase Kircher, *China Illustrata*, Amsterdam：Johannem Janssorium áWaesberge et Elizeum Weyerstract, 1770.

B.A.Joseph Edklns, *China's place in philology：An Attempt to show theat the languages of Europe and Asia Have acommon Origin*, London：Trubner & Co., 1871.

C.J.Ball, *Chinese and Sumerian*, Oxford University Press, London: Humphrey Milford, 1913.

Chin-ting Wu, *Prehistoric pottery in China*, London: Kegan Paul, 1938.

Cornelius de Pauw, *Recherches philosophiques sur les Égyptiens et les Chinois*, London: G.J.Decker, 1774.

E.B.Tylor, *The Origins of Culture*, New York: Harper and Brothers Publishers, 1958.

Edouard Biot, *Le Tcheou-li ou rites des Tcheou*, Paris: L'imprimerie Nationale, 1851.

F.Feuillet de Conches, Les Peintres Européens en Chineet Les Peintres Chinois, Paris: Imprimerie deDuBuisson Et Company, 1856.

H.Frankfort, *Studies in Early Pottery of the Near East*, London: Royal Anthropological Institute, 1927.

Henri Cordier, *Histoire Générale de la Chine et de ses Relations avec les Pays Etrangers*, Paris: Librairie Paul Geuthner, 1920.

J.Chalmers, *The Origin of the Chinese: An Attempt to Take the Connection of the Chinese with Western Nations in their Religion, Superstitions, Arts, Language, and Traditions*, Hong Kong: De Souza & Co., 1866.

J.Gardner Wilkinson, The Manners and Customs of the Ancient Egyptians, Vol.2, London: John Murray, 1878.

Jean Sylvain Bailly, *Histoire de L'Astronomie Ancienne : Depuis Son Origine Jusq'à l'Établissement de l'École d'Alexandrie*, Paris: Chez Les Freres Debure, 1775.

Jean Sylvain Bailly, *Lettres sur l'origine des sciences, et sur celle des peuples de l'Asie, addressées à M. de Voltaire par M. Bailly, & précédées de quelques lettres de M. de Voltaire à l'auteur*, London, Paris: Elmesly, 1777.

John Ross, *The Origin of the chinese People*, London: Oliphants, Ltd., 1916.

John Turberville Needham, De inscription quadam Aegyptiaca Taurini inventa et characteribus Acgypiis olimet Siuis Communibus exarata idolo cuidum Antiquo in regia universitate servato ad utrasque Academias Londinensemet Parisiensem rerum antiquarum investigationi et studio praepositas data epistola, Roma: Palearini, 1761.

Katheryn M.Linduff, *Metallurgy in Ancient Eastern From the Urals to the Yellow River*, New York: The Edwin Mellen Press, 2004.

O.Mengcin, *Weltgeschte der steinzeit*, Wien: Anton Schroll & Company, 1935.

Ping-Ti Ho, *The Cradle of the East: An Inquiry into the Indigenous Origins of Techniques and Ideas of Neolithic and Early Historic China, 5000-1000B.C.*, Chicago: The University of Chicago Press, 1975.

Terrien de Lacouperie, *Catalogue of Chinese Coins From the VIIth Century B.C. to A.D. 621 Including the Series in the British Museum*, London: Order of the Trustee, 1892.

Terrien de Lacouperie, *Early History of the Chinese civilization*, London: 1880.

Terrien de Lacouperie, *The languages of China Before the Chinese: Researches on the Languages Spoken by the Pre-Chinese Races of China Proper Previously to the Chinese Occupation*, London: D. Nutt, 1887.

Terrien de Lacouperie, *The Oldest Book of the Chinese, The Yi-King and its Authors*, London, 1892.

Victor H.Mair, *Contact and Exchange in the Ancient World*, Honolulu: University of Hawaii Press, 2006.

Voltaire, *Oeuvres complètes de Voltaire*, Paris: Garnier Frères, 1879.

四、中文论文

安志敏、王伯洪：《河南陕县灵宝考古调查记》，《科学通报》1954 年第 7 期。

安志敏：《略论我国新石器时代文化的年代问题》，《考古》1972 年第 6 期。

安志敏：《裴李岗、磁山和仰韶——试论中原新石器文化的渊源及发展》，《考古》1979 年第 4 期。

安志敏：《试论黄河流域新石器时代文化》，《文物参考资料》1959 年第 10 期。

安志敏：《试论文明的起源》，《考古》1987 年第 5 期。

安志敏：《新石器时代考古三十年》，《文物》1979 年第 10 期。

安志敏：《中国新石器时代考古学上的主要成就》，《文物》1959 年第 10 期。

白鸟库吉：《大宛国考》，《东洋学报》1916 年第 1 号。

常金仓：《周人同姓不婚为优生说辨》，《山西师大学报》（社会科学版）1996 年第 4 期。

陈星灿：《从一元到多元：中国文明起源研究的心路历程》，《中原文物》2002 年第 2 期。

陈星灿：《二元对立：30 年代中国史前文化研究的新阶段》，《近代史研究》1993 年第 4 期。

陈星灿：《中国古人类学与旧石器时代考古学五十年》，《考古》1999 年第 9 期。

丁季华：《中国文化起源"单一中心"说质疑》，《华东师大学报》1982 年第 4 期。

丁谦：《穆天子传地理考证》，《地学杂志》1915 年第 7—11 期。

费孝通：《中华民族的多元一体格局》，《北京大学学报》（哲学社会科学版）1989 年第 4 期。

傅斯年：《夷夏东西说》，《傅斯年全集》第三卷，长沙：湖南教育出版社，2003 年。

傅斯年讲，王培棠记：《考古学的新方法》，《史学杂志》1930 年第 1 期。

高星等：《中国地区现代人起源问题研究进展》，《中国科学：地球科学》2018 年第 1 期。

葛荣晋：《"西学东渐"与清初"中西会通"的科学观》，阎德纯主编：《汉学研究》第九集，北京：中华书局，2005 年。

观云（蒋智由）：《中国人种考续》，《新民丛报》1903 年第 37 号。

观云（蒋智由）：《中国人种西来之说》，《中国人种考》，《新民丛报》1903 年第 37 号。

何炳松：《中华民族起源之新神话》，《东方杂志》1929 年第 2 号。

胡厚宣：《楚民族起于东方考》，《史学论丛》1934 年第 1 期。

湖北省博物馆：《盘龙城商代二里冈期的青铜器》，《文物》1976 年第 2 期。

湖北省博物馆、北京大学考古专业盘龙城发掘队：《盘龙城一九七四年度田野考古纪要》，《文物》1976 年第 2 期。

黄石林：《徐旭生先生在历史学上的贡献》，《考古》1981 年第 4 期。

霍尔瓦特·伊莎贝拉：《新疆古代居民和欧洲有关吗？——兼评一种学术思潮》，《新疆师范大学学报》（哲学社会科学版）1998 年第 4 期。

江晓原：《试论清代"西学中源"说》，《自然科学史研究》1988 年第 2 期。

姜亮夫：《夏殷民族考》，《民族杂志》1933 年第 1 卷第 11—12 期，1934 年第 1—2 期。

李伯谦：《长江流域文明的进程》，《考古与文物》1997 年第 4 期。

李伯谦：《中国文明的起源与形成》，《华夏考古》1995 年第 4 期。

李朝远：《印第安人来源于中国大陆吗？——墨西哥中国学研究一爪》，《华东师范大学学报》（哲学社会科学版）1996 年第 5 期。

李帆：《民族主义与国际认同之间——以刘师培的中国人种、文明西来说为例》，《史学理论研究》2005 年第 4 期。

李帆：《人种与文明：拉克伯里（Terrien de Lacouperie）学说传入中国后的若干问题》，《西南民族大学学报》（人文社科版）2008 年第 2 期。

李帆：《西方近代民族观念和"华夷之辨"的交汇——再论刘师培对拉克伯里"中国人种、文明西来说"的接受与阐发》，《北京师范大学学报》（哲学社会科学版）2008

年第 2 期。

李绍连：《"文明"源于"野蛮"——论中国文明的起源》，《中州学刊》1988 年第 2 期。

李绍连：《中国文明起源的考古线索及其启示》，《中州学刊》1987 年第 1 期。

李天纲：《17、18 世纪的中西"年代学"问题》，《复旦学报》（社会科学版）2004 年第 2 期。

李学勤：《夏商周与山东》，《烟台大学学报》2002 年第 3 期。

梁启超：《论中国学术思想变迁之大势》，《新民丛报》1904 年第 10 号。

刘舫：《公私视域下的"尊尊"与"亲亲"》，《人文杂志》2016 年第 7 期。

刘君：《"西学中源"说新评》，《安徽史学》2003 年第 4 期。

刘燿：《龙山文化与仰韶文化之分析》，《中国考古学报》第 2 册，1947 年。

路新生：《试论疑古史学对蒙文通的影响——以蒙文通的中国传说时代古史研究为例》，《齐鲁学刊》2010 年第 3 期。

马戎：《西方冲击下中国的话语转变、认同调整与国家重构》，《社会科学战线》2018 年第 1 期。

迈克尔·格尔：《美洲印第安人——亚洲的移民》，《民族译丛》1981 年第 3 期。

缪凤林：《中国民族西来辨》，《学衡》1925 年第 37 期。

蒲立本著，伍安东译：《史前贯穿欧亚大陆的东西方交流》，《传统文化与现代化》1997 年第 4 期。

蒲立本著，游汝杰译：《上古时代的华夏人和邻族》，《扬州大学中国文化研究所集刊》第一辑，江苏古籍出版社，1998 年。

邱克：《评〈中国远古与太平印度两洋的帆筏戈船方舟和楼船的研究〉》，《海交史研究》1987 年第 2 期。

任公（梁启超）：《中国史叙论》，《清议报》1901 年第 90 期。

三宅米吉：《拉克伯里关于支那古代开化起源之学说》，《史学杂志》1896 年第 8 号。

邵望平、莫润先：《评瓦西里耶夫〈中国文明的起源问题〉》，《考古》1989 年第 12 期。

邵望平：《〈禹贡〉"九州"的考古学研究》，苏秉琦主编：《考古学文化论集》第 2 集，北京：文物出版社，1989 年。

石兴邦：《关于中国新石器时期文化体系的问题》，《南京博物院集刊》1980 年第 2 集。

石兴邦：《黄河流域原始社会考古研究上的若干问题》，《文物参考资料》1959 年第 10 期。

苏秉琦、殷玮璋：《关于考古学文化的区系类型问题》，《文物》1981 年第 5 期。

苏秉琦：《关于考古学文化的区系类型问题》，《文物》1981年第5期。

苏秉琦：《建国以来中国考古学的发展》，《史学史研究》1981年第4期。

孙江：《拉克伯里"中国文明西来说"在东亚的传布与文本之比较》，《历史研究》2010年第1期。

孙江：《拉克伯里关于中国文明源于巴比伦的假说》，《中国社会科学报》2010年5月18日。

唐嘉弘：《楚与三苗并不同源》，《江汉论坛》1982年第11期。

唐嘉弘：《为什么说黄河流域是中华民族的摇篮》，《文史知识》1986年第6期。

唐嘉弘：《炎帝传说考述——兼论姜炎文化的源流》，《史学月刊》1991年第1期。

佟柱臣：《中国新石器时代文化发展的多中心论和不平衡论——论中国新石器时代文化发展的规律和中国文明的起源》，《文物》1986年第2期。

童恩正：《精密的考证，科学的预见——纪念蒙文通老师》，《文史杂志》1986年第1期。

童书业：《伯夷考》附录《鸟夷》，《齐鲁学报》1941年第1期。

王建华：《新夷夏东西说商榷》，《东方论坛》2004年第1期。

王巍：《公元前2000年前后我国大范围文化变化原因探讨》，《考古》2004年第1期。

吴汝祚、阳吉昌：《关于〈庙底沟与三里桥〉一书中的几个问题》，《考古》1961年第1期。

习近平：《在庆祝中国共产党成立95周年大会上的讲话》，《人民日报》2016年7月2日。

夏鼐：《河南成皋广武区考古记略》，《科学通报》1951年第7期。

夏鼐：《河南渑池的史前遗存》，《科学通报》1951年第9期。

夏鼐：《批判考古学中的胡适派资产阶级思想》，《考古通讯》1955年第3期。

夏鼐：《齐家期墓葬的新发现及其年代的改订》，《中国考古学报》第3册，1948年。

徐炳昶：《陕西最近发现之新石器时代遗址》，《北平研究院院务汇报》1936年第6期。

徐亮工：《从书"里"到书"外"：徐中舒先生的学术与生平》，《古今论衡》2004年第11期。

徐中舒、唐嘉弘：《〈山海经〉和"黄帝"》，《〈山海经〉新探》，成都：四川社会科学院出版社，1986年。

徐中舒：《论〈蜀王本纪〉成书年代及其作者》，《社会科学研究》1979年创刊号。

徐中舒：《论殷代社会的氏族组织》，《工商导报（学林副刊）》，1951年1月17日。

徐中舒：《试论周代田制及其社会性质——并批判胡适〈井田辨〉观点和方法的错误》，《四川大学学报》（哲学社会科学版）1955年第2期。

徐中舒：《西周史论述（上）》，《四川大学学报》（哲学社会科学版）1979年第3期。

徐中舒：《殷周文化之蠡测》，《国立中央研究院历史语言研究所集刊》1931年第二本第三分。

徐中舒：《再论小屯与仰韶》，《安阳发掘报告》第三期，1931年。

徐中舒：《中国古代的父系家庭及其亲属称谓》，《四川大学学报》（哲学社会科学版）1980年第1期。

许顺湛：《关于中国远古文化的源流问题——评瓦西里耶夫中国文化西来说》，《郑州大学学报》（社会科学版）1980年第2期。

许顺湛：《关于中原新石器时代文化的几个问题》，《文物》1960年第5期。

严文明：《文明起源研究的回顾与思考》，《文物》1999年第10期。

严文明：《仰韶文化研究中几个值得重视的问题》，河南省考古学会、渑池县文物保护管理委员会编：《论仰韶文化》，《中原文物》1986年特刊。

严文明：《中国史前文化的统一性与多样性》，《文物》1987年第3期。

杨建芳：《"仰韶文化西来说"旧调的重弹——评瓦西里耶夫的两篇反华文章》，《四川大学学报》（哲学社会科学版）1977年第1期。

杨宽：《论〈逸周书〉》，《中华文史论丛》1989年第1期。

杨权喜：《湖北商文化与商朝南土》，中国社会科学院考古研究所编：《中国商文化国际学术讨论会论文集》，北京：中国大百科全书出版社，1998年。

杨向奎：《评傅孟真的〈夷夏东西说〉》，《夏史论丛》，济南：齐鲁书社，1985年。

杨育彬：《评瓦西里耶夫〈古代中国文明的起源〉》，《文物》1976年第7期。

益父（丁谦）：《论中国人种由来问题》，《地学杂志》1915年第11号。

查晓英：《"正当的历史观"：论李济的考古学研究与民族主义》，《考古》2012年第6期。

张富祥：《蒙文通与〈古史甄微〉》，《光明日报》2008年3月3日。

张光直：《论"中国文明的起源"》，《文物》2004年第1期。

张光直：《人类学派的古史学家——李济先生先生》，《历史月刊》1988年第9期。

张光直：《中国相互作用圈与文明的形成》，《庆祝苏秉琦考古五十五年论文集》编辑组编：《庆祝苏秉琦考古五十五年论文集》，文物出版社，1989年。

张怀通：《〈尝麦〉新研》，《社会科学战线》2008年第3期。

章太炎：《中华民国解》，《民报》1907年第15期。

中国之新民（梁启超）：《历史上中国民族之观察》，《新民丛报》1904年第17号。

周书灿：《论蒙文通上古民族文化理论建构》，《人文杂志》2012年第2期。

周书灿：《民国以来井田有无之辨综论》，《河南社会科学》2016年第1期。

周书灿：《戎夏一源说续论》，《中州学刊》2011年第5期。

周书灿：《上古族群称谓与先秦民族史重构》，《中州学刊》2014年第6期。

周书灿：《早商时期经营四土之考古学新证》，《考古与文物》2011年第1期。

朱乃诚：《中国文明起源研究的历程》，《史林》2004年第1期。

五、外文论文

E.G. Pulleyblank, Chinese and Indo-Europeans, *Journal of Royal Asiatic Society of Great Britain and Ireland*, No.1/2, 1966, pp.9-39.

E.G.Pulleyblank, Early Chinese Contacts between Indo-European and Chinese, *International Review of Chinese Linguistics*, Vol.1, No.1, 1996, pp.1-25.

E.G.Pulleyblank, Prehistoric East-West Contacts across Eurasia: Notes and Comment, *Pacific Affairs*, Vol.47, No.4, 1974-1975, pp.500-508.

E.G.Pulleyblank, The Chinese and their neighbors in Prehistoric Time in the origins of Chines Civilization, by David N. Keightley, *The Origins of Chinese Civilization*, Berkely: University of California press, 1983.

E.G.Pulleyblank, The Chinese Cyclical Signs as Phonograms, *Journal of the American Oriental Society*, Vol.99, No.1, 1979, pp.24-38.

Karl Jettmar, Cultures and Ethnic Groups West of China in the Second and the First Millennia B.C, *Asian Perspective*, Vol.24, No.2, 1981, pp. 145-162.

R.Heine Geldern, Derursprung der alten Hochkulturen und die Theorien Toynbees, *Diogenes*, No.13, 1956.

R.Heine Geldern, China, die ostkasipsche Kultur und die Herkunft de Schrift, *Paideuma*, Bd.4, 1950.

R.Heine Geldern, L'art Prébvuddhique de la Chine et de L'Asie du Sud-Est et son influence en océanie, *Revue des Arts Asiatiques*, Vol.11, No.4, 1937.

R.Heine Geldern, Vorgeschichtliche Grundlagen der konlonialindischen Kunst, *Wiener Beiträge Zur Kunst-und Kulturgeschichte*, Vol.8, 1934, pp.5-40.